# मीडिया और भाषा

डॉ. शिवशंकर अवस्थी



डायमंड बुक्स

www.diamondbooks.in

**प्रकाशक : डायमंड पॉकेट बुक्स (प्रा.) लि.**
X-30 ओखला इंडस्ट्रियल एरिया, फेस -II
नई दिल्ली- 110020
फोन : 011-40712200
ई-मेल : wecare@diamondbooks.in
वेबसाइट : www.diamondbooks.in

संस्करण : 2024

---

**Media Aur Bhaasha**

by *Dr. Shivshankar Awasthi*

# हिंदी और मीडिया

मीडिया में हिंदी की शुरुआत कानपुर के जुगल किशोर शुक्ल ने 30 मई, 1826 को कोलकाता में की थी। शुक्ल जी कोलकाता में वकालत करते थे और वहीं उन्होंने महसूस किया कि गैर हिंदी भाषी प्रदेश बंगाल में हिंदी वालों के लिए भी कोई पत्र-पत्रिका होनी चाहिए। तब कलकत्ता में हिंदी भाषी लोगों की अच्छी खासी संख्या थी जो बिहार और उत्तर प्रदेश से शिक्षा या नौकरी के लिए वहाँ गए थे। इसी जरूरत ने पंडित शुक्ल को प्रकाशक बना दिया और 30 मई, 1826 को उन्होंने साप्ताहिक समाचार पत्र 'उदंत मार्तण्ड' का प्रकाशन शुरू किया। पाँच सौ कॉपी से इसका प्रकाशन शुरू किया गया।

इस देश में मीडिया और हिंदी मीडिया की चर्चा जब भी होगी उसमें 'उदंत मार्तण्ड' का जिक्र जरूर होगा। यह एक क्रान्तिकारी कोशिश थी। अंग्रेजी साम्राज्य में हिंदी में समाचार पत्र निकालना अंग्रेजी हुकूमत को आँखें दिखाने जैसा काम था। तब देवनागरी में छपाई भी बहुत मुश्किल थी। इन चुनौतियों के बावजूद यह प्रयोग सफल रहा। लोगों को पसंद आया और बंग्लाभाषी प्रदेश होने के बावजूद कभी इसका विरोध नहीं हुआ। अंग्रेजी हुकूमत की भारतीय भाषा विरोधी नीति की वजह से यह अखबार एक साल बाद ही बंद हो गया लेकिन उस अखबार ने भारतीय मानस पर गहरी छाप छोड़ी। आज भी हम हर साल 30 मई को हिंदी पत्रकारिता दिवस के रूप में मनाते हैं। मीडिया में भाषा की अहम भूमिका होती है। कुछ लोगों का मानना है कि हिंदी लेखक या पत्रकार बहुत रुढ़िवादी होते हैं। वह हिंदी में अंग्रेजी शब्दों के प्रयोग को गलत मानते हैं। बहुत हद तक यह सच भी है। अगर उस काल को याद करें जब हिंदी पत्रकारिता में राजेन्द्र माथुर-राजेन्द्र अवस्थी-राजेन्द्र यादव जैसे सम्पादक/लेखक थे। उनके दौर में हिंदी पत्र-पत्रिकाओं में अंग्रेजी शब्दों के प्रयोग की मनाही थी। ऐसा नहीं कि वह अंग्रेजी विरोधी थे, वह अंग्रेजी के अच्छे जानकार थे लेकिन

हिंदी लेखन में अंग्रेजी शब्दों के प्रयोग को उसी तरह अनुचित मानते थे जिस तरह अंग्रेजी लेखन में हिंदी शब्दों का प्रयोग। पर अब स्थिति बदल गई है। बड़े अफसोस की बात है कि अब धर्मयुग - कादम्बिनी और दिनमान का जमाना नहीं रहा। उनके जैसे पाठक भी नहीं रहे।

आज मीडिया पर युवाओं का कब्जा है। आज गैजेट और इंटरनेट का जमाना है जिसे नया मीडिया कहा जाता है। यहाँ हिंदी को अंग्रेजी से और अंग्रेजी को हिंदी से कोई परहेज नहीं है। कभी Down market समझी जाने वाली हिंदी अब Upmarket हो गई है। उसकी सबसे बड़ी वजह है वैश्विक बाजार में हिंदी की बढ़ती माँग। और ऐसा इसलिए हुआ कि हिंदी ने बाजार के अनुरूप खुद को नवीकरण करना शुरू कर दिया। नवभारत टाइम्स में कई Headlines अंग्रेजी में होते हैं और पाठक इसे पसंद कर रहे हैं। माफ करिएगा, अगर आज कोई अखबार 'उदंत मार्तण्ड' के नाम से छपे तो शायद ही उसे कोई खरीदेगा। Branding का जमाना है। उदंत मार्तण्ड जैसा शीर्षक आज बड़ा ब्राण्ड नहीं बन सकता। उदंत मार्तण्ड का अर्थ होता है The Rising Sun, आज The Rising Sun के नाम से हिंदी अखबार चल सकता है क्योंकि युवा वर्ग उससे आसानी से जुड़ जाएगा।

मीडिया में हिंदी के अच्छे दिन आ गए हैं। तमाम विदेशी कम्पनियां हिंदी को भाव देने लगी है क्योंकि हिंदी में उन्हें एक बड़ा बाजार दिख रहा। गूगल महाराज की मदद से एक अहिंदी भाषी व्यक्ति भी हिंदी में कुछ लिख सकता है। डिजिटल मीडिया हिंदी के महत्व को समझ रहा है। हमारी पीढ़ी के लोग जब तक सुबह अखबार न पढ़े बाथरूम नहीं जाते। लेकिन आज के बच्चे हमसे पहले समाचार पढ़ लेते हैं - अपने मोबाइल फोन पर। आज की बुद्धिमान(स्मार्ट) पीढ़ी ने हिंदी को भी स्मार्ट बना दिया है। सभी विदेशी मोबाइल कम्पनियां अपने फोन में हिंदी Key Board का विकल्प डाल रही है। टीवी मीडिया ने तो हिंदी के सामने अंग्रेजी को कमतर बना दिया है। अब अंग्रेजी टीवी चैनल भी थोड़ी बहुत साम्रगी  हिंदी में डाल रहे हैं क्योंकि उपभोक्ताओं का बड़ा वर्ग हिंदी भाषी है।

मीडिया में हिंदी को इस मुकाम तक पहुँचने में हिंदी को काफी मशक्कत करनी पड़ी। उसके लिए हम जिम्मेदार हैं। हम हिंदी को गरीब बनाए रखना चाहते थे क्योंकि दूसरी भाषाओं के लिए हिंदी ने प्रवेश निषेध का बोर्ड लगा रखा था। समय की माँग के साथ हम खुद को Upgrade करने को तैयार नहीं थे। जो काम हम हिंदी वाले नहीं कर पाए वह काम विदेशी कम्पनियों ने आज के अंग्रेजी परस्त भारतीयों की मदद से कर डाला।

अब मीडिया में हिंदी के महत्व को सिनेमा और Internet ने भी काफी बढ़ाया।

अब हॉलीवुड के बड़े-बड़े फिल्म निर्माता अपनी फिल्मों की हिंदी में डब्बिंग करा रहे हैं। हॉलीवुड के टॉम क्रूज और एंजेलिना जोली को हिंदी में डायलॉग बोलते सुन सकते हैं। पहले एक तर्क दिया जाता था कि हिंदी रोजगार नहीं दिला सकती। बाजार ने इस भ्रम को भी तोड़ दिया। Online news media में हिंदी की माँग लगातार बढ़ रही है। इंटरनेट में हिंदी के महत्व को इसी बात से समझा जा सकता है कि अंग्रेजी के Portal को भी अपने नाम हिंदी में-Naukri.com, Jeevansathi.com, Yatra.com रखने पड़ रहे हैं। और ये Portal अंग्रेजी पाठकों के बीच भी उतने ही लोकप्रिय और सफल हैं जितने हिंदी पाठकों के बीच।

सच पूछा जाए तो अब मीडिया में हिंदी या अंग्रेजी जैसे Title ही बेमानी हो गए हैं। दोनों भाषाओं ने समय के अनुरूप और बाजार के दबाव को इतना आत्मसात कर लिया है कि दोनों को अलग-अलग करके देखना मुश्किल है। भाषा का ये अंतर अब केवल साहित्य लेखन में दिख सकता है, मीडिया में नहीं।

लेकिन यह भी सत्य है कि यदि हिंदी अन्य भाषाओं में साहित्य लेखन को समय के अनुरूप स्वयं को ढालना है तो उसे भी अंग्रेजी शब्दों का इस्तेमाल करना होगा। वरना ऑनलाइन, डिजीटल मीडिया, स्मार्ट कंटेण्ट की बोर्ड, ऑपशन, इंटरनेट, अपडेट मार्केट डाउन मार्केट, अपमार्केट जैसे शब्दों के लिए नए शब्दों का आविष्कार करना होगा जोकि असम्भव प्रतीत हो रहा है। ऐसे प्रयत्न मजाकिया भी बन सकते हैं। जैसे रेलवे के लिए लोहपथगामिनी शब्द है जिसका अन्ततः चलन नही हो पाया।

यह भी ध्यान रखना होगा के भाषा की आस्मिता का प्रश्न भी है। यदि हिंदी के अलावा हो और उसका शीर्षक एनबीटी नवभारत टाइम्स हो और उसमें शूटर अरेस्ट, मेटिनेंस वर्क संडे, स्टूडेंटस, रिपेयरिंग, सेफ्टी, वोटिंग आदि शब्दों का घडल्ले से प्रयोग हो रहा हो(देखे एनबीटी नवभारत टाइम्स 4 अक्टूबर 2024) तो अनेक प्रश्न 36 खड़े होते हैं और यह चिंता का विषय भी है।

मीडिया और भाषा के मध्य संबंधों पर ऑर्थाम गिल्ड ऑफ इंडिया ने कानपुर में अपने वार्षिक अधिवेशन के दौरान एक संगोष्ठी का आयोज किया था प्रस्तुत पुस्तक में उस संगोष्ठी में प्रस्तुत किए गए प्रपत्रों का संग्रह किया गया है। इस कार्य में मेरे अभिन्न मित्र डॉ. संदीप कुमार शर्मा ने बहुत सहायता की में उसके लिए उनका धन्यवाद करता हूँ। मेरे घनिष्ठ मित्र श्री नरेन्द्र कुमार जी के नेतृत्व में डायमण्ड पब्लिकेशन उत्तरोत्तर प्रगति कर रहा है। उन्होंने एक दिन एक पुस्तक का प्रण ले रखा है अर्थात प्रत्येक दिन डायमण्ड से एक

नवीन पुस्तक का प्रकाशन होगा। उनकी कर्मठता और हिंदी के प्रति उनकी प्रतिब(ता को मैं प्रणाम करता हूँ। उन्हें इस पुस्तक को शीध्र प्रकाशित करने के लिए धन्यवाद देता हूँ।

**डॉ. शिवशंकर अवस्थी**

# विषय सूची

# मीडिया हिंदी और देवनागरी लिपि

**- डॉ. गार्गीशरण मिश्र मराल**

मीडिया का अर्थ है माध्यम। वह माध्यम जो हमारे समाचार, भाव, विचार आदि को दूसरों तक पहुँचाता है। समाचार, भाव या विचार का संप्रेषण बिना भाषा के संभव नहीं होता। अतः माध्यम अर्थात् जनसंचार माध्यम, भाषा के सहारे हमारे भाव या विचार को जन-जन तक पहुँचाता है। यहाँ हम उन माध्यमों की चर्चा करेंगे जो हिंदी भाषा के माध्यम से विचारों- भावों का आदान-प्रदान करते हैं। चूँकि भाषा के दो मुख्य रूप होते हैं - श्रव्य और वह मुद्रित। अतः जनसंचार माध्यम भी दो प्रकार के बन जाते हैं। वह जनसंचार माध्यम जो श्रव्य भाषा का उपयोग करते हैं। यथा आकाशवाणी, भाषण, नाटक आदि। दूरदर्शन या टीवी भी मुख्यतः श्रव्य जनसंचार माध्यम है किन्तु उसमें आवश्यकतानुसार मुद्रित भाषा का भी उपयोग होता है। साथ ही वह दृश्य- माध्यम भी है। दूसरे संचार माध्यम वह हैं जो मुद्रित भाषा का उपयोग करते हैं। इनमें हम पुस्तकों, समाचार पत्रों, पत्रिकाओं को रख सकते हैं। इस माध्यम से लाभ उठाने के लिए व्यक्ति का पढ़ा-लिखा होना जरूरी है। जबकि श्रव्य माध्यमों का लाभ अनपढ़ लोग भी उठा सकते हैं।

समय ने भी जनसंचार माध्यमों को दो रूपों में विभाजित कर दिया है-परंपरागत संचार माध्यम और आधुनिक संचार माध्यम। परंपरागत संचार माध्यमों को लोक माध्यम की संज्ञा भी दी जाती है। इसके अंतर्गत लोक नृत्य, लोक संगीत, लोक गीत, भजन, कीर्तन, नौटंकी, नाटक, कठपुतली का खेल आदि को शामिल किया जा सकता है। आधुनिक संचार माध्यमों के अंतर्गत हम पत्र-पत्रिका, रेडियो, टेलीविजन, सिनेमा, कम्प्यूटर, इंटरनेट आदि का समावेश कर सकते हैं। इनके माध्यम से गीत, गजल, कविता, भाषण, प्रवचन, नाटक, धारावाहिक, विज्ञापन जानकारी आदि का प्रचार-प्रसार किया जा सकता है।

प्रारंभ में हिंदी भाषा का प्रचार-प्रसार परंपरागत जनसंचार माध्यमों से हुआ। तात्पर्य

यह कि प्रारंभ में हिंदी भाषा का प्रचार- प्रसार, लोक गीत, भजन, कीर्तन, कविता, गीत, नौटंकी, कठपुतली का खेल आदि का सहारा लेकर हुआ। संतों के प्रवचनों ने इसमें महत्वपूर्ण भूमिका निभाई। इसी कारण उस समय की भाषा को सधुक्खड़ी भाषा कहा गया। स्वतंत्रता संग्राम के दौरान नेता और जनता के बीच संपर्क भाषा हिंदी ही रही। उस समय के राष्ट्रीय गीत 'झंडा ऊँचा रहे हमारा', 'कदम कदम बढ़ाये जा', 'सारे जहाँ से अच्छा हिन्दोस्तां हमारा', 'सरफरोशी की तमन्ना', आदि तथा उस समय के नारे - 'तुम मुझे खून दो मैं तुम्हें आजादी दूँगा', 'अंग्रेजों भारत छोड़ो', 'करो या मरो', 'दिल्ली चलो' आदि ने हिंदी को जन-जन की भाषा बनाया। आज भी हम परंपरागत जनसंचार माध्यमों का सहारा लेकर हिंदी के प्रचार-प्रसार में संलग्न हैं। विभिन्न राष्ट्रीय, सांस्कृतिक, धार्मिक, कार्यक्रमों में गीत, गजल, कविता, नाटक, नुक्कड़ नाटक, भजन-कीर्तन, प्रवचन, भाषण आदि के माध्यम से हिंदी का प्रचार-प्रसार हो रहा है।

आधुनिक काल में हिंदी के प्रचार-प्रसार में आधुनिक जन-संचार माध्यमों का खुलकर प्रयोग हो रहा है। रेडियो का प्रारंभ भारत में जुलाई 1927 में मुंबई से हुआ। स्वतंत्रता मिलने के पूर्व तक रेडियो प्रसारण भारत के केवल 10 प्रतिशत क्षेत्र तक सीमित था। आज रेडियो प्रसारण देश के कोने-कोने तक पहुँच रहा इससे शिक्षा, सूचना और मनोरंजन के कार्यक्रम हिंदी में प्रसारित हो रहे इतना ही नहीं आज वायस ऑफ अमेरिका, चीनी रेडियो, रूसी रेडियो, वायस ऑफ जर्मनी, रेडियो जापान, बी.बी.सी., रेडियो काहिरा, यू. एन. रेडियो के अतिरिक्त नेपाल, पाकिस्तान, श्रीलंका, बाँग्लादेश के प्रतिष्ठित रेडियो स्टेशनों से हिंदी में कार्यक्रम प्रसारित हो रहे हैं।

प्रिंट मीडिया अर्थात् समाचार पत्र-पत्रिकाओं के क्षेत्र में भी हिंदी ने अंग्रेजी को पीछे छोड़ दिया है। पिछले कई वर्षों में किये गये सर्वेक्षण यह स्पष्ट करते हैं कि देश के प्रिंट मीडिया में भारतीय भाषाओं का हिस्सा अंग्रेजी भाषा की तुलना में काफी बड़ा है। विदेशों में भी हिंदी पत्र-पत्रिकाओं का बड़ा प्रचलन है। कनाडा के टोरंटो शहर से 'भारती' और 'विश्व भारती' नामक मासिक तथा पाक्षिक पत्रों का प्रकाशन हिंदी में होता है। लंदन हिंदी प्रचार परिषद् द्वारा 'प्रवासिनी' एवं 'अमरदीप' साप्ताहिक पत्रिकाओं का प्रकाशन हो रहा है। रूस में 'सोवियत नारी' एवं 'सोवियत संघ' मासिक पत्रिकाओं का, चीन से 'चीन सचित्र' मासिक का, जापान से 'सर्वोदय' और 'ज्वालामुखी' पत्रों का, हालैंड से 'लल्ला रुख', नेपाल से 'चर्चा', 'आरोहण' तथा 'साहित्य' 'लोक', सूरीनाम से 'शांतिदूत',

'प्रकाश', गुयाना से 'अमर ज्योति' तथा 'ज्ञान दा' पत्र-पत्रिकाओं का प्रकाशन हिंदी भाषा में हो रहा है। इन पत्र-पत्रिकाओं ने अनेक नये शब्द गढ़े हैं- नाटो, इंटक, भाजपा, माकपा, विहप, सपा, बसपा, यूनेस्को आदि। हिंदी की पाठ्य पुस्तकों का प्रकाशन भी बढ़ा है। अकेले हिंदी में लगभग 35 प्रतिशत अखबार प्रकाशित होते हैं।

हिंदी फिल्मों की विश्व में बढ़ती लोकप्रियता ने हिंदी को विश्व भाषा बनाने में महत्वपूर्ण भूमिका निभाई है। संपूर्ण भारत में हिंदी भाषा के प्रचार-प्रसार में हिंदी फिल्मों की भूमिका अत्यंत महत्वपूर्ण है। हिंदी फिल्मों के गीत सारे भारत के साथ-साथ दक्षिण भारत में भी लोकप्रिय हुए हैं। इसका सबसे बड़ा प्रभाव यह है कि चेन्नई में हिंदी फिल्में ही अधिक बनाई जा रही हैं। किसी भी भाषा की फिल्म हिंदी या अन्य भारतीय भाषाओं में दिखाने की तकनीक पुणे ने विकसित की है।

टेलीविजन सबसे सशक्त जन-संचार माध्यम है। सबके घरों में प्रवेश कर इसने शेष सभी माध्यमों को पीछे ढकेल दिया है। 'हम लोग', 'रामायण', 'महाभारत' जैसे टीवी धारावाहिकों ने सारी भारतीय जनता ही नहीं विदेशों में बसे भारतीयों को न केवल प्रभावित किया वरन् उन्हें एक सूत्र में बाँधने का महत्वपूर्ण काम किया। इनके माध्यम से हिंदी भाषा का जबरदस्त प्रचार-प्रसार हुआ। हिंदी के कुछ शब्द-'तात श्री', 'मात श्री', 'कुलवधू', 'पुत्र', 'पुत्री', 'श्रीराम', तो मानो लोगों की जुबान में चढ़ गये।

भाषा का प्रभावशाली एवं सूक्ष्मपूर्णार्थक रूप तो विज्ञापनों में देखने को मिलता है। पोस्टर, होर्डिंग, प्रदर्शनी, साइन बोर्ड, गैस के गुब्बारे के साथ, रेडियो, सिनेमा, टेलीविजन, आदि में विज्ञापन की भाषा का प्रभावशाली रूप देखा जा सकता है। कुछ नमूने देखिये- 'चुटकी में चिपकाये', 'खाओ गगन रहो मगन', 'भिगोया, धोया और हो गया', 'साड़ी में साड़ी, पराग साड़ी', 'जब भी जी करे।' विज्ञापनों के क्षेत्र में हिंदी ने अंग्रेजी को काफी पीछे छोड़ दिया है। क्योंकि बाजारीकरण या विज्ञापन हेतु अपनी भाषा या जनता की भाषा जितनी कारगर होती है उतनी विदेशी भाषा नहीं।

विश्व के महान भाषाविदों ने देवनागरी लिपि, जिसमें हिंदी लिखी जाती है, को 'विश्व की सर्वाधिक तार्किक एवं वैज्ञानिक लिपि' माना है। इतना ही नहीं भारत विश्व में एक बड़े बाजार के रूप में उभर कर आया है। इसीलिए कम्प्यूटर की सर्वश्रेष्ठ कंपनियाँ 'माइक्रोसाफ्टवेयर', 'बिलगेट्स कम्प्यूटर' आदि भी हिंदी की ओर झुक रही हैं। इंटरनेट पर भी इसीलिए हिंदी ने अच्छी प्रगति की है। सूचना प्रौद्योगिकी में भारत विश्व में सबसे आगे है। मीडिया पर हिंदी का वर्चस्व देखते ही बनता है। आज इलैक्ट्रानिक मीडिया पर भारत

में 95 प्रतिशत चैनल हिंदी और भारतीय भाषाओं के हैं। केवल 5 प्रतिशत चैनल अंग्रेजी भाषा के हैं। प्रिंट मीडिया में भी भारतीय भाषाओं का हिस्सा अंग्रेजी की तुलना में काफी बड़ा है। देश में 35 प्रतिशत अखबार तो केवल हिंदी में प्रकाशित होते हैं। मीडिया की मदद से हिंदी की अभिव्यक्ति अधिक प्रभावशाली हुई है। इतना ही नहीं उसके शब्दकोश में भी अप्रत्याशित वृद्धि हुई है। काला बाजार, वामपंथी, भूमिगत, रेखित चैक, शेयर बाजार, बजट सत्र, शून्यकाल, गोबर गैस जैसे अनेक शब्द अस्तित्व में आये हैं। इतना ही नहीं हिंदी ने अनुवाद और जनसंचार माध्यमों की विभिन्न आवश्यकताओं के अनुरूप स्वयं को ढाल लिया है। फिर भी हमें यह बात ध्यान में रखनी चाहिए कि आज भी सूचनाओं का प्रमुख स्रोत अंग्रेजी भाषा ही है। अतः संचार माध्यमों से हिंदी में सूचनाएँ या जानकारी देने के लिए हमें अंग्रेजी के सूचना स्रोतों पर निर्भर रहना पड़ता है। इस क्षेत्र में हिंदी को आत्मनिर्भर बनाना होगा।

देवनागरी लिपि की वैज्ञानिकता एवं रोमन लिपि की अवैज्ञानिकता के कारण हिंदी को अंग्रेजी पर वरीयता मिली है। विश्व में हिंदी का भविष्य उज्ज्वल है। तभी तो ब्रिटेन के प्रसिद्ध भाषा शास्त्री डेविड ग्राडोल स्वयं कहते हैं- '21वीं सदी के मध्य हिंदी भाषा अंग्रेजी को पीछे छोड़ देगी और अंग्रेजी विश्व के भाषायी परिदृश्य में चौथे क्रम पर आ जायेगी।' इस प्रकार हम कह सकते हैं कि भारत के अंग्रेजी परस्त नौकरशाहों और टैक्नाक्रेट्स के विरोध बावजूद हिंदी लगातार प्रगति के पथ पर अग्रसर हो रही है।

❖ ❖ ❖

# हिंदी, मीडिया तथा कुछ संस्मरण

**- डॉ. श्याम सिंह शशि**

"हिंदी राष्ट्रभाषा है... राजभाषा है... भारत के आम आदमी की भ्ज्ञाषा है और एकता की कड़ी है" - इस प्रकार की सूक्तियाँ प्रचलित हैं, किंतु इस सब से बढ़कर यदि कहा जाए कि हिंदी हृदय की भाषा है जिसे संतों ने वाणी दी, कवियों ने पल्लवित किया, कथा-शिल्पियों ने पुष्पित किया और संगीतज्ञों ने उसे स्वर दिया और यों माँ भारती विभिन्न सोपानों- आयामों से गुजरती रही-तो संभवतः, अधिक उपयुक्त होगा।

हिंदी को राष्ट्रीय स्वरूप देने का सर्वाधिक श्रेय हिंदीतर विभूतियों को है। विश्व-कवि रवींद्रनाथ ठाकुर ने कहा था-

"उस भाषा को राष्ट्रभाषा के रूप में स्वीकार किया जाना चाहिए, जो देश के सबसे बड़े हिस्से में बोली जाती हो, अर्थात् हिंदी।"

लोकमान्य बाल गंगाधर तिलक का कथन है-

राष्ट्र के एकीकरण के लिए सर्वमान्य भाषा से अधिक बलशाली कोई तत्व नहीं। मेरे विचार में हिंदी ही ऐसी भाषा है।

स्वामी दयानंद के शब्द थे-

"हिंदी द्वारा सारे भारत को एक सूत्र में पिरोया जा सकता है।"

महात्मा गाँधी ने कहा था-

"यदि हम भारत की राष्ट्रभाषा बनाना चाहते हैं तो हिंदी ही हमारी राष्ट्रभाषा हो सकती है।"

हिंदी भाषा के संबंध में मेरी उक्त पुस्तक से कुछ सूक्तियाँ उद्धृत करने के उपरांत मेरे सामाजिक विज्ञान हिंदी विश्वकोष से हिंदी पत्रकारिता के इतिहास का आंशिक परिचय देना प्रासंगिक लगता है जिसमें लिखा है-अतीत काल में भारतेन्दु हरिश्चन्द्र, बाल मुकुंद गुप्त,

प्रताप नारायण मिश्र, बालकृष्ण भट्ट, मदन मोहन मालवीय, रुद्रदत्त शर्मा, संपादकाचार्य, ईश्वरी प्रसाद शर्मा, अम्बिका प्रसाद वाजपेयी, लक्ष्मण नारायण गर्दे तथा अमर शहीद गणेश शंकर विद्यार्थी आदि अनेक वरेण्य पत्रकारों ने भारतीय स्वतंत्रता संग्राम को आगे बढ़ाने तथा तत्कालीन ब्रिटिश नौकरशाही को जड़मूल से उखाड़ फेंकने में जो आनन्द सहयोग दिया, वह सर्वविदित है। इस परंपरा की ज्वलंत कड़ी के रूप में माखनलाल चतुर्वेदी, कृष्णकान्त मालवीय, बाबूराव विष्णु पराड़कर, हरिभाऊ उपाध्याय, श्री कृष्णदत्त पालीवाल, इंद्र विद्यावाचस्पति, रामवृक्ष बेनीपुरी और सत्यदेव विद्यालंकार प्रभृति बहुत-से ख्यातनामा पत्रकारों के नाम स्मरणीय हैं। इन लोगों ने जहाँ तत्कालीन गोरी सरकार से डटकर लोहा लिया था। वहाँ अपनी लेखनी के माध्यम से जन-जागरण का उत्कट उद्घोष भी किया था। यहाँ तक कि उन लोगों ने जन-आंदोलन को आगे बढ़ाने के पुरस्कार स्वरूप कारावास भोगने के अतिरिक्त अन्य अनेक नृशंस यातनाएँ भी सही थीं। कुछ ऐसे पत्रकार भी उन दिनों हमारे समक्ष आदर्श के रूप में उपस्थित हुए थे, जिन्होंने न केवल सरकार से डटकर मोर्चा लिया था, प्रत्युत सशस्त्र क्रांति में लगे हुए, अनेक युवकों को प्रश्रय तथा प्रोत्साहन भी प्रदान किया था। ऐसे वंदनीय पत्रकारों में सखाराम गणेश देउस्कर, राधामोहन गोकुल जी, पंडित सुंदरलाल, रामरखसिंह सहगल, विजय सिंह पथिक, सिद्धनाथ माधव आगरकर, दशरथ प्रसाद द्विवेदी तथा रामचंद्र शर्मा महारथी आदि के नाम विशेष रूप से उल्लेखनीय हैं।

वह काल हिंदी पत्रकारिता का स्वर्ण-युग था। इन लोगों के द्वारा प्रदर्शित मार्ग पर चलकर ही अनेक पत्रकारों में हमारी 'राष्ट्रीयता' और 'अस्मिता' की प्राणपण से रक्षा की थी। यहाँ हमें यह भी नहीं भूलना चाहिए कि राष्ट्रीय जागरण के उषा-काल में हिंदी - पत्रकारिता को प्रेरणा और प्रोत्साहन भारतीय स्वाधीनता के जनक बाल गंगाधर तिलक, महामना मालवीय और महात्मा गांधी से मिला था, वे भी मूलत: पत्रकार ही थे। यह वह समय था जब उर्दू के शायर अकबर को यह कहना पड़ा था:

***खींचो न कमानों को, न तलवार निकालो।***
***जब तोप मुकाबिल हो, तो अखबार निकालो।।***

इससे भलीभाँति अनुमान लगाया जा सकता है कि जो काम तीर, तलवार और तोप से नहीं हो सकते, उसे पत्र और पत्रकार आनन-फानन में कर देते हैं। हिंदी पत्रकारिता का जन्म कुछ ऐसे ही वातावरण में हुआ था, देश को जब सही उद्बोधन की आवश्यकता थी। क्योंकि

हिंदी प्रारंभ से ही देश के सभी भू-भागों में समान रूप से बोली और समझी जाती थी।

मीडिया के नए रूप सशक्त बनकर आगे आए जिनमें प्रमुख हैं- सोशल मीडिया, फेसबुक, ट्विटर, इमेल, इंटरनेट, डिजिटल मीडिया आदि। विज्ञान आज अभिशाप अधिक बन गया। मीडिया की पुरानी परिभाषाएँ भी बदल गईं।

मैं मीडिया पर लिखते हुए संस्मरणों में खो जाता हूँ। कलम फिर चलती है- 'मीडिया हैड' के पद पर रहते हुए इक्कीस पत्र-पत्रिकाओं का प्रकाशन, संपादन, प्रबंधन कैसे संभव हुआ, मेरे साहित्य पर किए गए अनेक शोध कार्यों व मेरे साक्षात्कार किताब घर प्रकाशन दिल्ली आदि ग्रंथों में सुरक्षित हैं, आधुनिक पत्रकारिता के लेखक डॉ. अर्जुन तिवारी विश्वविद्यालय प्रकाशन वाराणसी, ने मुझे भी अपने ग्रंथ संस्मरण किया है। (पृ. 153) आज का मीडिया संचार क्रांति, कम्प्यूटर क्रांति, स्कैन, वीडियो अंतरिक्ष आदि के स्पेस विज्ञान व मीडिया टेक्नोलोजी द्वारा नारद मुनि जैसे किसी चमत्कारी ब्रह्मांड - पत्रकार का उदय होगा, हमें प्रतीक्षा रहेगी। काश, विश्व साइबर क्राइम व स्टार वार आदि से बचकर सर्वत्र शांति बनाए रखे।

❖ ❖ ❖

# मीडिया की भाषा में नवीन प्रयोग

**- किशोर कुमार मालवीय**

एक समय था जब मीडिया में भाषा को लेकर सम्पादकीय कर्मचारी बड़े गंभीर और संवेदनशील हुआ करते थे इसकी सबसे बड़ी वजह पाठक थे क्योंकि पाठक लेख या समाचार लेखन में भाषा के घालमेल को कतई पसंद नहीं करते थे। खासकर, हिंदी और क्षेत्रीय भाषाओं में छपने वाली पत्र-पत्रिकाओं में इस बात का विशेष ध्यान रखा जाता था कि अंग्रेजी का प्रयोग न हो। वैसे, हिंदी मीडिया में उर्दू का प्रयोग जाने अनजाने होता था पर पाठकों को यह स्वीकार्य था। अंग्रेजी बिल्कुल नहीं। फिर भी कुछ पत्र-पत्रिकाएं कभी कभार अंग्रेजी शब्दों का प्रयोग कर लिया करते थे (अनजाने में नहीं)। इसके विपरीत अंग्रेजी मीडिया में हिंदी का प्रयोग पूरी तरह से वर्जित था।

बात 90 दशक के शुरूआत की है। मैं नवभारतटाइम्स, दिल्ली में बतौर संवाददाता कार्यरत था। विख्यात पत्रकार और लेखक राजेन्द्र माथुर अखबार के प्रधान सम्पादक हुआ करते थे। एक दिन मेरी लिखी एक खबर पर डेस्क ने आपत्ति की क्योंकि मैंने उसमें दो तीन बार एक अंग्रेजी शब्द का प्रयोग किया था। पुरानी दिल्ली के एक बाजार में भीषण आग लगी थी। दर्जनों दुकानें जलकर राख हो गई थी। उस रिपोर्ट में मैंने लिखा था " फायर ब्रिगेड की गाड़ियां देर से पहुंची " और " फायर ब्रिगेड को आग बुझाने में काफी मशक्कत करनी पड़ी।" मुझे तब डेस्क की ओर से बताया गया था कि हमें दमकल शब्द का इस्तेमाल करना चाहिए था। तभी सामने से गुजर रहे माथुर साहब रुके। उन्होंने मेरी और उप सम्पादक की बात सुनी थी। माथुर साहब ने मेरे कंधे पर हाथ रखते हुए कहा था – आपने जो लिखा है बह गलत नहीं है लेकिन जब हिंदी में प्रचलित शब्द मौजूद हैं तो अंग्रेजी शब्द का इस्तेमाल क्यों करें। उन्होंने तब यह भी कहा था कि एक दिन ऐसा आएगा जब हम इसे रोकने की स्थिति में नहीं रहेंगे क्योंकि आने वाली पीढ़ी को तब यह स्वीकार्य होगा।

आज स्थित्विल्कुल बदल गई है। वैसे, मीडिया और भाषा का संबंध सदियों से मानव सभ्यता के विकास में महत्वपूर्ण भूमिका निभाता आया है। यह दोनों तत्व सामाजिक और सांस्कृतिक संरचनाओं के निर्माण और परिवर्तनों में अभिन्न अंग रहे हैं। इस लेख में आज हम मीडिया और भाषा के बीच के जटिल और बहुआयामी संबंधों की जांच करेंगे।

मीडिया और भाषा का संबंध समय के साथ और भी मजबूत और महत्वपूर्ण होता जा रहा है। दोनों एक-दूसरे के विकास और परिवर्तन में योगदान करते हैं। जहां एक ओर मीडिया भाषाई विकास और संरक्षण में मदद करता है, वहीं दूसरी ओर भाषा मीडिया की प्रस्तुति और प्रभावशीलता को परिभाषित करती है। इस संबंध का सतत अध्ययन और विश्लेषण हमें सामाजिक और सांस्कृतिक विकास की गहरी समझ प्रदान करता है।

### भाषा पर मीडिया का प्रभाव

मीडिया विभिन्न भाषाओं के प्रचार और प्रसार में महत्वपूर्ण भूमिका निभाता है। टीवी, रेडियो, इंटरनेट, और सोशल मीडिया के माध्यम से एक ही समय में लाखों लोगों तक एक ही भाषा में संदेश पहुंचाया जा सकता है। उदाहरण के लिए, हिंदी सिनेमा ने हिंदी भाषा को पूरे भारत में लोकप्रिय बनाने में महत्वपूर्ण योगदान दिया है। मीडिया न केवल मुख्यधारा की भाषाओं को बढ़ावा देता है बल्कि भाषाई विविधता के संरक्षण में भी सहायता करता है। उदाहरण के लिए, कई रेडियो स्टेशन और टीवी चैनल क्षेत्रीय भाषाओं में प्रसारण करते हैं, जिससे वह भाषाएं जीवित रहती हैं और फलती-फूलती हैं। मीडिया का तेजी से बदलता परिदृश्य नई शब्दावली और अभिव्यक्तियों को जन्म देता है। सोशल मीडिया प्लेटफॉर्म पर नए-नए शब्द और संक्षेपाक्षर तेजी से लोकप्रिय होते हैं, जो अंततः आम बोलचाल की भाषा में शामिल हो जाते हैं। उदाहरण के लिए, 'वायरल' और 'हैशटैग' जैसे शब्दों का व्यापक उपयोग।

### मीडिया पर भाषा का प्रभाव

भाषा मीडिया की प्रस्तुति शैली को परिभाषित करती है। विभिन्न मीडिया आउटलेट्स अपने लक्षित दर्शकों के अनुसार भाषा का चयन और उपयोग करते हैं। उदाहरण के लिए, समाचार चैनल औपचारिक भाषा का उपयोग करते हैं जबकि मनोरंजन चैनल अनौपचारिक और संवादात्मक शैली को प्राथमिकता देते हैं। भाषा विज्ञापन और मार्केटिंग में महत्वपूर्ण भूमिका निभाती है। सही संदेश और सही भाषा का उपयोग ब्रांड को अपने लक्षित दर्शकों से जोड़ने में मदद करता है। उदाहरण के लिए, स्थानीय भाषाओं में विज्ञापन

अक्सर अधिक प्रभावी होते हैं क्योंकि वह सीधे दर्शकों की भावनाओं से जुड़ते हैं। भाषा मीडिया के माध्यम से सांस्कृतिक मूल्यों और परंपराओं का प्रसार करती है। टेलीविजन शो, फिल्में, और साहित्यिक कार्यक्रम विभिन्न संस्कृतियों को प्रदर्शित और प्रसारित करते हैं, जिससे एक वैश्विक सांस्कृतिक आदान-प्रदान होता है।

**डिजिटल युग का बदलाव**

वैश्वीकरण और मीडिया के कारण कुछ भाषाओं का ह्रास हो रहा है। मुख्यधारा की भाषाओं के प्रभुत्व के कारण कई स्थानीय भाषाएँ विलुप्ति के कगार पर हैं। इसे रोकने के लिए स्थानीय भाषाओं के संरक्षण और प्रचार की नीतियाँ बनानी होंगी। इंटरनेट और सोशल मीडिया ने भाषा के उपयोग में क्रांति ला दी है। डिजिटल प्लेटफॉर्म पर भाषा का संक्षिप्त और संक्षिप्त रूप तेजी से प्रचलित हो रहा है। यह प्रवृत्ति भाषा के विकास में एक नई दिशा प्रदान करती है।

**नए मीडिया के युग में भाषा की भूमिका:**

नए मीडिया जैसे पॉडकास्ट, वेबसीरीज, और ब्लॉग्स भाषा के उपयोग और प्रभाव में नए आयाम जोड़ते हैं। यह प्लेटफॉर्म भाषाई प्रयोग और नवाचार के लिए खुला मैदान प्रदान करते हैं।

टीवी पत्रकारिता और प्रिंट पत्रकारिता दोनों ही महत्वपूर्ण मीडिया माध्यम हैं, लेकिन दोनों की भाषा और प्रस्तुतिकरण शैली में महत्वपूर्ण अंतर होते हैं। आइए इन अंतरों को विस्तार से समझते हैं।

**टीवी पत्रकारिता की भाषा**

**संवादात्मक और सहज शैली :**

टीवी पत्रकारिता में भाषा अधिक संवादात्मक और सहज होती है। संवाददाता अक्सर ऐसे शब्दों और वाक्यांशों का उपयोग करते हैं जो दर्शकों को सीधे संबोधित करते हैं, जैसे ''आप देख सकते हैं '' या ''जैसा कि आप देख रहे हैं।''

**संक्षिप्तता और सरलता :**

टीवी रिपोर्टों को समय के साथ सीमित किया जाता है, इसलिए भाषा संक्षिप्त और सरल होती है। उद्देश्य यह होता है कि दर्शक जल्दी और आसानी से जानकारी समझ सकें।

**दृश्यात्मक समर्थन :**

टीवी पत्रकारिता में भाषा का समर्थन दृश्यों, ग्राफिक्स और लाइवफुटेज द्वारा किया

जाता है। शब्दों को अक्सर दृश्यों के माध्यम से समर्थित या विस्तारित किया जाता है, जिससे एक व्यापक और समग्र समझ मिलती है।

टीवी समाचारों में तात्कालिकता का तत्व होता है। भाषा को अधिक उत्तेजक और प्रभावशाली बनाया जाता है ताकि दर्शक खबरों पर त्वरित प्रतिक्रिया दें।

**प्रिंट पत्रकारिता की भाषा**

**औपचारिक और विश्लेषणात्मक शैली :**

प्रिंट पत्रकारिता में भाषा अधिक औपचारिक और विश्लेषणात्मक होती है। लेखकों को जटिल मुद्दों और विचारों को विस्तार से प्रस्तुत करने की सुविधा होती है।

**विस्तार और गहराई :**

प्रिंट मीडिया में लेखकों को विस्तृत लेखन का अवसर मिलता है, जिससे वह गहराई से विश्लेषण और व्याख्या कर सकते हैं। समाचार लेख, संपादकीय और फीचर लेख अक्सर विस्तृत पृष्ठभूमि और संदर्भ प्रदान करते हैं।

**स्वतंत्रता और संरचना :**

प्रिंट पत्रकारिता में भाषा की संरचना और स्वरूप अधिक सुव्यवस्थित होती है। समाचारों को विभिन्न खंडों में विभाजित किया जाता है, जैसे कि शीर्षक, उपशीर्षक, परिचय, मुख्य भाग और निष्कर्ष।

**मूल्यांकन और राय :**

प्रिंट मीडिया में लेखकों को अपने विचार और राय व्यक्त करने की स्वतंत्रता होती है। संपादकीय और स्तंभों में भाषा व्यक्तिगत दृष्टिकोण और विश्लेषण को प्रतिबिंबित करती है।

टीवी पत्रकारिता और प्रिंट पत्रकारिता दोनों की अपनी-अपनी विशेषताएं और उपयोगिता हैं। टीवी पत्रकारिता की भाषा तात्कालिकता और दृश्यात्मकता पर केंद्रित होती है, जबकि प्रिंट पत्रकारिता की भाषा विस्तार, गहराई और संरचना पर ध्यान देती है। दोनों माध्यम अपने-अपने तरीके से जनता तक जानकारी पहुँचाने का महत्वपूर्ण कार्य करते हैं और समाज में महत्वपूर्ण भूमिका निभाते हैं।

**हिंग्लिश**

हिंग्लिश, हिंदी और इंग्लिश (अंग्रेजी) का मिश्रण है। यह भाषा भारत और अन्य दक्षिण एशियाई देशों में व्यापक रूप से बोली जाती है, जहां लोग हिंदी और अंग्रेजी दोनों

का मिश्रित रूप उपयोग करते हैं। हिंग्लिश में हिंदी और अंग्रेजी के शब्द और वाक्यांश एक साथ मिलाए जाते हैं, जिससे एक नई और समृद्ध भाषा शैली बनती है। जैसे -

- "चलो, let's go to the market."
- "तुम्हारा project कैसा चल रहा है?"
- "इसमें कोई issue नहीं है।"
- "आपको presentation की preparation करनी होगी।"

हिंग्लिश का प्रारंभिक विकास औपनिवेशिक काल के दौरान हुआ, जब अंग्रेजों ने भारत पर शासन किया। इस दौरान अंग्रेजी शिक्षा और प्रशासन में महत्वपूर्ण हो गई, जिससे स्थानीय भाषाओं के साथ अंग्रेजी का मिश्रण होने लगा। भारत की स्वतंत्रता के बाद, अंग्रेजी शिक्षा प्रणाली में बनी रही। उच्च शिक्षा, विज्ञान, प्रौद्योगिकी और व्यापार में अंग्रेजी का उपयोग जारी रहा। इसने हिंग्लिश के उपयोग को और भी बढ़ावा दिया।1980 और 1990 के दशकों में, हिंग्लिश का व्यापक उपयोग भारतीय सिनेमा, टेलीविजन, और रेडियो में देखा गया। बॉलीवुड फिल्मों, टीवी धारावाहिकों और विज्ञापनों में हिंग्लिश के संवाद लोकप्रिय होने लगे।

## डिजिटल युग और सोशल मीडिया

21वीं सदी में, इंटरनेट और सोशल मीडिया के आगमन ने हिंग्लिश के प्रसार में महत्वपूर्ण भूमिका निभाई। व्हाट्सएप, फेसबुक, ट्विटर, और इंस्टाग्राम जैसी सोशलमीडिया प्लेटफार्मों पर हिंग्लिश का व्यापक उपयोग होने लगा। टेक्स्ट मैसेजिंग और चैटिंग में हिंग्लिश एक सामान्य भाषा शैली बन गई।

हिंग्लिश का उपयोग करना सरल और सहज है। यह उन लोगों के लिए एक माध्यम बन गया है जो हिंदी और अंग्रेजी दोनों जानते हैं लेकिन किसी एक भाषा में पूरी तरह से पारंगत नहीं हैं। हिंग्लिश एक सांस्कृतिक पहचान का प्रतीक बन गया है, विशेष रूप से शहरी और युवा भारतीयों के बीच। यह एक आधुनिक और शहरी भाषा शैली के रूप में उभरा है। हिंग्लिश संचार को अधिक प्रभावी और प्रभावशाली बनाता है। यह भाषा की बाधाओं को कम करता है और विभिन्न पृष्ठभूमि के लोगों के बीच संवाद को आसान बनाता है। कई कंपनियाँ और विज्ञापन एजेंसियाँ हिंग्लिश का उपयोग अपने उत्पादों और सेवाओं को बढ़ावा देने के लिए करती हैं। हिंग्लिश विज्ञापनों में ग्राहकों के साथ बेहतर संबंध स्थापित करने में मदद करती है।

हिंग्लिश एक जीवंत और गतिशील भाषा शैली है जो भारत के सामाजिक और सांस्कृतिक परिदृश्य को प्रतिबिंबित करती है। यह भाषा न केवल संचार को सरल बनाती है बल्कि एक नई सांस्कृतिक पहचान का भी निर्माण करती है। हिंग्लिश का विकास और उपयोग इस बात का प्रमाण है कि भाषा कैसे समय और परिस्थितियों के साथ बदलती और अनुकूलित होती है।

भारत जैसे विविध और सांस्कृतिक रूप से समृद्ध देश में, हिंदी का बाजार में महत्वपूर्ण स्थान है। यहाँ हम हिंदी के महत्व और उसकी भूमिका का विस्तार से विश्लेषण करेंगे।

वैसे मीडिया में हिंदी का महत्व लगातार बढ़ता जा रहा है। बाजार भी आज हिंदी कन्टेंट को प्राथमिकता दे रहा है। इसकी सबसे बड़ी वजह है कि हिंदी भारत की सबसे व्यापक रूप से बोली जाने वाली भाषा है। लगभग 43.6% भारतीय आबादी हिंदी बोलती है। ऐसे में, हिंदी में संचार करने से व्यवसाय अपने लक्षित ग्राहकों के बड़े हिस्से तक पहुंच सकते हैं। यह ग्रामीण और शहरी दोनों क्षेत्रों में ग्राहकों तक प्रभावी ढंग से पहुंचने में सहायक है।

## विज्ञापन और मार्केटिंग

आज मिडिया बाजार से नियंत्रित होता है। दर्शकों में हिंदीवालों की संख्या ज्यादा है इसलिए विज्ञापन और विपणन में हिंदी का उपयोग अत्यंत महत्वपूर्ण है। हिंदी में विज्ञापन और विपणन संदेश अधिक प्रभावी होते हैं क्योंकि वह ग्राहकों की भावनाओं और संवेदनाओं से सीधे जुड़ते हैं। हिंदी में विज्ञापन न केवल संदेश को व्यापक रूप से फैलाने में मदद करता है बल्कि ब्रांड की पहचान को भी मजबूत करता है।

## मीडिया और मनोरंजन

भारत में मीडिया और मनोरंजन उद्योग में हिंदी का वर्चस्व है। हिंदी फिल्मों, टीवी शो, समाचार चैनल, और रेडियो स्टेशन की व्यापक पहुंच है। यह उद्योग न केवल हिंदी भाषी दर्शकों के लिए बल्कि गैर-हिंदी भाषी दर्शकों के लिए भी आकर्षण का केंद्र है। हिंदी मीडिया के माध्यम से उत्पादों और सेवाओं का प्रचार-प्रसार अधिक प्रभावी होता है।

## ई-कॉमर्स और डिजिटलमार्केटिंग

ई-कॉमर्स और डिजिटलमार्केटिंग में हिंदी का महत्व बढ़ता जा रहा है। विभिन्न ई-कॉमर्स प्लेटफार्म जैसे कि अमेज़न, फ्लिपकार्ट, और स्नैपडील हिंदी में अपनी सेवाएं और उत्पाद विवरण प्रदान करते हैं। यह ग्राहकों को बेहतर खरीदारी अनुभव प्रदान करता

है और उन्हें अपनी भाषा में जानकारी प्राप्त करने की सुविधा देता है।

ग्राहक सेवा में हिंदी का उपयोग ग्राहकों के साथ संबंध बनाने में महत्वपूर्ण भूमिका निभाता है। ग्राहक सेवा प्रतिनिधि हिंदी में संचार कर ग्राहकों के प्रश्नों और समस्याओं को बेहतर तरीके से समझ और हल कर सकते हैं। इससे ग्राहक संतुष्टि और वफादारी में वृद्धि होती है।

हिंदी का भारतीय बाजार में महत्व अपार है। यह न केवल व्यापार और वाणिज्य को सशक्त बनाता है बल्कि सामाजिक और सांस्कृतिक विकास में भी योगदान देता है। हिंदी का उपयोग व्यवसायों को व्यापक और विविध ग्राहकों तक पहुंचने में मदद करता है और उन्हें एक मजबूत और स्थिर बाजार स्थिति प्रदान करता है। हिंदी का महत्व आने वाले समय में और बढ़ेगा, क्योंकि अधिक से अधिक व्यवसाय अपने संचार, विपणन और सेवा में इस भाषा को अपनाते हैं।

### अंग्रेजी अखबारों में हिंदी शब्दों का प्रयोग

अंग्रेजी अखबारों में हिंदी शब्दों का प्रयोग पिछले कुछ दशकों में बढ़ता गया है। यह प्रवृत्ति भारतीय समाज की बहुभाषी प्रकृति और बदलते संचार माध्यमों को प्रतिबिंबित करती है। आइए, अंग्रेजी अखबारों में हिंदी शब्दों के उपयोग के पीछे के कारणों और प्रभावों को विस्तार से समझते हैं।

भारतीय संस्कृति और सामाजिक संरचना को बेहतर तरीके से दर्शाने के लिए हिंदी शब्दों का उपयोग किया जाता है। जैसे कि 'Diwali', 'Holi', 'Namaste', 'Guru' आदि शब्द अंग्रेजी लेखों में अक्सर देखे जाते हैं। यह शब्द पाठकों को स्थानीय और सांस्कृतिक संदर्भों से जोड़ते हैं, जिससे लेख की प्रासंगिकता और भावनात्मक जुड़ाव बढ़ता है।

कई हिंदी शब्द ऐसे होते हैं जिनका सटीक अनुवाद अंग्रेजी में नहीं होता। उदाहरण के लिए, 'Juggernaut' (जगन्नाथ) का अर्थ अंग्रेजी में पूरी तरह से समझाना मुश्किल है। ऐसे शब्दों का उपयोग उनकी विशिष्टता को बनाए रखने के लिए किया जाता है।

'Chai', 'Tiffin', 'Puja', 'Yogi' जैसे शब्द अपने विशिष्ट सांस्कृतिक और सामाजिक अर्थों के कारण अपनाए जाते हैं।

भारतीय समाज में अंग्रेजी और हिंदी का मिश्रण (हिंग्लिश) बहुत आम है। यह मिश्रण अंग्रेजी अखबारों में भी देखा जाता है, जहां लेखकों और पाठकों के लिए कोड-स्विचिंग एक स्वाभाविक प्रक्रिया है। उदाहरण के लिए, 'The minister attended the puja ceremony' या 'She wore a beautiful saree to the party.' हिंदी शब्दों का उपयोग लेखों को अधिक आकर्षक और रंगीन बनाने के लिए किया जाता है। यह भाषा की विविधता और जीवंतता को दर्शाता है। 'Masala', 'Bollywood', 'Desi', 'Dharma', 'Nirvana' जैसे शब्द लेखों को अधिक जीवंत बनाते हैं।

हिंदी शब्दों का उपयोग पाठकों के व्यापक दायरे को आकर्षित करता है। यह भारतीय संदर्भों और मुद्दों को अधिक प्रासंगिक और समझने योग्य बनाता है। अंग्रेजी अखबारों के हिंदी शब्दों का उपयोग विभिन्न भाषा पृष्ठभूमियों के पाठकों को जोड़ने में मदद करता है। हिंदी शब्दों का समावेश सांस्कृतिक सामंजस्य को बढ़ावा देता है। यह विभिन्न भाषाई समुदायों के बीच सांस्कृतिक आदान-प्रदान को प्रोत्साहित करता है।

यह प्रवृत्ति भारत की बहुभाषी और बहुसांस्कृतिक पहचान को दर्शाती है।

हिंदी शब्दों का उपयोग अंग्रेजी भाषा की समृद्धि और विविधता को बढ़ाता है। यह नई शब्दावली और विचारों को प्रस्तुत करता है।

यह अंग्रेजी भाषा को स्थानीय संदर्भों के अनुरूप अधिक लचीला और अनुकूलित बनाता है। हिंदी शब्दों का उपयोग आधुनिकता और परंपरा के बीच एक पुल का काम करता है। यह पारंपरिक भारतीय संदर्भों को आधुनिक अंग्रेजी लेखन में स्थान देता है। यह पाठकों को आधुनिकता और परंपरा के बीच संतुलन बनाने में मदद करता है।

अंग्रेजी अखबारों में हिंदी शब्दों का प्रयोग भारतीय समाज की भाषाई और सांस्कृतिक विविधता को दर्शाता है। यह प्रवृत्ति न केवल अंग्रेजी लेखन को समृद्ध बनाती है बल्कि पाठकों के व्यापक और विविध वर्ग को भी जोड़ती है। हिंदी शब्दों का समावेश अंग्रेजी अखबारों को अधिक प्रासंगिक, आकर्षक और जीवंत बनाता है, जिससे वह भारतीय पाठकों के साथ गहरा संबंध स्थापित कर पाते हैं।

इसलिए समय की मांग के अनुसार मीडिया और उसकी भाषा बदलती गई, जिसे लोगों ने खासकर नई पीढ़ी ने काफी पसंद किया है।

❖ ❖ ❖

# मीडिया का धर्मसंकट : बदलते संदर्भ

**डॉ. गुलाब कोठारी**

जिस आजादी को पाने के लिए लाखों लोगों ने अपना जीवन न्यौछावर किया था, उसे फिर से आजाद कराने की आवश्यकता है। पहले यह गोरों के चंगुल में थी, अब चोरों के चंगुल में है। इसका कारण भी स्पष्ट ही है। लोकतांत्रिक संविधान में तीन स्तम्भ तय किए गए थे - विधायिका, कार्यपालिका, एवं न्यायपालिका। उसके बाद लोक या जनता रही। तीनों स्तम्भों एवं जनता के बीच सेतु का कार्य सौंपा गया मीडिया को। मीडिया का बड़ा कार्य सूचना देना, लोकशिक्षण एवं थोड़ा मनोरंजन। मीडिया पर जनता तथा तीनों स्तंभों के बीच संतुलन बनाए रखने का, अनिष्ट को घटने से रोकने का, तथा सामाजिक सौहार्द बनाए रखने का संपूर्ण दायित्व था।

मीडिया का स्वरूप पत्रकार गढ़ता है। वह समाज का चित्रण करता है। इतिहास का निर्माण भी करता है तथा इतिहास के मुख्य बिन्दुओं को, सभ्यता और संस्कृति के साथ, नई पीढ़ी तक पहुँचाता है। तटस्थ, निष्पक्ष या साक्षी भाव से। स्वयं के विचारों को वह सामग्री से बाहर रखता है। इस साक्षी अथवा दृष्टा भाव के कारण ही वह एक चलता-फिरता संन्यासी नजर आता है। उसका एकमात्र उद्देश्य लोकहित, जन जागरण होता है। इसके बदले में वह व्यापारी की तरह कुछ अपेक्षा नहीं रखता। उसके अपने जो जी सिद्धान्त हैं, उनके साथ कलम से अपने पाठक की पूजा करता रहता है। उसकी कलम संवेदना के पुष्प और सुगंध फैलाती है। लोगों के दिलों को छूती है। उनमें विश्वास पैदा करती है। तभी वह समाज का रूपान्तरण कर पाता है।

पिछले साठ सालों में क्या हुआ ऐसा कि मीडिया की साख गिरती ही जा रही है। मीडिया ने समय के साथ करवट बदल ली। आज वह स्वयं को सेतु ही मानने को तैयार नहीं है। उसने जी स्तम्भ का मुखौटा पहन लिया और शेष तीन स्तम्भों के साथ जाकर खड़ा

हो गया। जो प्रहरी था, वह स्वयं भी जनता के समक्ष चौथा 'पक्ष' बन गया। तीनों स्तम्भों की निगरानी के स्थान पर नया भागीदारी का वातावरण बनने लग गया। समृद्धि के नए-नए अवसर खुलते चले गए। तृष्णा ने उसे व्यापारी अथवा उद्योगपति का रूप देने की पेशकश कर डाली। जनता से सम्पर्क भी टूट गया और लोक शिक्षण जैसे उद्देश्य भी पीछे छूट गए। चारों स्तम्भ एक-दूसरे की स्वार्थ पूति में निश्चिन्तता के साथ जुट गए। सरकारों के सब्जबाग एवं आश्वासनों के सहारे आज देश की स्थिति यहाँ तक पहुँच गई। लाखों-करोड़ रुपये के बजट का कितना अंश नीचे तक जा पा रहा है, यह आम चर्चा का विषय बन चुका है। मीडिया के इस परिवर्तन ने तीनों स्तम्भों को भी स्वच्छन्द कर दिया है और स्वयं भी स्वच्छन्द हो गया। जनता का रखवाला खो गया। लोकतंत्र की 'जनता के लिए' की अवधारणा धन और पद की महत्वाकांक्षा में दब गई।

राजनीति के भ्रमजाल ने लोगों को प्रमादी बना दिया। लोक जीवन की सारी आवश्यकताओं को सरकार और मीडिया के भरोसे छोड़कर अपेक्षाभाव की गिरफ्त में चला गया। हर कार्य के लिए सरकार की ओर देखने लग गया। 'जनता के द्वारा' स्थापित लोकतंत्र का अंग पंगु हो गया। जनता हर बार वोट डालकर पांच साल के लिए सो जाती है। इतनी लम्बी अनदेखी से तो घर का बच्चा भी बिगड़ जाता है। मानव स्वभाव ही कुछ ऐसा है। अब फिर से लोकतंत्र को अथवा हमारी आजादी को आजाद कराना पड़ेगा। वरना जनता तक कुछ भी नहीं पहुँचने वाला। तीनों नहीं चारों स्तम्भ धीरे-धीरे संवेदनहीन भी होते जा रहे हैं। भ्रष्टाचार हर स्तर पर परवान चढ़ रहा है। नई पीढ़ी के सामने क्या रह पाएगा? इस परिस्थिति को फिर से कैसे लौटाया जाए? संभव भी हो सकता है या नहीं? पानी सिर तक पहुँच रहा है। एक कहावत है कि व्यक्ति संकल्प कर ले, तो असंभव कुछ नहीं। यानी कि चाबी जनता के पास ही है। बात धमकी देकर धन मांगने की तथा धन लेकर समाचार छापने तक की है। यही आज का चौथा स्तंभ है। भारतीय प्रेस परिषद की 'पैड न्यूज' की रिपोर्ट तो आपने भी देखी होगी। बड़े-बड़े समाचार पत्रों के नाम थे। पत्रिका का नाम जरूर इस सूची में नहीं था।

जनता को जागता होगा। वह झपकी नहीं ले सकती। तभी 'जनता के द्वारा' लोकतंत्र की स्थापना संभव है। आज तो जनता के पास सूचना का अधिकार भी है। मौहल्ले के पानी के नल से लेकर राष्ट्रपति भवन तक की जानकारी मिल सकती है। हर युवा को यह संकल्प करना पड़ेगा कि वर्ष में कम से कम एक बार तो इस अधिकार का उपयोग करना ही है। अधिक बार हो सके तो कहना ही क्या!

दूसरा संकल्प जनता को यह भी करना पड़ेगा कि खोटे आदमी की तरह खोटा मीडिया

भी घर में प्रवेश नहीं कर पाए। चाहे टीवी हो, अखबार हो, रेडियो हो या अन्य माध्यम। गलत खबरें, मनगढन्त समाचार, लोकहित के विरुद्ध समाचार, ब्लैकमेलिंग, धमकियां देने, धन मांगने तथा माफिया से जुड़े मीडिया का सामूहिक रूप से सामाजिक बहिष्कार करने की जरूरत पड़ेगी। इसका कारण शुद्ध राष्ट्र हित ही होना चाहिए। जैसे ही निर्णय के क्रियान्वयन का प्रभाव प्रकट होगा, मीडिया भूल सुधार की भाषा बोलने लग जाएगा। वह विज्ञापनों का नुकसान तो जरा जी सहन नहीं कर सकता। जल्दी ही वह जनता की ओर मुँह करता जान पड़ेगा। मैं यह बात जोर से इसलिए कह रहा हूँ कि आज मीडिया ही एकमात्र ब्रह्मास्त्र है, जो लोकतंत्र को सही अर्थों में स्थापित कर सकता है। और जनता ही इसका इलाज भी कर सकती है। जनता ही मीडिया की शक्ति भी है।

मीडिया सामाजिक शिक्षा का महत्वपूर्ण अंग है। सोशल कम्युनिकेटर की भूमिका है। नृत्य, संगीत और धर्म गुरु चेतना जगाते हैं। शिक्षक-राजनेता-अभिनेता - टीवी-सिनेमा - रेडियो जानकारियों एवं सूचनाओं के वाहक हैं। लेकिन जनमानस पर इनका प्रभाव दिखाई नहीं पड़ता। पुरातन काल में दृश्य और श्रव्य विधाएं सम्प्रेषण का माध्यम थीं। जिनके केन्द्र में लोक होता था, एक लक्ष्य होता था। लक्षित वर्ग भी छोटा होता था। सम्प्रेषक का खुद का जुड़ाव भी था। वही परिणामकारक भी रहा। यही एक कारण है कि हम उन्हीं लोक-माध्यमों के सहारे, दृश्य और श्रव्य परम्परा के सहारे, इतने बड़े देश की संस्कृति-सभ्यता को जीवित रख पाए। तब न प्रेस था न टीवी। द्वापर त्रेता को पार करके आज हम तक जो पहुँचा है वह वाचिक परम्परा से, मानव के माध्यम से पहुँचा है। सूचना के माध्यम जिस तेजी से भारतीय सभ्यता और संस्कृति को पीछे धकेल रहे हैं, एक हजार साल बाद क्या बचेगा!

जब से भाषा बनी, व्यक्ति गौण होता चला गया। जब से छपे हुए शब्द उपलब्ध हुए, व्यक्ति और विषय दोनों ही उन शब्दों में खोते हुए दिखने लगे। जबकि सच्चाई तो यह है कि सम्प्रेषण करने वाले और उसे प्राप्त करने वाले दोनों ही का धरातल चेतना का है। कृष्ण ने गीता में कहा है ज्ञान, ज्ञाता और ज्ञेय तीनों साथ रहते हैं। न शब्द में यानी सरस्वती में चेतना है और न लक्ष्मी के किसी प्रतिनिधि में! आज का व्यक्ति अपनी सम्पूर्ण चेतना इन दोनों को प्राप्त करने में ही लगा देना चाहता है। इसीलिए उसका लक्ष्य पाठक ( श्रोता और दर्शक भी) तथा ज्ञान दोनों ही नहीं रहते। यही वह कारण है कि उसके सन्देश पाठकों को छू नहीं पाते। क्योंकि उन्हें लक्षित ही नहीं किया गया।

मेरी दृष्टि में तो यह हमारे शब्द - ब्रह्म की अवधारणा का अपमान ही है।

इसे कोई भी मीडिया कर्मी नहीं साध रहा है। उसका सारा शिक्षण-प्रशिक्षण लेखन कला

और भाषा की तकनीक तक सीमित रह गया है। और कोरी तकनीक से जीवन को, चेतना को, नहीं समझा जा सकता। तब वह कैसे समाज का दर्पण बन सकता है अथवा देश का इतिहास लिख सकता है!

जीवन तो मन की कलाओं अथवा इच्छाओं से चलता है। इनका सामाजिक अंकन ही इतिहास है। आज शिक्षा ने मन को जीवन से बाहर निकाल दिया है। बिना नींव का कोरा भवन, रह गया, खोखला-सा। शरीर के ढांचे के भरोसे। जैसे आज का साहित्य भाषा के भरोसे। जीवन व्यापार का एक अंग बनकर रह गया है। सामाजिक शिक्षा, संस्कृति का वाहक, रूपान्तरण का माध्यम जैसी भूमिकाएं लुप्त हो गईं साहित्य से। कितने साहित्यकार लोगों के चित्त में अंकित हो पाते हैं।

साहित्यकार भी माटी से दूर हो गया है। संवेदना रूठ गई उसकी कलम से। श्रम तो करता है, बुद्धि विलास तो पहले से भी अधिक करता है, किन्तु मन तपने को स्वीकार नहीं करता। सुविधा चाहता है। धर्म निरपेक्ष होने लगे साहित्यकार। कट्टर तो पहले भी थे। सबसे अधिक तो बुद्धिजीवी हो गए। शरीर का नियंत्रण बुद्धि से, मन के कार्य; इच्छा, सुख-दुख, अच्छा-बुरा सब के कार्य बुद्धि से। आत्मा और उसका स्वरूप गए लम्बी छुट्टी पर। अतः आज का साहित्य टिका है तर्क पर। मिठास का स्वाद तो लेखक ने भी नहीं चखा हो, शायद। विकासवादी लेखन में इसकी जरूरत भी कहाँ पड़ती है।

कथाओं में संघर्ष, उग्रता, आक्रामकता बढ़ रही है और बात शान्ति की करते हैं। समाज में प्रेम जनित अनुभव होना ही लुप्त प्रायः हो गया है। वासना को प्रेम के कपड़े पहनाकर शब्द घड़ते हैं।

पत्रकारिता हो अथवा साहित्य मुझे मूलत: दो आयाम समझ में आते हैं। हाथ में दो ही शब्द होते हैं चाहे आप पत्रकार को देख लें, चाहे साहित्यकार को। पहला शब्द है सम्प्रेषण और दूसरा उसका आयाम है शब्द ब्रह्म। तीसरा अगर कोई आयाम है तो वह इंसान है। वह सम्प्रेषण करने वाला भी है तो पाने वाला भी है। लेकिन विधा की जहाँ तक बात है तो हमारे दो ही रास्ते हैं यानी दो धरातल है जिनके अन्तर्गत अपनी बात को पहुँचाना है। अध्यात्म के चार अंग हैं- शरीर है, बुद्धि है, मन है, आत्मा है। जिसको हम शब्द वाक् कहते उसके भी चार अंग है परा, पश्यन्ती मध्यमा और वेखरी। जिसको हम पुरुषार्थ कह रहे हैं उसके भी चार अंग है- धर्म, अर्थ, काम और मोक्ष। जीवन के चार आश्रम हैं- ब्रह्मचर्य आश्रम, गृहस्थ आश्रम, वानप्रस्थ आश्रम, संयास आश्रम। मैं अपने इस सम्प्रेषण को इन सब धरातलों को छूता हुआ देख सकूं, तब शायद मैं कुछ हद तक सफल हो सकूंगा।

सम्प्रेषण के भी चार ही धरातल हैं - इंफारमेशन अथवा सूचनाएं अलग हैं। नॉलेज अथवा जानकारियां अलग है। विज्डम या प्रज्ञा अलग मनीषी तुल्य है। विजन या दृष्टि ऋषियों का स्तर है। मूलतः समाचार पत्रों में आप इंफारमेशन और नॉलेज को देखते हैं। लेकिन साहित्य में प्रज्ञा, विद्या, बुद्धि आदि वह धरातल है जिससे पूरे जीवन की अनुभूतियां जुड़ी हुई हों।

जितना साक्षी भाव या प्रज्ञा का धरातल साहित्य में है उतना आपको समाचार पत्रों में नहीं मिलेगा। मैं नौकरी अगर समाचार पत्र में कर रहा हूँ तो पत्रकार तो हो गया लेकिन मैं समाज को कुछ देने की स्थिति में हूं, यह अनिवार्यता नहीं है। साहित्य अगर अच्छा है तो निश्चित रूप से वह अनुभूतियों के आधार पर लिखा अच्छा साहित्य होगा।

पत्रकारिता को इन दो आयामों पर हमें समझने का ज्यादा अवसर है। एक तो शब्द ब्रह्म क्या है? इसका उपयोग हम कैसे कर सकते हैं? कैसे हम उसको समझें और दूसरा, सम्प्रेषण की जो कला है उसका लक्ष्य क्या हो? पहली चीज है कि मैं क्या कहना चाहता हूँ? ज्यादातर लोगों को तकलीफ है इस बात में। क्या पत्रकार के दिमाग में यह स्पष्ट है कि वह मुझे क्या कहना चाहता है और क्यों कहना चाहता है? मुझसे उम्मीद क्या कर रहा है। क्या मैं उसकी कलम को पढ़ते-पढ़ते उसका चेहरा महसूस कर सकता हूँ। क्या वह मेरे से बात कर रहा है? अगर नहीं महसूस कर सकता तो मेरा हृदय परिवर्तन नहीं हो सकता। यह सम्प्रेषण का मूल तत्व है। इस लक्ष्य के बिना सम्प्रेषण के साथ आप और हम सब की मेहनत का कोई अर्थ नहीं है। समाज आपके सम्प्रेषण को समझे और उसका अनुसरण करने का तैयार हो जाएं, तो ही उसकी सार्थकता है।

हमारे यहाँ तो एक-एक, अक्षर, एक-एक वर्ण, एक-एक देवता का बीज मंत्र है। हम शब्दों से खेल नहीं सकते। अगर यह चेतना लेखनी में है तो निश्चित रूप से वह देवता आपके लिए काम कर रहे हैं। आपके लेखन से जुड़े हुए हैं। आपके हाथ से कोई गलत काम हो ही नहीं सकता। किसी गलत शब्द की आप उम्मीद ही मत करिए कि आपकी लेखनी में आ जाएगा। आप समर्पित होकर बैठ जाइए कि मैं बैठा हूँ, अब तुम लिखवाओ। प्रश्न यह हो गया है कि आज हम किसी भी संदेश को नई पीढ़ी तक पहुँचा ही नहीं पा रहे हैं। हम बोल रहे हैं मातृ देवो भवः, लेकिन संदेश नहीं पहुँचाया इसमें मैंने। पितृ देवो भवः, आचार्य देवो भवः। अगर मैं किसी वर्ण को, प्राण को, देवता को इन शब्दों में ढूंढ सकता हूँ तो शायद मैं अपने संदेश को दिलों तक पहुँचा सकता हूँ। नहीं तो नहीं पहुँचा सकता। शब्दों के पीछे जो

वैज्ञानिक भाव छिपा हुआ है। उस पर शोध की आवश्यकता है। हर वर्ण के अपने देवता हैं, शक्ति है, स्वरूप है, गति है, छन्द है। हम उस शब्द को साथ लेकर लेखन करते हैं तो समाज में कुछ नई तरह की गति देंगे।

आज मैंने अखबार में कोई भी चीज लिखी। तीन दिन बाद किसी को याद नहीं कि क्या था। अगर वह भूल गए तो जो मैं प्रयास कर रहा हूँ- समाज के रूपान्तरण का, मेरा तो काम कभी सफल ही नहीं होगा। मेरा काम कभी आगे बढ़ ही नहीं सकता। हम परिचित तो हैं कि हम मंत्रों की शक्ति से क्या-क्या नहीं पैदा कर रहे हैं।

सारा संसार सरस्वती की देन है। इसी के सहारे हम गति को पैदा कर रहे हैं। अर्थ या लक्ष्मी को पैदा कर रहे हैं। किसी को सन्तान चाहिए। किसी को नौकरी चाहिए। कोई इलाज कराना चाहता है। यह सारी जो अर्थ व्यवस्था है जीवन की, हम सरस्वती से ही तो प्राप्त कर रहे हैं। इतनी शक्ति है उस सरस्वती में, उस शक्ति संसार में, कि अगर हम तपस्या करने बैठ गए उस शब्द के साथ, तो क्या नहीं प्राप्त कर सकते। कई बातें हम बुद्धिजीवियों की ऐसी है कि हम दूसरे की बात को आसानी से नहीं मानते हैं।

आस्था जहाँ होती है वहाँ मन में प्रश्न पैदा नहीं होता। मेरा सम्प्रेषण ऐसा होना चाहिए जिसको पढ़ते-पढ़ते, समाप्त होने तक, किसी के दिमाग में एक भी प्रश्न पैदा नहीं होना चाहिए। तब आप मान लीजिए कि मेरा सम्प्रेषण सही जगह, पाठक के दिल में पहुँच गया। वरना पढ़ने वाला 15 सवाल करेगा। और वह सवाल ऐसा पैदा करते हैं कि अन्त तक पहुँचते-पहुँचते विषय में ही खो गया होता है। सम्प्रेषण को हम यूं समझें कि शरीर की भाषा शरीर समझता है। दिमाग की भाषा दिमाग समझता है। मन की भाषा मन समझता है। आत्मा की भाषा आत्मा समझता है। वहाँ शब्द नहीं चाहिए। सम्प्रेषण को किस धरातल पर पहुँचाना है यह बात मेरे ध्यान में पहले होनी चाहिए। एक माँ गोद में नन्हें बच्चे को लेकर बात कर रही है तो उसे पता है उसे शब्द की जरूरत वहाँ नहीं है। पर ऐसा नहीं है कि सम्प्रेषण नहीं हो रहा है। बच्चा रोता है तो माँ को पता है कि बच्चा क्यूँ रो रहा है। उसे भूख लगी है या कहीं दर्द हो रहा है या विसर्जन की जरूरत है। जो कुछ भी है, माँ को पता चल जाता है। शब्द कहाँ है वहाँ।

एक दूसरा धरातल है- बच्चा जब पेट में होता है तब वहाँ आवाज भी नहीं जाती। तब भी सम्प्रेषण होता है। भावनाओं के स्पन्दनों का सम्प्रेषण है। हमारे यहाँ तो इसके बड़े-बड़े उदाहरण है। लोग उसी सम्प्रेषण से योद्धा बन के निकले हैं, चक्रव्यूह तोड़ने की स्थिति सीख कर निकले हैं। क्या मैं उन सम्प्रेषण के अलग-अलग धरातलों को समझ रहा हूँ। और मेरे

यहाँ से जो सम्प्रेषण निकल रहा है वह मैं उस धरातल से निकाल पा रहा हूँ या नहीं निकाल पा रहा हूँ।

सम्प्रेषण का एक उदाहरण मैं अपने जीवन में भूल नहीं पाता हूँ। यह कृष्ण के जीवन का छोटा सा उदाहरण है। कृष्ण लेटे हैं द्वारकापुरी में और रुक्मणी उनके पांव सहला रही है। उनका हाथ धीरे-धीरे कृष्ण की ऐड़ी के किसी छाले पर चला गया। तो वह चौंक गई। 'कृष्ण, तुम्हारे पांव में छाला। तुमको तो कभी नंगे पाँव चलने की जरूरत नहीं पड़ी। तुम्हें तो कभी लम्बा पैदल नहीं चलना पड़ा होगा। तुम्हारे पाँव में छाला पड़ा कैसे। इसमें जरूर कोई न कोई रहस्य है। आप मुझे समझाओ।'

कृष्ण ने कोशिश की किसी तरह बात को टालने की।

रुक्मणी हठ में आ गई कि आप छुपा रहे हो बात को। इसलिए टाल रहे हो।

तो उन्होंने कहा- 'रुक्मणी ऐसा नहीं है। सच्चाई यह है कि इसका कारण तुम हो इसलिए मैं बात को आगे बढ़ाना नहीं चाहता।'

रुक्मणी और क्रोध में आ गई कि एक तो चोरी ऊपर से सीनाजोरी। एक तो मुझे बात बता नहीं रहे। ऊपर से कारण भी मुझे ही बता रहे हो। मेरे ऊपर आरोप लगा रहे हो।

कृष्ण- 'आरोप नहीं लगा रहा हूँ, यह बात सही है। कारण तुम हो।'

तो वह बोली- 'तो आप को समझाना पड़ेगा।'

कृष्ण बोले- 'अभी कुछ दिन पहले राधा आई थी द्वारका में।'

रुक्मणी- 'हाँ आई थी।'

कृष्ण- 'तुम्हारी ड्यूटी लगाई थी कि तुम उसकी सेवा करो।'

'रुक्मणी-' हाँ, लगाई थी और मैंने ईमानदारी से सेवा भी की। कोई कसर नहीं छोड़ी।'

कृष्ण-'तुम्हारी बात भी सही है। पर एक सच्चाई है कि तुम्हारे मन में राधा के प्रति अभी भी थोड़ी ईर्ष्या है।'

वह चुप हो गई।

कृष्ण ने कहा- 'तुमने उसी ईर्ष्या के कारण उसको गरम-गरम दूध पिला दिया था एक दिन। तुम्हें मालूम नहीं है कि उसके हृदय में मेरे चरण रहते हैं।'

यह इसी देश में संभव है। किसी दूसरे देश की धरती पर यह सम्प्रेषण का स्तर हम नहीं सुन सकते। इंसान की कीमत इतनी बड़ी है। ईश्वर हरेक इंसान के दिल में मौजूद है फिर किसके पास वह क्षमता नहीं है। कृष्ण अगर हमारे भीतर बैठा है तो वह बिना ताकत के थोड़े ही बैठा

है। हर समय है और जीवंत है। पहली जरूरत तो यह है कि मैं उसको ढूँढ़। अपने भीतर उन क्षमताओं को ढूँढू जिनका अंश लेकर उसने मुझे भेजा है। उन क्षमताओं का विकास कर सकूँ।

आप एक प्रयोग करके देखें- साफ पानी की दो बोतलों को दो अलग-अलग कमरों में रख दीजिए। एक बोतल के सामने रोजाना खड़े होकर प्रार्थना करें, जितनी अच्छी बातें हो उस बोतल के सामने करें। दूसरी बोतल के सामने जो अभद्र भाषा है, उसका प्रयोग करके देखें। थोड़े दिन बाद आपको खुद को लगेगा कि प्रार्थना वाले जल में से सुगंध आने लगेगी। पानी का रंग हल्का केसरिया सा बनने लग जाएगा। दूसरे पानी में दुर्गन्ध आने लगेगी और पानी का रंग हल्का मटमैला सा होने लगेगा। हमने किया तो कुछ नहीं। पानी को हाथ तो नहीं लगाया। यह हमारे शब्द की शक्ति का बहुत बड़ा उदाहरण है।

हम घर में बच्चों को भी सिखा सकते हैं और अगर यह सच है तो यह भी सच कि हमारे शरीर में सत्तर प्रतिशत पानी है। अगर मैं अच्छी भाषा का प्रयोग नहीं करूँगा तो सबसे पहले मेरे रक्त में दुर्गंध आएगी। लेखन की भूमिका और उपयोगिता को समझना है तो उसे इस उदाहरण से देखना होगा। लेखन अपने आप में यदि पूजा बन जाएगा तो वह लोगों के रक्त का परिष्कार करता चला जाएगा। समाज को निरोग भी रखेगा।

प्रश्न यह है कि क्या मात्र सूचनाओं तथा जानकारी के आधार पर की जा रही पत्रकारिता मेरे समाज में किसी भी विषय पर कोई परिवर्तन ला सकती है। जब तक पत्रकारिता में, समाचार पत्रों में, मैगजीन में, टीवी में, किसी भी मीडिया के अंग में मन से निकला हुआ भाव नहीं जुड़ेगा तब तक किसी परिवर्तन की आशा करना निरर्थक है। भाव भी क्या, नीयत होनी चाहिए। परिणाम शरीर के श्रम से नहीं आते। बुद्धि के कौशल से भी नहीं आते। मन के भावों से भी नहीं आते। क्योंकि मन तो खुद चंचल है। इनके पीछे जो मेरी नीयत है, इंटेन्शन है, परिणाम उसी से आते हैं। इंटेन्शन अगर मेरी समझ में आ जाए कि उसको मैं कैसे अपने जीवन में काम में लूँ, तो फिर मुझे उम्र भर दूसरी तरफ झांकने की जरूरत ही नहीं पड़ेगी। मेरे खुद समझ में आ जाएगा कि क्या मेरे काम का है, क्या नहीं है? यह नीयत ही आगे चलकर जीवन का संकल्प बन जाती है।

हम अपने बच्चों के साथ बैठते नहीं हैं। यहाँ जितने लोग है ज्यादातर के तीसरी पीढ़ी घर में है। पर एक भी इस बात से सहमत है क्या कि आपका पोता या-पोती आपकी बात को मानते हैं? तो आप कहते हैं कि यह तो संभव नहीं है कि मेरी तीसरी पीढ़ी मेरी बात मान लें।

मुझे ही हारना पड़ता है और उसकी बात भी मुझे ही माननी पड़ती है। मेरी ही नाक के नीचे, मेरे ही घर में इतना बड़ा रूपान्तरण हो गया पीढ़ियों में और मुझे पता ही नहीं पड़ा। मैं कुछ कर ही नहीं पाया। ऐसी लाचारी का क्या है? इसके लिए हमें अपनी क्षमता पर सवाल करना पड़ेगा। तब समाज का रूपान्तरण दूर बैठकर, कलम से कर पाएं, संभव कैसे होगा?

स्वयं की जागरुकता के लिए सवाल करना पड़ेगा। अपने उत्तरदायित्व के प्रति जी सवाल खड़ा करना पड़ेगा। कैसे हो गया मेरे घर में इतना बड़ा परिवर्तन कि आज मेरा ही बच्चा मेरी ही बात को मानने को तैयार नहीं है। हम उसे साहित्य से रूबरू करने की बात कैसे करेंगे। उसका सबसे पहला रास्ता तो यही है कि अपने बच्चों के साथ कम से कम एक घंटा तो देना ही पड़ेगा। किताबों में सिवाय सब्जेक्ट के, आदमी ही नहीं है कहीं, मानवता नहीं है। संवेदना नहीं है। किसी क्लास की किताब में स्थानीय भूगोल नहीं है। किसी किताब में स्थानीय इतिहास नहीं है। तब आज का पत्रकार क्या लिखेगा?

मेरे हाथ में गुठली है आम की। इसमें मुझे कोई आम का पेड़ दिखाई नहीं देता। फिर भी मेरे मन में एक विश्वास है कि अगर मैं इसको जमीन में गाड़ दूँगा, खाद पानी देता रहूँगा तो मुझे इससे आम मिल जाएंगे। इसमें शंका नहीं है मुझे। यह आस्था कहाँ से आ रही है, कौन सा ज्ञान मुझे दे रहा है। इस पर जी एक प्रश्न मेरे मन में उठना चाहिए। यह भी मुझे समझ आ गया कि जब तक इस आम की गुठली को गड्ढा खोदकर नहीं गाड़ दूँगा, मुझे आम नहीं मिलेगा। तो क्या जिंदगी का इतना बड़ा अध्याय मेरे सामने नहीं है कि अगर मुझे नया निर्माण करना है तो अपने अस्तित्व को सबसे पहले दांव पर लगाना पड़ेगा। अगर मैं अपने आप को बचा-बचा कर जीने के लिए उत्सुक हूँ तो मेरे हाथ से निर्माण कभी नहीं हो सकता। मेरा जीवन सार्थक नहीं हो सकता।

उसी गुठली में से आम का पेड़ निकलता है। दिन ब दिन बढ़ता ही चला जा रहा है। उसका वजन बढ़ता ही चला जाता है। पत्तों की गिनती नहीं, फूलों की कोई कमी नहीं, आम जी इतने लग रहे हैं। आम में रस भरा है। रस में स्वाद भरा है, मीठा है खट्टा है, बहुत कुछ होगा। कहाँ से आ रहा है, कोई वैज्ञानिक इसको नियंत्रित करके कागज पर लिखकर दिखा दें। वह गुठली तो मर गई। वहाँ कुछ है ही नहीं।

तब आपको समझ आएगा कि यह जो आम दिख रहा है यह उसी गुठली से मिला है जो मैंने कभी जमीन में गाड़ी थी। और वह गुठली भले ही मर गई हो, मुझे दिख नहीं रही हो, लेकिन यह पेड़े से आम, रस-मिठास सभी उसी गुठली से तो मिल रहे हैं। वह गुठली अब

तक प्राण बन कर इन सब में बह रही है। इसी में मातृ देवो भवः निहित हैं। माता-पिता ही मेरे जीवन में प्राण बन कर बह रहे हैं। प्राण ही देवता हैं।

हम माँ को पहला गुरु कहते हैं। क्योंकि केवल माँ को ही पता होता है कि उसके यहाँ जो नया मेहमान आ रहा है वह जीव किस शरीर से आया है। हमारा दर्शन कर्म फल एवं पुनर्जन्म में विश्वास रखता है। उसे अपने खान-पान, सपनों, व्यवहार में आए परिवर्तन से पता चल जाता है। तब वह इस जीव को संस्कार प्रदान कर उसे इंसान बना कर समाज को सौंपती है। इस धरती पर माँ के अलावा कोई उस जीव आत्मा को मानव नहीं बना सकती। तब लगेगा कि साहित्य की दिशा, साहित्य की गहनता, साहित्य की ऊँचाई को हमें कैसे नापना है। तब अभिमन्यु पैदा हो सकेंगे। उसे संस्कारित करने में छोटी-मोटी कमी रह भी जाती है तब साहित्यकार, कवि, पत्रकारों से विजन और विज्डम की बातें वह सीख पाएगा। एक माँ ही है जिसमें यह सारी सम्भावनाएं हैं। माया स्वरूप जी वही है। हमारी बंदिश भी वही है। हमारी कामना जी वही है। हमारी बुद्धि भी वही है। इसीलिए उसके बिना हम शायद श्रेष्ठ नहीं बन सकते।

लेखन का बहुत बड़ा लक्ष्य है इस समाज को श्रेष्ठ बनाना। अगर मैं श्रेष्ठ नहीं बन सकता, अगर मेरे मन में दया, करुणा, वात्सल्य, स्नेह नहीं पैदा हो सकते तो मैं कमी शक्ति मार्ग पर उतर नहीं सकता। कमी समर्पण, श्रद्धा मेरे दिल में प्रवेश नहीं कर सकते। यह कहाँ से आऐंगे। कोई तो सिखाएगा मुझे। मेरे अहंकार को माया ही नियंत्रित कर सकती है। अहंकार को चन्द्रमा के मनोयोग से संतुलित बनाए रखने का काम माया कर सकती है। वह दाम्पत्य जी सिखाती है। जिससे जीवन में श्रद्धा जी आती है। सारे रिश्ते जीवन के उसी से आते हैं।

दाम्पत्य में आपको ऊपर उठने का रास्ता जी अपने आप मिल जाएगा। स्वतः ही विरक्ति के साथ वैराग्य का भाव जाग्रत हो जाएगा। जब वैराग्य जाग्रत हो गया तो उसके बाद धर्म, ज्ञान वैराग्य और ऐश्वर्य के माध्यम से लक्ष्य प्राप्ति की ओर गति बढ़ जाती है। जहाँ धर्म नहीं है, वहाँ ज्ञान, वैराग्य और ऐश्वर्य नहीं है। जहाँ धर्म नहीं है वहाँ अर्थ, काम, मोक्ष भी नहीं है। धर्म ही जड़ है। धर्म मेरा संकल्प है और कुछ भी नहीं। मुझे लगता है कि जीवन का स्रोत सब यही है। मेरे जीवन का जो जी लक्ष्य है, जो मैं बनना चाहता हूँ, करना चाहता हूँ, जो मंजिल मुझे पानी है, वह मेरा संकल्प है। कर्म की दो परिभाषा नहीं है। मेरा कर्म ही धर्म है। धारयेति इति धर्मः। किन्हीं दो व्यक्ति के धर्म एक जैसे नहीं होते। सबका अपना-अपना नाता है अपने ईश्वर से।

जिसके पास संकल्प नहीं है, जिसके पास लक्ष्य नहीं है, उसके पास मार्ग जी नहीं हो सकता। कौनसा मार्ग पकड़कर उसे यात्रा करनी है, बिना लक्ष्य के, कहाँ पहुँचना है, पता नहीं है। इसलिए जीवन में पहली जरूरत है कि मेरे पास लक्ष्य हो। मार्ग नहीं होगा तो मेरी यात्रा शुरू नहीं होगी। मैं अपना जीवन वहीं पूरा कर दूँगा, जहाँ मैं बैठा हुआ हूँ। यात्रा तो तब शुरू होगी जब कोई रास्ता मेरे आगे होगा। रास्ता तब होगा जब कोई मंजिल मेरे आगे होगी। जब मेरा संकल्प उस मंजिल को परिभाषित करेगा। क्यों मुझे विकल्प घेरे रहते हैं क्योंकि संकल्प नहीं होता।

जिस दिन संकल्प हो जाएगा, उस दिन से आप देखिए। आपने यहाँ आने की जब सोची तो आपको मालूम हो गया होगा कि किस सड़क से जाना है। उसके आस-पास से कितनी कितनी सड़कें जाती होंगी, उन पर आपका ध्यान गया ही नहीं होगा। क्योंकि आप इस तरफ केन्द्रित थे। यही केन्द्रीकरण जब लक्ष्य के साथ बंध जाता है तो आदमी का ध्यान, आदमी की शक्तियाँ, आदमी के साधन, सब चीजें कर्म करते-करते एक ही लक्ष्य पर अटक जाती है। तब आदमी की शक्ति भी बढ़ जाती है और और लक्ष्य तक पहुँचने की गति जी बढ़ जाती है। लक्ष्य, गति, वर्तमान साथ ही रहने चाहिए।

आज हमें वर्तमान में जीना आता ही नहीं है। अतीत की बहुत बड़ी अवधि है। अनागत की बहुत बड़ी अवधि है। वर्तमान की तो अवधि ही नहीं है। जिसे क्षण कहते हैं, उसका नाम वर्तमान है। अगले क्षण में वह अतीत बन जाता है। इसीलिए समय का मोल है। मैं उस वर्तमान को अतीत बनने से पहले अपने भविष्य निर्माण में कैसे उपयोगी बना सकूँ। वर्तमान ही सब कुछ है जीवन में। आपका छोटा बच्चा जब स्कूल से आता है बैग को फेंक कर कहता है मम्मी भूख लग रही है खाना खिला दो। आप खाना खिला कर देखो, खाते ही बोल देगा यह सब्जी मेरी माँ ने नहीं बनाई है। उस दो-तीन साल के बच्चे को कैसे समझ आ रही है यह बात कि यह मेरी मां ने बनाई है और यह नहीं बनाई है। सम्प्रेषण को यहाँ समझना है। अपनी कलम से मुझे उस संदेश तक पहुँचना है। ताकि पाठक मेरे शब्दों को नहीं पकड़े बल्कि इन शब्दों में निहित भाव में जो संदेश दिया है वह उनके दिल में प्रविष्ट हो जाए। तब मुझे लगेगा कि कलम से पूजा होती है। वही साहित्य, साहित्यकार व समाज के हित में है।

जब लेखन की बात करें तो लगता है हम बहुत दूर निकल गए। हमारी शिक्षा ने हमें इतना दूर कर दिया मानवता से, संवेदनाओं से, कि पत्रकारिता में उस संवेदना का प्रवेश करीब-करीब दुर्लभ हो गया। अगर मुझे स्कूल में केवल शरीर और बुद्धि की जानकारी दी जा रही है, मन और आत्मा की जानकारी नहीं दी जा रही तो मैं जितना ज्यादा पढ़ाई करूँगा

उतना ही असंतुलित व्यक्तित्व बनाकर बाहर निकलूंगा। इस तथ्य को हम नहीं स्वीकार करते। एक लक्ष्य लेकर स्कूल कालेज से बाहर निकला जाता है जिसे हम कैरियर कहते हैं। कैरियर का लक्ष्य न शांति है नहीं मोक्ष है।

हमारी सबसे बड़ी फिक्र आज पत्रिका में तो यही है कि बच्चों को फिर से कैसे जमीन से जोड़ें ताकि वह उसकी पहचान महसूस करें। जमीन से जुड़ाव महसूस करें। हमारे जितने सामाजिक सरोकार हैं उनके पीछे यही एक मात्र लक्ष्य है। भोपाल में बड़े तालाब में अमृतम जलम् शुरू किया। करीब 1.30 लाख लोगों ने श्रमदान किया। अब झील में गर्मी के दिनों में भी पानी लबालब रहने लगा है। लेकिन यह उपलब्धि नहीं है हमारी। हमारी उपलब्धि तो तब है जब वह व्यक्ति वहाँ से गुजरेगा और कहेगा कि दो तगारी मैंने भी यहाँ से मिट्टी निकाली थी। गर्व महसूस करेगा बीस साल बाद, चालीस साल बाद, वह हमारी उपलब्धि है।

एक बार राजस्थान में बहुत विकट अकाल पड़ा। हम सोच रहे थे छोटे बच्चों को इस मौके पर कैसे माटी से जोड़ें। हमने आह्वान किया कि हर एक बच्चा प्राइमरी स्कूल का, स्कूल जाते समय अपनी मां से एक मुट्ठी अनाज लेगा। कागज की थैली में। स्कूल जा कर अपनी टीचर को देगा और टीचर से कहेंगे कि यह अनाज हमारे उन भाई-बहनों को भेजो जो अकाल में भूखे मर रहे हैं। हमें 92 ट्रक अनाज मिला। पर वह हमारी उपलब्धि नहीं है। हमारी उपलब्धि है 92 लाख बच्चों के मन में देने का भाव पैदा हो गया। वह जिएंगे तब तक याद करेंगे कि हम स्कूल में थे तब हमारे जरूरतमंद भाइयों के लिए यह सब करते थे। मुझे लगता है साहित्य को, पत्रकारिता को इस दृष्टि से नया निर्माण करना चाहिए। उससे भी महत्वपूर्ण यह है कि गुठली की तरह सबसे पहले अपने अस्तित्व को समर्पित करने की तैयारी दिखानी चाहिए। अगर गुठली को आप फ्रिज में रख देंगे तो समाज को आप कभी आम नहीं दे पाएंगे।

कलम जब तक खुद के स्वार्थ के लिए चलेगी तो व्यक्ति पशुता से बाहर नहीं निकल पाएगा। आहार-निद्रा-भय-मैथुन से आगे नहीं जी पाएगा। जब समाज के लिए चलेगी, तब भगवत्ता की ओर मुड़ जाएगी। वही सब के भीतर बैठा है। वही आपकी कलम को पढ़ भी रहा है।

❖ ❖ ❖

# ऊर्जावान हिंदी और मीडिया

**- डॉ. सरोजनी प्रीतम**

हिंदी और मीडिया - हिंदी समर्थ भाषा है तो मीडिया उसका समर्थन अर्थात् स्थितियों में नये प्राण फूंकने की क्षमता से ओतप्रोत। आज के प्रत्येक कथन एक भूमिका बांध कर ही अर्थ का कभी अनर्थ कर के खूब शोर मचाना जानता है। कभी-कभी तो वह इतना भटक जाता है कि उसका मूल तत्व भी गायब हो जाता है।

साहित्य और मीडिया अलग तेवर अलग कलेवर के हैं। संवेदना की धीमी आंच पर सहज रूप से बड़े सलीके से स्वादिष्ट रूप में हमारे सम्मुख यह परोसा जाता है। अत्याचार पर प्रहार कर, कटाक्ष और तर्कशैली से एक साम्राज्य उखाड़ने, की इसकी अपनी शैली है।

अपनी निगरानी में रखने, की एक नई जागरुकता का मंत्र फूंक देने, की इसकी अपनी नयी दुनिया है... युग की चेतना उसमें उसांसे भरती है।

अनुभूतियाँ अभिव्यक्ति के स्तर पर कभी आक्रोश, कभी काव्य के रूप में कभी मानसिक आघात के स्तर पर...दशा और लेखन की दिशा पर प्रभाव डालती है तथा समय की भर्त्सना, विडम्बना विसंगतियाँ एक नये ढंग से साहित्य के पृष्ठों पर अंकित होती है।

लोग मुहावरेदार शैली तो समझते हैं किन्तु जन सामान्य तक बात पहुँचाकर उन्हें जागरुक करने की शैली अलग है। यही ऊर्जा क्षमता, विश्वास, आस्था, सबका केन्द्र बिन्दु है, ताकि कितना ही सत्य को झुठलायें, वही उसका अस्तित्व भी है - उससे ऊर्जा प्राप्त कर उसे वहीं लौटाने का अनूठा आदान-प्रदान ही है।

राजनीति हमेशा से गरमागरम मसाले प्रदान करती रही है। व्यंग्य तो सदा व्याप्त रहा... सीधे-सीधे कुछ न कहकर, उनकी पोल खोलना और जनता में विद्रोह की एक ऐसी आंच अपेक्षित थी कि थप्पड़ मारे तो करारा आवाज न आये और लोग... अपने तमतमाये गालों

को देर तक सहलायें। मीडिया ने हमारे ही कथन अलग ढंग से कही तीखे मसाले लगा कर तो कही सीधे-सीधे ही दे दिये-पर समर्पित निष्ठा और खोजपरक दृष्टि सृजनात्मकता में अद्भुद उत्तरोत्तर अग्रसरित है। मीडिया अपने अलग तेवर से साहित्य को नई ऊँचाईयों तक ले जाने में संलग्न है। चुनाव के दिनों में तो इसके अलग ही रूप होते हैं। चुनाव के दिनों में कवियों के रोचक मुकाबले पोल खोलने में सक्रिय हो जाते हैं। सकारात्मक भूमिका और नकारात्मक दोनों हावी होकर विचार धारा में नये मोड़ ले आती है।

हिंदी सरल और सहज भाषा है अभिव्यक्ति के स्तर पर इसकी विशेष भूमिका है। किसी भी गम्भीर स्थिति अथवा विषय को जन जन तक पहुँचाना, कभी आक्रोश तो कभी अनुलेप का कार्य करना मीडिया का दायित्व रहा है। सहज सरल रूप में कठिन से कठिन स्थितियों को समेट लेने में जब यह सक्रिय होता है तो हवा का रुख भी बदल जाता है। वस्तुतः विकट से विकट स्थितियों को जब मीडिया अपने सहज भाव से प्रस्तुत करें- वातावरण का प्रदूषण पीकर पचाकर नीलकंठ का सा रूप धारण कर लें तो यह अमृत के कलश की ताई हो जाता है - इसे अमृतमय ही रहने

❖ ❖ ❖

# इलैक्ट्रॉनिक मीडिया में हिंदी

**- डॉ. अहिल्या मिश्र**

आज संचार भाषा का वर्चस्व सम्पूर्ण दुनिया में स्थापित हो चुका है। इससे कटकर जीवन जीना संभव नहीं। संचार माध्यम हेतु वैसे तो कई भाषाएँ उपयोग में लाई जा रही है, किन्तु हिंदी में अपनी सरलता, सुगमता एवं वैज्ञानिकता के कारण इसमें महत्वपूर्ण स्थान बना ली है। वास्तव में देखे तो हम पाते हैं कि कई भाषाएँ संचार भाषा के रूप में उपयोग में लायी जा रही है किन्तु हिंदी अपनी विशेषताओं के कारण इसमें अपनी महत्वपूर्ण स्थान बना ली है। वैसे संचार भाषा का अर्थ होता है-वह भाषा जिसका प्रयोग संचार के विभिन्न, माध्यमों हेतु किया जाए। वैसे तो संचार अंग्रेजी के शब्द कम्युनिकेशन का प्रयाय है। इसी प्रकार संचार का शाब्दिक अर्थ है-किसी भाव, विचार या सूचना को शब्दों के प्रतीकों द्वारा एक स्थान से दूसरे स्थान तक पहुँचाना। इस कार्य हेतु संचार के विभिन्न माध्यमों का हम उपयोग करते हैं। संचार साधनों या माध्यमों के रूप में हम समाचार पत्र, फिल्म, रेडियो, दूरदर्शन, दूरभाषा, दूरध्वनि, कम्प्यूटर, पत्र-पत्रिकाएँ, पुस्तकें, टेपरिकॉर्डर, कैसेट और इन्टरनेट वेबसाइट, चैट्स एवं फेसबुक आदि के माध्यम से हिंदी का एक उन्नत स्वरूप मनुष्य जाति को मिला, मनुष्य ने इसे औपचारिक-अनौपचारिक रूप से ग्रहित कर इन माध्यमों के द्वारा स्वयं को तथा अपने समाज को लाभान्वित करते हुए इस क्षेत्र में नई खोज हेतु भी प्रेरित किया है। जिसके माध्यम से मनुष्य की प्रसन्नता में वृद्धि भी संभव हो।

इस उत्तर आधुनिक युग में सम्पूर्ण विश्व जहाँ ग्लोबल गाँव बन गया है वहीं संचार के विभिन्न माध्यम अपनी महत्ती भूमिका निभा रहे हैं। हिंदी सारे संचार माध्यमों की भाषा बन चुकी है। उपरोक्त वर्णित सभी संचार माध्यमों में हिंदी के परिनिष्ठित स्वरूप को अंगीकृत किया जाता है। संचार माध्यम को सर्वप्रथम दो या तीन भागों में विभक्त किया जा सकता है-

1. मुद्रण माध्यम अर्थात् समाचार पत्र-पत्रिकाएँ, जर्नल, पत्र, पुस्तकें, निश्चित अनिश्चित पत्रिकाएँ, पम्पलेट, पोस्टर आदि।

2. इलैक्ट्रॉनिक माध्यम:- इसको भी हम दो भागों में बाँट सकते हैं - (अ) श्रव्य माध्यम-रेडियो एवं आडियो यानी कैसेट आदि। (ब) श्रव्य-दृश्य माध्यम-फिल्म, टेलीविजन, वीडियो कैसेट।

3. नव इलैक्ट्रॉनिक माध्यम:- इसमें उपग्रह, कम्प्यूटर प्रणाली, इंटरनेट, सेल्यूलर फोन, एन्डरॉइट फोन, लैप-टॉप, टैबलेट, गूगल आई फोन, आई पैड, ब्लू टूथ, वाट्सएप, फेसबुक आदि है।

वैसे सबसे पहले छापे खाने का आविष्कार हुआ। इसे प्राचीनतम माध्यम के रूप में देखा जा सकता है। इसमें समाचार पत्र से लेकर पत्र-पत्रिकाओं, पोस्टकार्ड, लिफाफा, पुस्तकें, जर्नल, पोस्टर, पम्पलेट आदि को रखा जा सकता है। विश्वसनीयता के आधार पर परखें तो यह लिखित माध्यम यानी काले- सफेद प्रमाण को सर्वोपरि रखा जा सकता है। भाषा के आधार पर भी मुद्रण की भाषा को मानक कहा जा सकता है। प्रिंट मीडिया में प्रयुक्त हिंदी को मानक हिंदी कहा ही गया है। इलैक्ट्रॉनिक माध्यम संचार का दूसरा महत्वपूर्ण माध्यम है। श्रवण माध्यम के द्वारा सारे संसार के श्रोता एक दूसरे से सोच एवं मानसिक तौर पर जुड़ते हैं। यही कारण है कि उत्तुग पहाड़ों के शिखर पर रहने वाले सैनिक हो या खाइयों में सतर्क रक्षक हो या समन्दर में तैरते जहाजों पर सेवा कार्य एवं सैर करने वाले लोगों को बाहर की दुनिया से आसानी से संचार माध्यम ही जोड़े रखता है। प्रचार-प्रसार हेतु भी यह माध्यम सक्षम है। स्वाभाविक है इन सभी कार्यों के लिए किसी एक भाषा का उपयोग किया जाता है। श्रव्य एवं दृश्य का कार्य इलैक्ट्रॉनिक माध्यम से पूरा होता है। इसमें टेलीविजन, फ़िल्म तथा आडियो कैसेट के साथ, फोन, फैक्स, पेजर आदि इसके विभिन्न अवयव होते हैं। वास्तव में देखा जाए तो फिल्म एवं दूरदर्शन तो सम्पूर्ण विश्व के स्तर पर संचार के सबसे सशक्त माध्यम हैं ही टेलीफोन यानी दूरध्वनि एवं सचल ध्वनि या मोबाइल तो जीवन एवं जन से जुड़े रहने तथा रखने की अत्यावश्यक सामग्री भी सिद्ध हो चुकी है। हाँ एक बात और है कि फिल्म एवं दूरदर्शन पर उच्चारित की जाने वाली भाषाएँ संचार की भाषा को स्थिरता प्रदान कर रही है। फलाफल प्रसारित कार्यक्रम के अनुरूप ही भाषा के स्वरूप भी निर्धारित होते हैं।

आज के युग में नवीन इलैक्ट्रॉनिक साधन एवं माध्यम संचार में पूर्ण प्रमुखता से स्थान

पा चुके हैं। इसमें कम्प्यूटर, इंटरनेट, फैक्स, ई-मेल एवं स्मार्ट सेल्यूलर फोन अपना वर्चस्व काफी हद तक स्थापित कर चुके हैं। जहाँ तक भाषा का प्रश्न है यह सारे संचार माध्यमों की भाषा में समानता नहीं होती। इनकी सार्थकता अपनी जगह स्थापित है। कुछ दिन पूर्व तक संदेश भेजने हेतु टेलीग्राफ का भी प्रयोग होता रहा है।

अब हिंदी की बात करें तो संचार के विभिन्न माध्यमों के बीच हिंदी के प्रचार-प्रसार को एक नया आयाम देने में सफलता पाई है। हिंदी सम्पूर्ण विश्व के व्यापक समाजों के बीच अपना स्थान बना रही है। टेलीविजन पर प्रयुक्त हिंदी ने इस भाषा में एक नई हिंदी को प्रोन्नत किया है।

आज सूचना क्रांति की बाढ़ सी वह रही है। इस युग में सूचना का विस्फोटक स्वरूप निर्मित हो रहा है। वस्तुएँ एवं स्थितियां तेजी से बदल रही है। हिंदी का प्रयोग अधिकाधिक होने से इसके विश्व भाषा का रूप आकार ले रहा है। सम्पूर्ण भारत वर्ष में प्रयुक्त होने वाली हिंदी में भी कई भाषिक भिन्नताएँ स्वमेव स्थापित होती है। इस प्रकार श्रव्य दृश्य माध्यमों में हिंदी की शैलियों में बोलचाल एवं प्रायोगिक भिन्नताएँ स्पष्ट परिलक्षित होती है।

यहाँ विश्लेषणात्मक दृष्टिकोण से देखने पर हम पाते हैं कि दो प्रकार की हिंदी सम्प्रेषणात्मक स्वरूप में प्राय: प्रयुक्त होती है। मानक एवं बोलचाल की हिंदी। मानक हिंदी लिपि एवं भाषा के आधार पर सर्वस्वीकृत एवं मान्यता मीडिया और हिंदी भाषा प्राप्त होती है। इसका प्रयोग सूचना प्रधान कार्यक्रम में होता है। स्थानीयता एवं क्षेत्रीयता के प्रभावयुक्त हिंदी बोलचाल की हिंदी कही जाएगी। इसमें हिंदी की विभिन्न बोलियों की आँचलिकता का स्वरूप शब्दावली के रूप में प्रयुक्त होते हैं। इसमें सरलता सहजता एवं अन्य भाषा के शब्दों का समिश्रण हुआ करते हैं। वैसे एक और प्रचलित रूप में हिंदी हमारे समक्ष उपस्थित होती है-अन्य भारतीय भाषाओं की शब्दावली के साथ वाली हिंदी। इसका प्रयोग आजकल फिल्मी गीतों में धड़ल्ले से किया जाता है। निष्कर्षत: हम कह सकते हैं कि संचार माध्यमों में प्रयुक्त होने वाली हिंदी समान न होकर अपने विविध रूपों में प्रस्तुत होती है। वास्तव में अपनी हिंदी अपने संक्रमण प्रक्रिया से गुजरती हुई हिंदी कई शुद्ध-अशुद्ध रूपों में ढलकर हमारे समक्ष उप स्थित हो रही है। यही सर्व स्वीकृत हो पाएंगी।

अन्त में एक बात मैं आपके समक्ष रखना चाहती हूँ वह यह कि आज हिंदी पुस्तकों एवं लघु पत्र-पत्रिकाओं की संख्या में अपार वृद्धि हो रही है। इसकी छपाई आदि का भी बहुत उन्नत स्वरूप सामने आ रहा है। इनके सज-धज मन को मोह लेते हैं। इस प्रकार बाहरी

सजावट एवं ऊपरी आकर्षक स्वरूप पाठकों को सम्मोहित करने में सफल होते हैं। इसके अन्दर प्रयुक्त होने वाली सामग्री में हिंदी के मानक स्वरूप की उपलब्ध है। इसे बढ़ावा देने पर भी हिंदी का सुव्यवस्थित रूप विश्व में प्रसारित होगा।

हिंदी पुस्तकों और पत्र-पत्रिकाओं को पढ़ने वालों की संख्या काफी बढ़ गयी है। इसके छपाई में भी पूर्ण आधुनिक तकनीक का उपयोग होने लगा है। लोग इसके आकर्षक स्वरूप से प्रभावित होकर इसे खरीदते हैं। आपस में तथा पूछने वालों के बीच पढ़ते पढ़ाते हैं। इसकी समीक्षा करते हैं। आलोचना समालोचना एवं प्रत्यालोचना भी करते हैं। इनकी आपस में एक दूसरे से तुलनाएँ की जाती हैं। अन्य भाषाओं की पत्र-पत्रिकाओं से भी इसकी तुलना की जाती है। जिससे इसकी अच्छाई बुराई पर चर्चा होती है और सुधार एवं उन्नति का वातावरण पैदा होता है।

इस तरह हम पाते हैं कि इस प्रिंट मीडिया के माध्यम से प्रचार-प्रसार की बातें करें तो कई बातें हमारे सामने आती हैं जिनमें मुख्य है कि बिना किसी श्रम एवं सुविधा के यह अधिक से अधिक लोगों तक अपनी पहुँच बना लेती है। वैसे इसकी सच्चाई परखने के लिए अन्य भाषाओं की पत्र-पत्रिकाओं के पाठकों की संख्या एवं हिंदी भाषा के पत्र - पत्रिका के पाठकों की संख्या एकत्रित करें तो हिंदी में पठन-पाठन करने वालों की संख्या निश्चित ही अन्य भाषा में प्रकाशित पुस्तकों या पत्र पत्रिकाओं की संख्या से अधिक होगी। इसी प्रकार हिंदी बोलने एवं समझने वालों की संख्या भी देश से विदेश के स्तर भी कहीं कम नहीं है। हम कह सकते हैं कि आज की पीढ़ी जो विदेशी भाषा की गुलाम बनी हुई है और जिनकी नजरों में हिंदी बेचारी है उन्हीं के परिवारों समाजों में उनकी अगली पीढ़ियों में हिंदी के प्रति स्वमेव मोह जागृत होगी और वह खुद ही मुड़ेंगे हिंदी की ओर। प्रेस मानता है कि वह दिन दूर नही जब मैं दूर इन प्रिंट मीडिया एवं दृश्य श्रव्य मीडिया के कारण एवं इनके माध्यमों से हिंदी के पाठकों की संख्या और अधिक बढ़ेगी। हिंदी ग्रंथों एवं पत्र-पत्रिकाओं की माँग अत्याधिक बढ़ेगी। यह एक शुभ लक्षण है। इसके साथ ही हिंदी के साहित्यकारों, पत्रकारों एवं लेखकों की जिम्मेदारी भी बढ़ती है। उन्हें उत्तम से उत्तमतर लेखन के माध्यम से इसे पुष्ट करते रहना चाहिए। अच्छा भोजन स्वस्थ शरीर देता है। अच्छा पठन स्वस्थ मस्तिष्क का निर्माण करता है। स्वस्थ साहित्य के निर्माण का दायित्व साहित्यकार निभाएँ और देश तथा हिंदी को उन्नति के पथ पर अग्रसर करते रहें।

❖ ❖ ❖

# मीडिया और हिंदी के बढ़ते कदम

**- डॉ. शशि गोयल**

मनुष्य के पास जो कुछ श्रेष्ठ है वह दूसरों के साथ बाँटना चाहता है। उसकी अभिव्यक्ति का मुख्य माध्यम भाषा है। ज्ञान के अध्ययन में भाषा की प्रधान है। कला संस्कृति विज्ञान इनकी अभिव्यक्ति का माध्यम भाषा है। शब्द ही ब्रह्म है 'एक शब्द सम्यक् ज्ञत सूत्रयुतः स्वर्गेलोके च कामधुक् भवति' शब्द में अद्भुत शक्ति है जब शब्द निःसृत होते हैं तो अनेक प्रकार के भावों की अभिव्यक्ति होती है।

भाषा का अलंकरण मीडिया शब्दों के माध्यम से करती है। मीडिया अर्थात् माध्यम जिसमें हम अपनी बात कर सकते हैं। मीडिया कुछ भी हो सकता है। पत्र-पत्रिकाएँ- टीवी-मोबाइल। किसी भी भाषा उन्नयन के लिए दैनिक माध्यम सबसे अच्छा है। भारत हिन्दू देश है लेकिन सदियों की गुलामी ने उसकी अपनी भाषा को हाशिये पर बैठा दिया है। शासकीय भाषा ही सर्वोपरि हो जाती है। अंग्रेजी शासन काल में अंग्रेजी अखबार खूब फल-फूल रहे थे। कारण उन्हें सरकारी सहायता प्राप्त थी लेकिन हिंदी का प्रथम अखबार उदंत मार्तंड सात माह ही चला, डेढ़ साल उसे खींचा गया क्योंकि उसे सरकारी सहायता नहीं प्राप्त हुई। 30 मई, 1826 को प्रकाशित हुआ। यह उदंत मार्तंड अब पहले पहल हिन्दुस्तानियों के हेतु जो आज तक किसी ने नहीं चलाया नाना देश के सत्य समाचार हिन्दुस्तानी लोग देखकर आप पढ़ ले, समझ ले।

भारत एक विशाल प्रदेश है इसमें 500 भाषाएँ बोली जाती रही हैं किसी भी राष्ट्र की एकता के लिए उसकी अपनी भाषा का होना आवश्यक है लेकिन खेमें में बंटे लोग अंग्रेजी तो अपनाने को तैयार हो गये, पर भारत की किसी एक भाषा को अपनाने पर तैयार नहीं थे। चंद गिनती के लोगों द्वारा बोली जाने वाली भाषा को राष्ट्रभाषा बनाने के लिए आंदोलन करते रहे। बहुलता और देशहित की बात दर किनार रही। यही कारण है हमारा भारत इंडिया हो गया और इंडिया बोलने में गर्व महसूस करते हैं। जबकि यह शब्द अपभ्रंश है। ग्रियर्सन ने सर्वेक्षण के बद माना है गंगा के कांठे में, बंगाल और पंजाब के बीच अनेक

स्थानीय बोलियाँ सहित केवल एकमात्र प्रचलित भाषा हिंदी ही है यह सभी बोलियाँ हिंदी का ही रूप हैं।

फिर भी स्वतंत्रता आंदोलन में हमारी हिंदी भाषा के प्रचार प्रसार को बहुत बल मिला। हिंदी भाषा को स्थान दिलाने में बड़ी भूमिका निभाई। स्वतंत्रता आंदोलन में नवजागृति फैलाने का काम समाचार पत्रों ने किया अंग्रेजी अखबार तो सरकार के पिट्ठू थे। भाषाई अखबार जनता के अखबार थे। उनमें हिंदी ने महत्वपूर्ण भूमिका निभाई क्योंकि यह एक बड़े वर्ग के द्वारा बोली जाती रही है। राजा राममोहन राय, महात्मा गाँधी, अबुलकलाम आजाद तिलक आदि सभी नेता पत्रिकाओं में हिंदी में आलेख लिखा रहे थे। यह पत्र सुदूर गाँवों में पहुँच आंदोलन का प्रचार कर रहे थे।

वर्तमान में मीडिया की भूमिका बहुत महत्वपूर्ण हो गई है। विकास की मुख्य धारा से जुड़ गई है। सामाजिक चेतना जन भावना एवं विकास की दिशाओं को प्रेरित कर यह समाज को जोड़ती है। यही कारण है कि भाषा का भी प्रचार प्रसार होता है इनमें हिंदी मुख्य है। जिन चैनल ने हिंदी को अपनाया उनका दायरा बढ़ा है। सीएनबीसी को भी हिंदी में अपने कार्यक्रम करने पड़े तब उसे दर्शक वर्ग ने स्वीकार किया। क्रिकेट लोकप्रिय खेल है लेकिन रेडियो पर सर्वाधिक लोकप्रियता हिंदी कमेंट्री से मिली। रामायण, महाभारत, सीरियल ने पूरे भारत की सड़कों पर सन्नाटे ला दिया था। जिस प्रकार आज हैरीपॉटर का बच्चों में क्रेच है, कभी बड़ों में देवकीनंदन खत्री कृत चंद्रकांता पढ़ने के लिए था। अन्य भाषा भाषियों ने हिंदी सीखी।

विज्ञापन जो हिंदी का पुट लिए है उन्होंने वर्चस्व बनाया वह लोगों की जुबान पर चढ़े। और प्रचार हुआ बाजारवाद ने हिंदी का नया स्वरूप नई शब्दावली नयी भाषिक संस्कृति विकसित कर ली है फिल्मों एक नई भाषा हिंग्लिश बना दी है। यद्यपि महावीर प्रसाद द्विवेदी ने सरस्वती में हिंदी शब्दों को बहुत परिष्कृत और सुलभ बनाने का प्रयास किया लेकिन हिंदी को वैश्विक बनाने में बंबईया हिंदी का बहुत हाथ है।

कहना न होगा मीडिया के सभी माध्यमों ने हिंदी के प्रचार प्रसार को गतिशीलता प्रदान की और देश विदेश में सम्मान दिलाया है। विदेशों में हिंदी था। सहज सरल ढंग से बोली जाती है। कम्प्यूटर स्मार्ट फोन आदि तकनीकी माध्यम को भी हिंदी में फांट बनाने पड़े। जो सहज और सरलता से चल रहे हैं। गूगल आदि पर हिंदी अपना वर्चस्व बनाती जा रही है एक दिन आयेगा हिंदी इन्हीं माध्यमों से सबसे सबल भाषा बनेगी।

❖ ❖ ❖

# मीडिया और कोंकणी भाषा

- श्रीमती कृष्णी वाळके

गोवा भारत के पश्चिमी तट पर स्थित एक छोटा सा-राज्य है। जो लंबे समय तक पोर्तुगालियां के शासन के कब्जे में था। भारत के स्वतंत्रता के चौदह साल बाद आजाद हुआ। गोवा की कुछ आबादी सोलह लाख के आसपास है। साढ़े नौ लाख हिन्दु, साढे चार लाख इसाई तथा अन्य मुस्लिम और प्राणी है। गोवा की मातृभाषा कोंकणी होकर भी यहाँ कोंकणी के साथ मराठी और अंग्रेजी सभी भाषाओं का प्रयोग जनता की आवश्यकतानुसार मीडिया में होता है।

प्राचीन काल से गोवा के मूल निवासी हिन्द लोगों ने आर्य परिवार की मराठी भाषा, हिन्दु संस्कृति और हिन्दु धर्म अपनाया और उन्हें स्थायी रूप में पीढियों में संक्रमित करके जीवित रखा। यदि चार सौ बरस पुर्तगालियों ने कठोर नियमों द्वारा मराठी भाषा, हिन्दु धर्म और संस्कृति नष्ट करने का प्रयत्न किया और हिन्दुओं का जोर जबरदस्ती से धर्मांतरण करके इसाई धर्म की प्रस्थापना गोवा में परंतु हिन्दु धर्माभिमानियों ने कठोर संकटों का सामना करके, संघर्ष तथा प्राणों का बलिदान देकर अपनी भाषा का संरक्षण किया। गोवा की मातृभाषा कोंकणी है फिर भी आज तक यहाँ के हिन्दू लोग अपने बच्चों को प्राथमिक शिक्षा मराठी भाषा में देना आवश्यक समझने हैं। माध्यमिक और उच्च शिक्षा मात्र अंग्रेजी में ही होती है। जिसके कारण गोवा में कोंकणी, मराठी और अंग्रेजी तीनों मीडिया की भाषाएँ हैं।

मुझे भाषा का व्यौरा इसलिए देना पड़ रहा है क्योंकि मीडिया में भाषा का अहम स्थान रहता है। भाषा के कारण समाज और मीडिया में गहरा संबंध स्थापित हुआ है। प्रिन्ट मीडिया इलैक्ट्रोनिक मीडिया, सोशल मीडिया आदि से भाषा संवाद प्रस्थापित करती

हैं। समाचार पत्र और पत्रिकाएँ प्रिंट मीडिया प्रमुख अंग हैं। गोवा में कुल मिलाकर 24-25 समाचार पत्र-पत्रिकाएँ प्रकाशित होती हैं। उसमें सबसे ज्यादा समाचार पत्र-पत्रिकाएँ मराठी भाषा में, अंग्रेजी के और केवल दो समाचार पत्र और पत्रिकाएँ मातृभाषा कोंकणी में प्रकाशित होती हैं। इसका मुख्य कारण यह है कि गोवा की बहुसंख्य हिन्दु जनता मराठी भाषा में समाचार पढ़ने की आदी है।

इसलिए मराठी भाषा में समाचार पत्रों का प्रकाशन ज्यादा होता है। उसके उपराम क्रिश्चन और पढ़े लिखे लोग अंग्रेजी समाचार पत्र पढ़ना पसंद करते हैं। केवल दो समाचार पत्र कोंकणी में प्रकाशित होते हैं। कारण स्पष्ट है कि इस भाषा में समाचार पढ़ने वालों की संख्या कम है। इसका अर्थ यही निकलता है प्रिन्ट मीडिया पर मराठी भाषा का राज्य है।

वहीं दूसरी ओर इलैक्ट्रोनिक मीडिया की बात की जाये तो इसकी कमान मातृभाषा कोंकणी ने संभाली हैं। रेडियो, टेलिविजन, सिनेमा नाटक, विज्ञापन का माध्यम कोंकणी है। टीवी से पूर्व रेडियो इलैक्ट्रॉनिक मीडिया का एकमेव साधन था। आज रेडियो का स्थान टेलीविजन ने ले लिया है। प्रत्येक देश, प्रत्येक राज्य, प्रत्येक घर पर टेलीविजन के जादू छा गया है। जिसके कारण प्रत्येक देश तथा राज्यों की मातृभाषा ही चैनलों की भाषाएँ हैं। ग्राम शहर गरीब अमीर, पढ़े-लिखे, अनपढ़, सभी लोगों पर टीवी ने मायाजाल फैलाया है।

मातृभाषा ही हृदय को छू लेती है जिससे उसका स्वर कोने-कोने तक पहुँच सकता है। टेलीविजन दृश्य और श्रव्य का प्रभावी संचार, प्रचार का साधन है। गोवा की मातृभाषा कोंकणी ने सभी इलैक्ट्रॉनिक मीडिया पर अपना आधिपत्य बना रखा है। गोवा में कुल पंद्रह टीवी चैनलों द्वारा कार्यक्रमों का प्रसारण होता है। और सभी चैनलों पर बड़ी संख्या में कोंकणी भाषा के के कार्यक्रम प्रसारित होते हैं। घर बैठे लोगों का मनोरंजन होना ही है। इसके अलावा समाचार, चर्चाएं, घटना विश्लेषण, विचार विमर्श, विज्ञापन सभी कोंकणी भाषा में प्रसारित किये जाने हैं। प्राय: कोंकणी लोग संगीत, नाटक, समाचार चर्चाएं, ताजी घटनाएं, कोंकणी भाषा में देखने और सुनने में मजा उठाते हैं। सिनेमा भी गोवा में कोंकणी में निर्माण किए जाते हैं। खास करके गोवा के क्रिस्चियन लोग कोंकणी भाषा में सिनेमा और नाटक देखना पसंद करते हैं।

जिस तरह गोवा में प्रिन्ट मीडिया मराठी और अंग्रेजी भाषा ने तो इलैक्ट्रॉनिक है मीडिया पर मातृभाषा कोंकणी ने वर्चस्व पाकर मातृभाषा कोंकणी को सम्मान दिलाया है।

देश विदेश के हजारों चैनलों द्वारा अभी पूरे विश्व में अपने मनपसंद भाषा में कार्यक्रम

देखने की सुविधा मौजूद है। आज टी.वी. चैनलों पर दर्जेदार कार्यक्रमों का प्रसारण करके अपने टी.आर.पी. में वृद्धि हो इसलिए प्रयत्न हो रहे हैं। आम जनता की भाषा में प्रसारित किए गए कार्यक्रमों से टी.आर.पी. में बढ़ोत्तरी होती है यह ध्यान में रखकर उत्तमोत्तम कार्यक्रमों का प्रसारण किया जाता है। अंत में प्रिंट या इलैक्ट्रॉनिक मीडिया के कारण समृद्ध संपन्न हो रही तो पूरा जगत सन्तान बन गया है। लोगों की वैचारिक धारणा में समृद्धि हुई है। समाज राजकीय दृष्टि से अनुभवी बन रहा है। सामाजिक संवेदना के प्रति जागृत हुआ है। मीडिया और भाषा का गहरा संबंध होने से पूरा जगत एक हो चुका है।

❖ ❖ ❖

# हिंदी और मीडिया : एक षड्यन्त्र

- डॉ. अमी आधार

भाषा कोई भी हो, उसकी अपनी विशिष्टता, अंदाज, मिठास और व्याकरण और वर्तनी की विशेषताएं होती हैं। अंग्रेजी में यदि लिंग के लिए मात्र He और She का ही प्रयोग है तो वहीं हिंदी कुल की भाषाओं में और संस्कृत में मात्र क्रिया में मात्रिक परिवर्तन करके ही हम कर्ता के लिंग का पता लगा सकते हैं। ऐसा कुछ भाषाओं में नहीं है। यही कारण है कि जब बांग्ला या अंग्रेजी के लोग हिंदी बोलने का प्रयास करते हैं तो वाक्य में लिंग और काल की गड़बड़ी की संभावनाओं से इंकार नहीं किया जा सकता है। यह जरूरी नहीं है कि भाषा को क्लिष्टता के साथ ही लोगों तक पहुंचाया जाए। आवश्यक यह है कि आम बोलचाल की भाषा में काम करते हुए मीडिया लोगों तक सूचनाएं पहुंचाने का जिम्मा पूरा करे। हो यह रहा है कि आम बोलचाल की भाषा के नाम पर रोमन हिंदी और गूगल अनूदित हिंदी का उपयोग हो रहा है। गूगल के इसी औजार से हिंदी से अंग्रेजी अनुवाद भी रहा है जो समाज की वास्तविक भाषायी शक्ति पर निरन्तर प्रहार कर रहा है। खासतौर पर हिंदी को मीडिया में निरन्तर हिंग्लिश बनने का दबाव बनाया जा रहा है और कई अखबारों में अधकचरे सम्पादक या प्रबन्धन शीर्ष पर बैठे भाषा और साहित्य से बेखबर लोगों के रवैये से भी मीडिया में भाषा के साथ खिलवाड़ बढ़ रहा है।

हिंदी को किसी तरह से अंग्रेजी के आगोश में समेट लिया जाए। हिंदी में अंग्रेजी के शब्दों का इतना समावेश कर दिया जाए कि आने वाली पीढ़ी यह भूल ही जाए कि हिंदी के शब्दों में निहित शक्ति का तात्पर्य क्या है। मैकाले के मानस पुत्रों की नई पीढ़ी हिंदी को दैनिक व्यवहार से भी बाहर कर दे ऐसी साजिश लगातार चल रही है। आजादी से पहले जिन समाचार पत्रों के सहारे हिंदी-हिन्दू-हिन्दुस्तान की गूंज सात समंदर पर ब्रितानी हुकूमत तक पहुंची थी, वही समाचार पत्र हिंदी को नेस्तनाबूत करने के षड़यंत्र हिस्सा बने हुए हैं।

जिसके कारण अंग्रेजी का आतंक बढ़ता जा रहा है। हालात बदतर होते जा रहे हैं। हम अंग्रेजी तो पूरी तरह जानते ही नहीं और हिंदी का भी मजाक उड़ा रहे हैं, जिससे वर्णसंकरीय भाषा हिंगलिश का जन्म हो गया है। यह भाषा हमारी नई पीढ़ी को व्याकरण ही नहीं शुद्ध भाषा-भाव और शब्द से भी दूर करती जा रही है। हमारा युवा आज एक वाक्य में ही अंग्रेजी और हिंदी के शब्दों को घालमेल कर बोल रहा है। शायद वह सक्षम नहीं पाता है स्वयं को किसी भी एक भाषा में और भाषाई विकलांगता का शिकार होता जा रहा है। यह भाषाई विकलांग ही हिंदी के वास्तविक दुश्मन हैं, जो ना तो स्वयं हिंदी जान सके और न ही भावी पीढ़ी को सीखने देना चाहते हैं। इन लोगों ने भाषा और व्याकरण की प्राथमिक पाठशालाओं अर्थात समाचारपत्रों और संचार के दूसरे माध्यमों को अपनी जकड़ में ले लिया है।

इसी क्रम में हिंदी के शीर्ष समाचार पत्रों भास्कर और दैनिक जागरण में प्रकाशित कुछ समाचारों की शीर्षक आपके समक्ष पेश कर रहा हूं- इंडिया विन्स सच्चा सोना... डायलिसिस पर इंडियन करेंसी...दिल्ली की सड़कों पर गर्ल्स का रेप...थैंक्सगॉड बच गया एक्सीडेंट...वाटरक्राइसिस पर चुप है वाटरवर्क्स...रोड एक्सीडेंट का कॉज बना मोबाइल.. संसद का नजाराः मनमोहन स्लीपिंग-अपोजीशन स्लेपिंग वहीं अंग्रेजी के समाचार पत्रों में हिंदी के बढ़ते प्रयोग का भी एक नजारा देखिए-

डपलपमेंटः नौ दिन चले अढाई कोस...,रिपब्लिक डेसेलिब्रेशनः सारे जहां से अच्छा हिन्दोस्तां हमारा...यूपी, 84 कोसी परिक्रमाः दिल के अरमां आसुओं में बह गए...आगरा शूवीपःसबका जूता है चाइनीज...

यही कारण है कि हिंदी के स्वरूप को विकृत कर अंग्रेजी को स्थापित करने की इन लोगों में होड़ लगी हुई है। इस अभियान की रही-सही कसर को पूरा करने का काम मोबाइल फोन पर भेजे जाने वाले संदेशों की भाषा ने कर दिया है। यह संदेश आजकल दैनिकी में शामिल हो चुके हैं। होली, दीवाली, नववर्ष और अन्य शुभ अवसरों पर मोबाइल पर इन्हीं संदेशों की भरमार हो चुकी है।

आखिर ऐसा क्यों हो रहा है। क्यों हम स्वयं हिंदी की उपेक्षा कर रहे हैं। क्या हम हिंदी, हिन्दू, हिन्दुस्तान के नारे को भूल गये हैं। क्या हम भूल गये हैं कि ब्रिटिश शासन में भी हिंदी की उपेक्षा करने का साहस सरकार में नहीं था। जन भावनाओं के सम्मान में उस विदेशी सत्ता ने भी भारतीय न्यायालयों को दस वर्ष की अवधि में हिंदी अपनाने का फरमान जारी कर दिया था। लेकिन दुर्भाग्य है कि सम्प्रभुता सम्पन्न गणराज्य बनने के 70 साल बाद भी

हम हिंदी में काम करने की आदत नहीं बना पाये हैं। प्रशासनिक प्रतियोगी परीक्षाओं में आज भी हिंदी को माध्यम के रूप में शामिल करने की दिशा में भारत सरकार प्रभावी कदम नहीं उठा रही है। वाहवाही लूटने के लिए उसने हिंदी माध्यम के प्रतियोगियों के लिए परीक्षा के प्रश्नपत्रों की उपलब्धता तो दोनों ही भाषाओं में कर दी है लेकिन अंग्रेजी माध्यम के छात्रों का दबदबा बना रहे इसके लिए सामान्य स्तर की अंग्रेजी का एक प्रश्नपत्र अनिवार्य करके उसका स्तर सामान्य अंग्रेजी से उच्च कर दिया गया है। हालांकि तर्क यह दिया जा रहा है कि उसमें मात्र माध्यमिक स्तर की अंग्रेजी के प्रश्न सम्मिलित हैं लेकिन ऐसा नहीं हो रहा है। निःसंदेह अन्तरराष्ट्रीय स्तर पर प्रशासनिक परीक्षाओं का स्तर बना रहे और वह कमतर न हो इसके लिए अंग्रेजी का सामान्य ज्ञान अति आवश्यक है लेकिन इस प्रश्नपत्र में उत्तीर्ण होने की अनिवार्यता, सरकार के प्रति शंका ही उत्पन्न करती है।

लेकिन आज क्या हो रहा है। ठंडा मतलब कोकाकोला है। लाइफ झिंगालाला है। अर्थात साफ है कि हिंदी सबकी जरूरत है। आमजन तक अपना उत्पाद पहुंचाने के लिए हिंदी का ही मसाला चाहिए। हिंदी का ही तड़का चाहिए इसके बिना विज्ञापन का बाजार भी सूना हो जाता है। फिर भला हमें क्यों शरम आती है हिंदी बोलने में। हम क्यों छपवाना चाहते हैं अपने परिवार के निमन्त्रण पत्रों को अंग्रेजी में। क्यों पढ़ाना चाहते हैं हर हाल में अपने बच्चों को अंग्रेजी माध्यम के ही स्कूलों में। शायद हमें डर है समाज में पिछड़ जाने का। अपने नौनिहाल के दूसरे बच्चों समक्ष हीन भावना का शिकार हो जाने का। लेकिन क्यों।

हम क्यों नहीं लगाना चाहते हैं अपने घर के प्रवेश द्वार पर हिंदी की नाम पट्टिका। हम क्यों नहीं भरना चाहते हैं रेलवे के आरक्षण के लिए आवेदन पर्ची को हिंदी में। हम क्यों नहीं लेना चाहते हैं उच्च शिक्षा में माध्यम हिंदी हो। हिंदी माध्यम से चिकित्सा, विधि, प्रशासन और प्रबन्धन की उच्च उपाधियां प्राप्त करने के लिए हम में किसी प्रकार की होड़ का अभाव क्यों है। क्यों हम अपने परिचय पत्रों को हिंदी में छपवाना पसंद नहीं करते। क्यों नहीं चाहते हैं हम कि हमारी संतानें मुंशी प्रेमचन्द, जयशंकर प्रसाद, महादेवी को पढ़ें। हम क्यों नहीं चाहते कि माध्यमिक तक के अनिवार्य पाठयक्रम में सम्मिलित हिंदी के ध्रुवतारे सूरदास, तुलसीदास और कबीर दास के साहित्य को गंभीरता से पढ़ें और भाषा के मर्म को समझें।

विश्लेषक फ्रेडरिकरिग्स के मतानुसार किसी भी देश का प्रशासन और शासन स्थानीय

पारिस्थिति की के अनुरूप होना चाहिए। जो वहां की भाषा, संस्कृति, साहित्य, परम्परा और आवश्यकताओं को भली प्रकार समझता और जानता हो। ऐसा तन्त्र ही किसी भी देश के कल्याणकारी मन्त्र साबित हो सकता है। किसी भी देश के राष्ट्रध्वज और राष्ट्रीय मुद्रा की भांति राष्ट्रभाषा भी उसके गौरव और अस्मिता की प्रतीक होती है। राजर्षि पुरूषोत्तम दास टंडन के शब्दों में हर मुल्क और सभ्यता का उसकी भाषा से उतना ही तालुल्क है जितना की उसकी आबो-हवा से। भाषा ही वह हवा और खुराक है, जिस पर देश के हर बच्चे की विचार शक्ति परवरिश पाती है और फलती-फूलती है।

उपरोक्त कारकों पर यदि हम सभी गंभीरता से विचार करें तो निःसंदेह हम पाएंगे कि हिंदी की विश्वविजय यात्रा में हम और सिर्फ हम ही बाधक हैं। हम ही हिंदी को लेकर अनावश्यक हीनता के बोध से ग्रस्त हैं। हम ही हैं जो पराई भाषा को तमाम अशुद्धियों के साथ बोलकर भी स्वयं को आधुनिक मानने की भूल कर रहे हैं। जबकि जिस भाषा ने समूचे संसार पर सदियों शासन किया वह अंग्रेजी तेजी के साथ दम तोड़ रही है, उसे चीनी, कोरियन, जापानी, रूसी और फ्रेंच के सामने टिकना मुश्किल हो रहा है। इन देशों के लोगों ने अंग्रेजी की अपेक्षा मातृभाषा में कार्य करना श्रेष्ठ समझा है। यही कारण है कि अंग्रेजी को भारतीय उप महाद्वीप ही नहीं समूचे संसार में फैले डेढ़ अरब भारतीयों में अपनी पहचान बनाने के लिए हिंदी का ही सहारा लेना पड़ रहा है। हमें जानना चाहिए कि समूचे विश्व की जनसंख्या 6 अरब है और हम भारतीय डेढ़ अरब, इस दृष्टि से देखें तो संसार के चौथाई लोगों की भाषा हिंदी हैं, हर चौथा सृष्टिवासी हिंदी भाषी है।

स्पष्ट है कि हिंदी का बाजार बड़ा है और बहुराष्ट्रीय कम्पनियों को मुनाफे के लिए उसकी आवश्यकता है। अफसोस विदेशी कम्पनियों की इस जरूरत को पूरा करने का माध्यम हमारे समाचार पत्र बनते जा रहे हैं। वह समाचार पत्र जिनसे हिंदी जगत के विश्वव्यापी साहित्यकार मिले हैं। जिनमें लिखी पंक्तियों ने लाखों लोगों को भारतमाता की आजादी के लिए फांसी का फंदा चूमने की हिम्मत दी है। आज वही समाचार पत्र हिंदी को फांसी पर लटकाने जैसी हरकत कर रहे हैं। कारण अब पत्रकारिता मिशन नहीं व्यापार बनती जा रही है और अखबार विचार नहीं उत्पाद बनता जा रहा है। हमें अखबार को उत्पाद बनने से रोकना होगा तभी विचार जीवित रह सकेगा। यह सिर्फ हिंदी को हिंग्लिश बनाने का बड़े समाचार पत्रों का ही षड़यंत्र नहीं है बल्कि भारतीय अखबारों को व्यापार के लालच में उनकी मौलिकता और विरासत से दूर करने का कुचक्र है, जिसे सिक्कों की

खनक के बीच भारतीय समाचार पत्र स्वामी अभी अनसुना कर रहे हैं। आवश्यकता इस बात की है कि इन समाचार पत्र स्वामियों को जाग्रत किया जाए वरना विदेशी अखबारों को भारत प्रवेश की अनुमति मिलने के बाद अब भारतीय समाचार पत्रों को अपने अस्तित्व को बचाने का संकट झेलना होगा और इससे उन्हें सिर्फ हिंदी ही बचा सकती है..अंग्रेजी और हिंग्लिश कदापि नहीं।

## हिंदी मीडिया और बाजार

हिंदी को किसी तरह से अंग्रेजी के आगोश में समेट लिया जाए। हिंदी में अंग्रेजी के शब्दों का इतना समावेश कर दिया जाए कि आने वाली पीढ़ी यह भूल ही जाए कि हिंदी के शब्दों में निहित शक्ति का तात्पर्य क्या है।

मैकाले के मानस पुत्रों की नई पीढ़ी हिंदी को दैनिक व्यवहार से भी बाहर कर दे ऐसी साजिश लगातार चल रही है। आजादी से पहले जिन समाचार पत्रों के सहारे हिंदी-हिन्दू - हिन्दुस्तान की गूंज सात समंदर पार ब्रितानी हुकूमत तक पहुँची थी, वही समाचार पत्र हिंदी को नेस्तनाबूत करने के षड्यन्त्र हिस्सा बने हुए हैं।

जिसके कारण अंग्रेजी का आतंक बढ़ता जा रहा है। हालात बदतर होते जा रहे हैं। हम अंग्रेजी तो पूरी तरह जानते ही नहीं और हिंदी का भी मजाक उड़ा रहे हैं, जिससे वर्णसंकरीय भाषा हिंग्लिश का जन्म हो गया है। यह भाषा हमारी नई पीढ़ी को व्याकरण ही नहीं शुद्ध भाषा-भाव और शब्द से भी दूर करती जा रही है। हमारा युवा आज एक वाक्य में ही अंग्रेजी और हिंदी के शब्दों को घालमेल कर बोल रहा है। शायद वह सक्षम नहीं पाता है स्वयं को किसी भी एक भाषा में और भाषाई विकलांगता का शिकार होता जा रहा है। यह भाषाई विकलांग ही हिंदी के वास्तविक दुश्मन हैं, जो न तो स्वयं हिंदी जान सके और ही भावी पीढ़ी को सीखने देना चाहते हैं। इन लोगों ने भाषा और व्याकरण की प्राथमिक पाठशालाओं अर्थात् समाचारपत्रों और संचार के दूसरे माध्यमों को अपनी जकड़ में ले लिया है।

इसी क्रम में हिंदी के शीर्ष समाचार पत्रों भास्कर और दैनिक जागरण में प्रकाशित कुछ समाचारों की शीर्षक आपके समक्ष पेश कर रहा हूँ- इंडिया विन्स सच्चा सोना... डायलिसिस पर इंडियन करेंसी... दिल्ली की सड़कों पर गर्ल्स का रेप...थैंक्स गॉड बच गया एक्सीडेंट...वाटर क्राइसिस पर चुप है वाटर वर्क्स...रोड एक्सीडेंट का कॉज बना मोबाइल... संसद का नजारा : मनमोहन स्लीपिंग-अपोजीशन स्लेपिंग। वहीं अंग्रेजी के समाचार पत्रों में हिंदी के बढ़ते प्रयोग का भी एक नजारा देखिए-

डवलपमेंट: नौ दिन चले अढ़ाई कोस... रिपब्लिक डे सेलिब्रेशन: सारे जहां से अच्छा हिन्दोस्तां हमारा... यूपी 84 कोसी परिक्रमाः दिल के है अरमां आसुओं में बह गए... आगरा शू वीप: सबका जूता है चाइनीज...

यही कारण है कि हिंदी के स्वरूप को विकृत कर अंग्रेजी को स्थापित करने की इन लोगों में होड़ लगी हुई है। इस अभियान की रही-सही कसर को पूरा करने का काम मोबाइल फोन पर भेजे जाने वाले संदेशों की भाषा ने कर दिया है। यह संदेश आजकल दैनिकी में शामिल हो चुके हैं। होली, दीवाली, नववर्ष और अन्य शुभ अवसरों पर मोबाइल पर इन्हीं संदेशों की भरमार हो चुकी है।

आखिर ऐसा क्यों हो रहा है। क्यों हम स्वयं हिंदी की उपेक्षा कर रहे हैं। क्या हम हिंदी, हिन्दू, हिन्दुस्तान के नारे को भूल गये हैं। क्या हम भूल गये हैं कि ब्रिटिश शासन में भी हिंदी की उपेक्षा करने का साहस सरकार में नहीं था। जन भावनाओं के सम्मान में उस विदेशी सत्ता ने भी भारतीय न्यायालयों को दस वर्ष की अवधि में हिंदी अपनाने का फरमान जारी कर दिया था। लेकिन दुर्भाग्य है कि सम्प्रभुता सम्पन्न गणराज्य बनने के 65 साल बाद भी हम हिंदी में काम करने की आदत नहीं बना पाये हैं। प्रशासनिक प्रतियोगी परीक्षाओं में आज भी हिंदी को माध्यम के रूप में शामिल करने की दिशा में भारत सरकार प्रभावी कदम नहीं उठा रही है। वाहवाही लूटने के लिए उसने हिंदी माध्यम के प्रतियोगियों के लिए परीक्षा के प्रश्नपत्रों की उपलब्धता तो दोनों ही भाषाओं में कर दी है लेकिन अंग्रेजी माध्यम के छात्रों का दबदबा बना रहे इसके लिए सामान्य स्तर की अंग्रेजी का एक प्रश्नपत्र अनिवार्य करके उसका स्तर सामान्य अंग्रेजी से उच्च कर दिया गया है। हालांकि तर्क यह दिया जा रहा है कि उसमें मात्र माध्यमिक स्तर की अंग्रेजी के प्रश्न सम्मिलित हैं। लेकिन ऐसा नहीं हो रहा है। निःसंदेह अन्तरराष्ट्रीय स्तर पर प्रशासनिक परीक्षाओं का स्तर बना रहे और वह यह कमतर ना हो इसके लिए अंग्रेजी का सामान्य ज्ञान अति आवश्यक है लेकिन इस प्रश्नपत्र में उत्तीर्ण होने की अनिवार्यता, सरकार के प्रति शंका ही उत्पन्न करती है।

लेकिन आज क्या हो रहा है। ठंडा मतलब कोकाकोला है। लाइफ झिंगालाला है। अर्थात् साफ है कि हिंदी सबकी जरूरत है। आमजन तक अपना उत्पाद पहुँचाने के लिए हिंदी का ही मसाला चाहिए। हिंदी का ही तड़का चाहिए इसके बिना विज्ञापन का बाजार भी सूना हो जाता है। फिर भला हमें क्यों शरम आती है हिंदी बोलने में। हम क्यों छपवाना चाहते हैं अपने परिवार के निमन्त्रण पत्रों को अंग्रेजी में। क्यों पढ़ाना चाहते हैं हर हाल में

अपने बच्चों को अंग्रेजी माध्यम के ही स्कूलों में। शायद डर है समाज में पिछड़ जाने का। अपने नौनिहाल के दूसरे बच्चों समक्ष हीन भावना का शिकार हो जाने का।

**लेकिन क्यों।**

हम क्यों नहीं लगाना चाहते हैं अपने घर के प्रवेश द्वार पर हिंदी की नाम पट्टिका। हम क्यों नहीं भरना चाहते हैं रेलवे के आरक्षण के लिए आवेदन पर्ची को हिंदी में। हम क्यों नहीं लेना चाहते हैं उच्च शिक्षा में माध्यम हिंदी हो। हिंदी माध्यम से चिकित्सा, विधि, प्रशासन और प्रबन्धन की उच्च उपाधियां प्राप्त करने के लिए हम में किसी प्रकार की होड़ का अभाव क्यों है। क्यों हम अपने परिचय पत्रकों को हिंदी में छपवाना पसंद नहीं करते। क्यों नहीं चाहते हैं हम कि हमारी संतानें मुंशी प्रेमचन्द, जयशंकर प्रसाद, महादेवी को पढ़ें। हम क्यों नहीं चाहते कि माध्यमिक तक के अनिवार्य पाठ्यक्रम में सम्मिलित हिंदी के ध्रुवतारे सूरदास, तुलसीदास और कबीर दास के साहित्य को हमारे पाल्य गंभीरता से पढ़ें और भाषा के मर्म को समझें।

विश्लेषक फ्रेडरिक रिग्स के मतानुसार किसी भी देश का प्रशासन और शासन स्थानीय पारिस्थिति की के अनुरूप होना चाहिए। जो वहां की भाषा, संस्कृति, साहित्य, परम्परा और आवश्यकताओं को भली प्रकार समझता और जानता हो। ऐसा तन्त्र ही किसी भी देश के कल्याणकारी मन्त्र साबित हो सकता है। किसी भी देश के राष्ट्रध्वज और राष्ट्रीय मुद्रा की भांति राष्ट्रभाषा भी उसके गौरव और अस्मिता की प्रतीक होती है। राजर्षि पुरुषोत्तम दास टंडन के शब्दों में हर मुल्क और सभ्यता का उसकी भाषा से उतना ही ताल्लुक है जितना की उसकी आबो-हवा से। भाषा ही वह हवा और खुराक है, जिस पर देश के हर बच्चे की विचार शक्ति परवरिश पाती है और फलती-फूलती है।

उपरोक्त कारकों पर यदि हम सभी गंभीरता से विचार करें तो नि:संदेह हम पाएंगे कि हिंदी की विश्वविजय यात्रा में हम और सिर्फ हम ही बाधक हैं। हम ही हिंदी को लेकर अनावश्यक हीनता के बोध से ग्रस्त हैं। हम ही हैं जो परायी भाषा को तमाम अशुद्धियों के साथ बोलकर भी स्वयं को आधुनिक मानने की भूल कर रहे हैं। जबकि जिस भाषा ने समूचे संसार पर वह सदियों शासन किया वह अंग्रेजी तेजी के साथ दम तोड़ रही है, उसे चीनी, कोरियन, जापानी, रूसी और फ्रेंच के सामने टिकना मुश्किल हो रहा है। इन देशों के लोगों ने अंग्रेजी की अपेक्षा मातृभाषा में कार्य करना श्रेष्ठ समझा है। यही कारण है कि अंग्रेजी को भारतीय उप महाद्वीपीय ही नहीं समूचे संसार में फैले डेढ़ अरब भारतीयों में अपनी पहचान

बनाने के लिए हिंदी का ही सहारा लेना पड़ रहा है। हमें जानना चाहिए कि समूचे विश्व की जनसंख्या 6 अरब है और हम भारतीय डेढ़ अरब, इस दृष्टि से देखें तो संसार के चौथाई लोगों की भाषा हिंदी हैं, हर चौथा सृष्टिवासी हिंदी भाषी है।

स्पष्ट है कि हिंदी का बाजार बड़ा है और बहुराष्ट्रीय कम्पनियों को मुनाफे के लिए उसकी आवश्यकता है। अफसोस विदेशी कम्पनियों की इस जरूरत को पूरा करने का माध्यम हमारे समाचार पत्र बनते जा रहे हैं। वह समाचार पत्र जिनसे हिंदी जगत के विश्व व्यापी साहित्यकार मिले हैं। जिनमें लिखी पंक्तियों ने लाखों लोगों को भारतमाता की आजादी के लिए फांसी का फंदा चूमने की हिम्मत दी है। आज वही समाचार पत्र हिंदी को फांसी पर लटकाने जैसी हरकत कर रहे हैं। कारण अब पत्रकारिता मिशन नहीं व्यापार बनती जा रही है और अखबार विचार नहीं उत्पाद बनता जा रहा है। हमें अखबार को उत्पाद बनने से रोकना होगा तभी विचार जीवित रह सकेगा। यह सिर्फ हिंदी को हिंग्लिश बनाने का बड़े समाचार पत्रों का ही षड्यन्त्र नहीं है बल्कि भारतीय अखबारों को व्यापार के लालच में उनकी मौलिकता और विरासत से दूर करने का कुचक्र है, जिसे सिक्कों की खनक के बीच भारतीय समाचार पत्र स्वामी अभी अनसुना कर रहे हैं। आवश्यकता इस बात की है कि इन समाचार पत्र स्वामियों को जाग्रत किया जाए वरना विदेशी अखबारों को भारत प्रवेश की अनुमति मिलने के बाद अब भारतीय समाचार पत्रों को अपने अस्तित्व को बचाने का संकट झेला होगा और इससे उन्हें सिर्फ हिंदी ही बचा सकती है... अंग्रेजी और हिंग्लिश कदापि नहीं।

❖ ❖ ❖

# मीडिया और हिंदी भाषा

**- प्रो डॉ. उषा दुबे**

लोकतंत्र में संचार माध्यम को चतुर्थ स्तम्भ के रूप में स्वीकार किया गया है। प्रिंट मीडिया और इलैक्ट्रॉनिक मीडिया के संदर्भ में विचारों के संप्रेषण के लिए एक भाषा की आवश्यकता होती हैं। एक तो वह संसार की मीडिया और हिंदी भाषा जानकारी हमारे पास पहुँचाती है और दूसरे वह मनुष्य समाज और देश की पहचान बनती है। देश की प्रतिष्ठित पहचान वाली भाषा राष्ट्रभाषा का गौरव पाती है। भाषा मनुष्य को संस्कारवान बनाती है। किसी देश की स्वभाषा उसकी संस्कृति और सभ्यता के अस्तित्व को प्रकट करती है।

प्रिंट मीडिया के संदर्भ में भारतीय पत्रकारिता का इतिहास नवजागरणकाल, प्रथम स्वाधीनता संग्राम, स्वतंत्रता आंदोलन और समाज सुधार के रूप में अत्यंत ही गौरवपूर्ण रहा है। उस कालखंड के पत्रकार स्वतंत्रता आंदोलन के समर्पित योद्धा रहे हैं।

संचार माध्यम का वर्तमान प्रवाह संपूर्ण विश्व में एक तेजी लेकर आया। यह तीव्रता विचारों को शीघ्रता से संचारित करने के भाव से ओतप्रोत है। इलैक्ट्रॉनिक यंत्रों के प्रवाह में जिस प्रकार संचार साधन विकसित हुए हैं उससे हमारी भाषा के व्यवहार में भी अंतर आया है। इस पर विचार करने की आवश्यकता है। संचार माध्यम में भाषा की उपयोगिता सर्वोपरि है। भाषा के बिना अभिव्यक्ति की धार कम हो जाती है। अभिव्यक्ति की सार्थकता भाषा में ही है। रेडियो जैसे माध्यम जो केवल श्रव्य माध्यम है उनमें भाषा ही सबकुछ है। टेलीविजन में भी दृश्य के साथ श्रव्य है इसलिए वहाँ भी भाषा का न होना अभिव्यक्ति का अधूरापन ही है। सत्य तो यह है कि संचार में भाषा की भूमिका महत्वपूर्ण है। आगे चलकर माध्यम की भाषा ही जनसंचार की भाषा हो जाती है। हिंदी के सन्दर्भ में सभी क्षेत्रों के व्यवहारिक शब्द मुख्यधारा से जुड़कर जनसंचार माध्यम की भाषा का निर्माण करते हैं। विचारणीय प्रश्न तो

यह है कि भाषा के चयन को लेकर प्रायः सभी संचार माध्यम लापरवाह रहे हैं। न कोई शब्द चयन, न व्याकरण। भाषा की अपनी एक विशेष पहचान होती है संस्कृति की तरह। सदा ही उसकी उपेक्षा हुई। रेडियो को इस संदर्भ में अपवाद माना जा सकता है जिसमें कुशल टीम ने भाषा को पर्याप्त सम्मान दिया। रेडियो की भाषा (रेडियो मिर्ची जैसे चैनलों की नहीं) सधी हुई भाषा रही। उसके उद्घोषकों ने तो और कमाल किया। उच्चारण के प्रभाव से भाषा और भी निखर जाती हैं। भाषा के मौखिक एवं पढ़े जाने वाले स्वरूप का तालमेल उत्तम रहा। यद्यपि निजी रेडियो चैनलों ने आधुनिकता के प्रभाव में भाषा का मजाक बना दिया। मीडिया में भाषा को प्रदूषित करने का काम बहुत तेजी से हुआ। रिश्तों, मूल्यों और हमारी अभिव्यक्ति तक पर आक्रमकता और हिंसा ने अपना शिकंजा कस लिया। अभिव्यक्ति स्तर पर बढ़ रही आक्रामकता और हिंसा अनेक प्रकार से व्यक्ति और समाज को यह विकृत कर रही है। यह विकृतियाँ मारधाड़, तोड़फोड़, दंगों-आगजनी के रूप में सामाजिक ताने-बाने और राष्ट्रीय विकास को नुकसान पहुँचा रही हैं। वाणी और संवादों के माध्यमों को भी उनके मूल मंतव्यों, लक्ष्यों, साधनों, रास्तों, सिद्धांतों से भटका रही हैं।

वाणी और संवाद के स्तर पर बढ़ते प्रदूषण को हम अपने आसपास के दैनिक जीवन में आए दिन देखते ही रहते हैं। गोष्ठियों से लेकर विधान सभाओं तक में हंगामा होता है और भाषा का जो दंगल होता है उससे हम सब बखूबी परिचित हैं। अभद्रता की सीमा तक बढ़ती इस तरह की भाषा किस प्रकार की सूचना क्रांति और संचार का साथ देगी यह प्रश्न ही अकल्पनीय है।

यह स्थिति बहुत चिंताजनक और भयावह हैं। चिंताजनक इसलिए कि हिंदी की समस्त ग्रहणशीलता, उदारता व जज्ब करने की शक्ति होने के बाद भी उसके शब्दों के संस्कार और शील नष्ट हो गए हैं। अर्थ गांभीर्य और भाषा सौंदर्य तो शेष है नहीं उसकी पवित्रता की रक्षा करने पर ध्यान दिया जाना आज की सबसे बड़ी आवश्यकता है। बाजारवाद, विज्ञापन या अभिव्यक्ति के नाम पर संचार माध्यमों की भाषा में होते क्षरण पर चिंता की जानी आवश्यक हैं। यह विकास के युग में नैतिकता का संकट हैं।

ऐसे में विचार करना अत्यंत आवश्यक है कि संचार उपकरणों का सही उपयोग करने के लिए संचार भाषा का एक स्तर हो। इसे संयमित और नियंत्रित किया जाना चाहिए। भाषा की खूबसूरती उसके लालित्य में है न कि भद्देपन में। संचार माध्यमों से जुड़े प्रत्येक व्यक्ति को इसका महत्व समझना होगा तभी भाषा की रक्षा संभव हो सकेगी।

यह विडंबना ही है कि भारत में हिंदी राष्ट्रभाषा होकर पूर्णत: जनभाषा नहीं बन सकी है। सम्पर्क भाषा हिंदी अभी तक कई क्षेत्रों में विदेशी भाषा की तरह उपेक्षित पड़ी है। अंग्रेजी माध्यम के स्कूलों में हिंदी के प्रयोग में कई प्रकार की कठिनाइयाँ हैं। रेडियो और टेलीविजन पर भी इन समस्याओं को देखा जा सकता है। अंग्रेजी के कम प्रचलित शब्दों का प्रयोग इतना होने लगा कि हिंदी के आवश्यक शब्द भी अप्रचलन की मुद्रा में आ गए हैं। हिंदी में विनिवेश की जगह हिंदी समाचारों में डिसइन्वेस्टमेंट शब्द का प्रयोग किया जाना एक छोटा-सा उदाहरण है। बैठक की जगह मीटिंग जैसे कई उदाहरण हैं। भाषा वैज्ञानिकों के अनुसार इस प्रकार की मिश्रित भाषा का प्रयोग उन भाषाओं के लिए उचित है जो विकसित नहीं है जैसे अफ्रीकन भाषाएँ। किन्तु हिंदी तो विश्व में सर्वाधिक बोली जाने वाली भाषा है। एक तरफ डिस्कवरी चैनल भी हैं जो मूलरूप से अंग्रेजी चैनल होने के बाद भी अंग्रेजी कार्यक्रमों को हिंदी में डब करते हैं और उस अनुवाद में हिंदी के साथ किसी दूसरी भाषा के शब्दों का मिश्रण नहीं के बराबर ही होता है। हिंदी का मानक रूप कठिन नहीं है। इसने हिंदी को वह क्षमता प्रदान की है कि वह सूचना प्रौद्योगिकी व जनसंचार क्रांति की चुनौतियों का डटकर सामना करने में सक्षम हैं। इसी कारण हिंदी में वह लचीलापन भी आ गया है। जिसे वह दूसरी भाषा के शब्दों को आत्मसात करने में भी सक्षम हैं।

हिंदी के प्रयोग में एक कठिनाई उसके लिखित रूप की हैं। रोमन लिपि में हिंदी लिखने का प्रयोग इतना बढ़ता जा रहा है कि हिंदी में प्रसारित होने वाले धारावाहिकों के शीर्षक रोमन में दिए जा रहे हैं। हिंदीतर प्रांतों में जब हिंदी को समझा जा रहा है तो शीर्षक अंग्रेजी में देने का क्या अर्थ है। ठीक यही बात फिल्मों के शीर्षक के साथ भी है। रोमन लिपि में हिंदी लिखने की परंपरा न केवल एक भाषा दोष है बल्कि भारतीय संस्कृति की शत्रु भी हैं। जनसंचार ने ऐसा शायद इसलिए किया है कि उसमें मात्रा और आधे अक्षरों को बनाने जैसी झंझट नहीं है परन्तु हिंदी का मूल स्वरूप इससे नष्ट हुआ है। हिंदी रोमन - प्रयोग के कारण खतरे में है। देवनागरी और हिंदी का अंतरंग संबंध हिंदी को देवनागरी के बिना स्वीकार भी नहीं किया जा सकता। लेकिन जनसंचार तकनीक में रोमन ने हिंदी के साथ एक अच्छा व्यवहार भी किया है उसकी चर्चा भी आवश्यक है। हिंदी में लिखने के लिए कम्प्यूटर पर यूनीकोड तथा अनेक फण्ट तैयार किए गए हैं। अंग्रेजी की बोर्ड के साथ हिंदी के अक्षरों का तालमेल बिठाया गया है। रोमन की बोर्ड से सीधे-सीधे भी हिंदी लिखी जा सकती है जैसे संचार के लिए एस ए एन सी एच ए ए ए आर का उपयोग करना पड़ेगा।

आज हिंदी का अन्तरराष्ट्रीय स्वरूप बन रहा है। विदेशों में हिंदी अप्रवासियों के घरों में बोली जा रही है। वहाँ हिंदी की पुस्तकें उपलब्ध हैं। ई-संस्करण के हिंदी पेपर तो सभी जगह उपलब्ध हैं। वहाँ हिंदी फिल्मी भी देखने को मिल जाती है। कनाडा, लंदन और यूरोप के बहुत से देशों में भी हिंदी को इंटरनेट पर पढ़ा-सुना जाता है।

विदेशों के प्रभाव में हिंदी का स्वरूप मिश्रित हुआ है। वाक्यों में अंग्रेजी के शब्द जुड़ने से हिंदी का स्वरूप दूषित हुआ है किन्तु बोलने वालों की संख्या भी बढ़ी है।

मीडिया का अर्थ है अपनी बात को दूसरे आदमी तक पहुँचाया कैसे जाए। इसके लिए लघु पत्रिकाएँ, समाचार पत्र, छोटे अखबार, लेखक, बुद्धिजीवी, संगठित मजदूर, किसान सबको अपनी भूमिका का निर्वहन करना होगा। जनसंचार सबके लिए है तो सबको ही उसकी चिंता भी करनी होगी।

भाषा के संदर्भ में माध्यम के लेखक के समक्ष सभी क्षेत्रों में चुनौतियाँ हैं।

सर्वप्रथम तो उसे अपने लेखकीय धर्म का निर्वहन करना है। लेखन एक पवित्र, सामाजिक, नैतिक और मर्यादापूर्ण कार्य है। इसकी रक्षा करना उसका दायित्व है। दूसरे, उसे समाज की आवश्यकताओं को ध्यान में रखकर निष्पक्ष भाव धारण करना होगा। उसे जाति-पाति, ऊँच-नीच, अमीर-गरीब, बड़े-छोटे के भेद को दूर करने के उपाय भी खोजने होंगे।

तीसरे-संस्कृति और परम्पराओं की रक्षा का दायित्व उसके कंधे पर है जहाँ उसे अंधविश्वासों और बुराइयों से लड़ते हुए कमजोर वर्ग की रक्षा भी करनी है।

चौथे-बालकों और युवाओं को संस्कार की ओर ले जाना भी एक मीडिया लेखक का कर्त्तव्य है।

बाजारवाद की होड़ में जनसंचार एवं सूचना प्रौद्योगिकी के बहकते हुए कदमों को अपनी कलम से और अपनी भाषा सामर्थ्य से रोकना एक मीडिया लेखक का नैतिक दायित्व है। अपने विवेक और दृढ़संकल्प से उसे इस चुनौती को स्वीकार करना ही होगा

❖ ❖ ❖

# व्यवसायीकरण : हिंदी और मीडिया

**- जय बहादुर सिंह राणा**

हिंदी भाषा एवं मीडिया जैसे विस्तृत विषय पर विभिन्न विद्वानों ने अपने अत्यन्त लाभकारी विचारों का प्रकटीकरण मौजूदा सेमीनार का  दौरा किया। निश्चय ही हिंदी भाषा का विकृत होता स्वरूप बेहद चिन्ता का विषय है। कहने के लिए हिंदी हमारे मातृ भाषा है। मैं यहाँ कहना चाहूँगा कि जिस राष्ट्र की मातृ भाषा हिंदी हो उस राष्ट्र में हिंदी दिवस एवं हिंदी पखवाड़ा मनाया जाना यह दर्शाता है कि हम अपने उद्देश्य से कहीं दूर वीरानों में आज भी भटक रहे हैं। हिंदी का स्वरूप विकृत करने के लिए जितना प्रिन्ट मीडिया, इलैक्ट्रॉनिक मीडिया एवं सोशल मीडिया जिम्मेदार है उतना ही हिंदी का व्यवसायिकरण करने वाले हमारे साथी साहित्यकार भी जिम्मेदार हैं। आज के भौतिकवादी युग में चन्द पैसों के लिए भाषा के स्वरूप को बदलने का प्रयास नहीं किया जा रहा बल्कि हिंदी भाषा की बहुत बड़ी क्षति की जा रही है। सबसे बड़ी बात यह है कि भाषा के स्वरूप को विकृत होते देख हमारे राष्ट्र एवं प्रान्त की सरकारें मौन हैं। सिर्फ कागजों में हिंदी प्रेम झलकता है, वह हिंदी भाषा के प्रति बिल्कुल भी सजग नहीं है।

उल्लेखनीय है कि जब सारा विश्व हिंदी भाषा को प्राथमिकता दे रहा है तब हम बेहद उदासीन नजर आते हैं। आज जरूरत है कि हमारे साहित्यकार हिंदी के बिगड़ते स्वरूप को सही दिशा देने के लिए पहल करें, ऐसा बीड़ा उठाएं कि भाषा को गौरवान्वित कर सकें। हिंदी भाषा को सिर्फ हिन्दुस्तान ही नहीं बल्कि सारे विश्व में प्रतिस्थापित करने का प्रयास करें ताकि हमारी साहित्य साधना सम्पूर्ण हो सके।

हिंदी को व्यवसायीकरण के चंगुल से मुक्त करने के लिए सच्चे मन से समस्त साहित्यकारों एक मीडिया को मिलकर साझा प्रयास करने होंगे तभी हिंदी भाषा को संयुक्त राष्ट्र में मान्यता मिल सकेगी एवं विश्व में सर्वमान्य हो सकेगी। मुझे विश्वास है कि हमारे साझा प्रयासों से हिंदी  हिन्दुस्तान ही नहीं सारे विश्व का शिरमौर बन प्रज्ज्वलायमान नक्षत्र

की भाँति जगमगाएगी तभी हमारे विशालकाय लक्ष्य जिसे आर्थस गिल्ड ऑफ इंडिया के पूर्ण एवं मौजूदा नेतृत्व ने संजोया था हम पूर्ण कर सकेंगे एवं भाषा का विकास सतत् जारी रहेगा।

❖ ❖ ❖

# संचार माध्यम और हिंदी भाषा

**- डॉ. बी कामकोटी**

संचार माध्यम से आशय है संदेश के प्रवाह में प्रयुक्त किये जाने वाले माध्यम कहा जा सकता है। संचार माध्यमों में किसी के पीछे मुख्य कारण मानव की जिज्ञासु प्रवृत्ति का होना है। तकनीकी विकास से संचार माध्यम भी विकसित हुए हैं। वर्तमान समय को सूचना विस्फोट का समय कहा जाता है। इस समय में जनसंचार के अधुनातन संविधाओं ने मनुष्य को सूचना संपन्न बनाया है। मुद्रित श्रव्य-दृश्य माध्यमों ने मनुष्य के लिए सूचना की दृष्टि से अनिवार्य बनाया है। जनसंचार में 'संचार' शब्द की उत्पत्ति संस्कृत के 'चर' धातु से हुई है, जिसका अर्थ है चलना, अर्थात् जब किसी भाव, विचार या जानकारी को दूसरों तक पहुँचाते हैं और यह प्रक्रिया सामूहिक पैमाने पर होती है, वह 'जनसंचार' कहलाती है। संचार माध्यम अंग्रेजी में मीडिया से बना है जिनका अभिप्राय होता है दो बिन्दुओं को जोड़ने वाला, संचार माध्यम ही संप्रेषक और श्रोता को परस्पर जोड़ते हैं। हैराल्ड के अनुसार 'संचार माध्यम के मुख्य कार्य सूचना संग्रह एवं प्रसार, सूचना, विश्लेषण, मूल्य एवं ज्ञान का संप्रेषण तथा लोगों का मनोरंजन करना है। '

संचार अपना संदेश मुद्रित, दृश्य या श्रव्य जैसे माध्यमों से प्रकट करता है। इसकी सबसे बड़ी विशेषता यह है कि इसमें लोगों की प्रक्रिया पता चलता है। दूसरी विशेषता यह है कि संचार के माध्यम बड़ी संख्या में दर्शक या समूह मीडिया और हिंदी भाषा को प्रभावित करते हैं। इस कारण द्रुत गति से विकास हुआ है। सभ्यता के विकास के साथ ही संचार माध्यमों में भी बदलाव आया है। संगीत, नृत्य, लोककला आदि परंपरागत प्राचीन वर्तमान युग में सूचनाओं का आदान-प्रदान विविध माध्यमों के आधार पर किया जाता है। इससे यह स्पष्ट होता है कि जनसंचार यह एक परिवर्तनशील प्रक्रिया है।

**हिंदी भाषा का स्वरूप:**

जनसंचार माध्यमों को संप्रेषणीय बनाने का कार्य भाषा ही करती है। भाषा के बिना

किसी भी जनसंचार का लक्ष्य पूरा नहीं हो सकता। यही कारण है कि जनसंचार के सभी माध्यमों के लिए हर युग में किसी न किसी भाषा का उपयोग अनिवार्य रूप में दिखाई देता है। इसलिए हम कह सकते हैं कि भाषा ही संचार की रीढ की हड्डी है। दूसरे शब्दों में हम कह सकते हैं कि भाषा और जनसंचार माध्यमों में अन्योन्य संबंध है। वर्तमान युग में भाषा को यह मानदंड बन गया है कि उसमें जनसंचार माध्यमों की विशेषताएँ एवं संभावनाएँ होनी चाहिए। ऐसी भाषा ही प्रगत भाषा मानी जाती है।

हिंदी भाषा का अपना एक व्यापक क्षेत्र है। हिंदी भाषा-भाषी लोगों की संख्या भारत में 38 करोड़ है। इसके अलावा जहाँ-जहाँ भारतीयों के कदम पड़े हिंदी भाषा के साथ ही पड़ी। नेपाल, सुमात्रा, मारिश, दक्षिण जावा, बर्मा, फीजी, झाना, सूरीनाम और तमामा देशों में से बसे करोड़ों भारतवासियों की भाषा हिंदी है। भारत और भारत के बाहर लगभग 50 करोड़ लोग हिंदी भाषा का ही उपयोग करते हैं। हिंदी प्रसारित कार्यक्रम समाचार जनजीवन की दिनचर्या में अनिवार्य घटक बनाकर शामिल है। जनसंचार के माध्यम के रूप में हिंदी का प्रयोग कोई नई बात नहीं है। अभिव्यक्ति की क्षमता पाते ही, जन-कथा एवं पुराण कथा के रूप में हिंदी जनसंचार का माध्यम बन गई थी। इलैक्ट्रॉनिक मीडिया में आकाशवाणी, दूरदर्शन, फिल्म पर भी हिंदी का वर्चस्व बढ़ता जा रहा है। हिंदी का आजकल प्रयोजनमूलक रूप का निरन्तर विकास हो रहा है।

सन् 1926 से रेडियो का भारत में प्रसारण शुरू किया गया। रेडियो द्वारा हिंदी के समाचारों का प्रसारण होता है। सन् 1849 से हिंदी प्रसार के लिए अहिंदी भाषी केन्द्रों से हिंदी प्रशिक्षण के कार्यक्रम शुरू किये गये। अब कई केन्द्रों में हिंदी के व्यवहारिक प्रयोग का ज्ञान बढ़ाने के लिए हिंदी के पाठ निरन्तर प्रसारित किये जाते हैं। रेडियो नाटक लेखन बीसवीं सदी में एक सशक्त साहित्य विधा के रूप में उभरा है। अनेक प्रशिक्षित साहित्यकारों ने इसमें बहुत महत्वपूर्ण योगदान दिया है। जैसे मंटो, कृष्णचंद्र राजेंद्र सिंह बेदी, करतार सिंह, दुग्गल प्रमुख हैं। आकाशवाणी केन्द्रों में निरन्तर हिंदी में वार्ताएँ भी प्रसारित की जाती है। कवि सम्मेलनों का भी आयोजन किया जाता है। आकाशवाणी की देश के 95 प्रतिशत जनसंख्या तक पहुँच है एवं इसके विविध भारती एवं एफ एम चैनल पर चित्रपट संगीत हिंदी प्रसार में अपूर्व योगदान कर रहे हैं।

हिंदी अब हिंगलिश की शक्ल ओ सूरत धारण करती जा रही है। वर्तमान हिंदी में माने अंग्रेजी, अरबी, फारसी देशज भाषा प्रान्तीय भाषा व बोली के शब्द या शब्दांशों का तड़का लगा हो। उदाहरण विज्ञापन try hero, hero No.1, Underwear and Baniyan ये

आराम। का एक विज्ञापन से, जिएगा मरेगा, मरेगा, करेगा, भरेगा, भरेगा फिल्म का एक गीत है। इस बात से कदापि इंकार नहीं किया जा सकता है कि उपर्युक्त सभी उदाहरण अत्याधुनिक युग में बोले जाने वाली हिंदी के नहीं। किन्तु यह भी उतना ही सत्य है कि हिंदी अपने असली रूप में भारत ही नहीं वरन् विश्व के कोने-कोने में रहने वाले लोगों को अपनी ओर आकृष्ट करने लगी है। जनसंचार माध्यम में हिंदी का स्वरूप शुद्ध परिनिष्ठत एवं व्याकरण के नियमों से बंधा हुआ था। चाहे वह समाचार पत्र-पत्रिकाएँ हो या फिर रेडियो या दूरदर्शन हो। किन्तु वर्तमान दौर के हिंदी में अंग्रेजी व क्षेत्रीय भाषाओं का प्रयोग धड़ल्ले से किया जा रहा है जिनकी भाषा में हिंदी से ज्यादा अंग्रेजी शब्दों की बहुलता है। व्याकरणिक दृष्टि से इनमें अनेक अशुद्धियाँ होती है। जनसंचार के सर्वव्यापी, लोकप्रिय और सबसे आकर्षक कहे जाने वाले माध्यम दूरदर्शन पर आरंभिक वर्षों में प्रेमचंद से लेकर कमलेश्वर जैसे हिंदी साहित्यकारों की कहानियों पर आधारित धारावाहिक बने और जन-जन तक पहुँचे।

**संभावनाएँ**

जनसंचार के माध्यमों ने ही हिंदी को व्यापक भू-भाग पर फैलाया है। हिंदी भाषा को अंतरराष्टीय  रूप बनाने में इन संचार माध्यमों का बहुत बड़ा मीडिया और हिंदी भाषा योगदान है। संचार माध्यम के कारण हिंदी की संरचना पूरी तरह से बदल गयी है। इसका कारण यह है कि संचार माध्यमों की भाषा तो सामान्य बोलचाल स्तर पर उपयोग में आने वाली काव्य भाषा है। संचार माध्यमों की भाषा प्रशासन में प्रयुक्त होने वाली राजभाषा भी नहीं होती है। यही कारण है कि संचार माध्यमों के आधार पर हिंदी के नये-नये रूप बन रहे हैं। संचार के माध्यम देश में हैं। जिनमें हिंदी के बदले अंग्रेजी को ही महत्व दिया जा रहा है। प्राचीन काल में संस्कृत में प्रभावी संचार होता था। इसके अनेक उदाहरण 'उपनिषद', रामायण और महाभारत में मिलते हैं। संस्कृत की तुलना में हिंदी आसान है। इसलिए हम दृढ़ संकल्प करें तो हिंदी भाषा जनसंचार के विविध माध्यमों में सक्षमता के साथ प्रयुक्त कर सकते हैं।

आज जनसंचार माध्यमों से विदेशी शब्दों का प्रयोग अधिक हो रहा है। यह सही है कि द्विभाषिका एवं बहुभाषिका वाला आज का समाज बनाता जा रहा है। यह सत्य होते हुए भी जनसंचार माध्यमों में अंग्रेजी का प्रयोग उनका बढ़ गया है कि हिंदी हिंगलिश हो गयी है।

आज मीडिया ही भाषा का निर्माण कर रहा है। इतना ही नहीं औद्योगिकी सहायता से ही कोई भी फल-फूल सकती है। भारत में दरिद्रता, निरक्षरता, भाषिक विविधता तथा अंग्रेजी के प्रति अनावश्यक रुझान और सॉफ्टवेयर कंपनियों द्वारा अंग्रेजी सॉफ्टवेयर बनाने के कारण हिंदी का सूचना एवं ओर के क्षेत्र में अपेक्षित विकास नहीं हुआ। लेकिन अब स्थितियां संतोषजनक हैं। आज सूचना एवं औद्योगिक के क्षेत्र में हिंदी का प्रयोग दिन-ब-दिन बढ़ता जा रहा है। विभिन्न व्यवसायों, कार्यालयों, बैंकों, रेल, डाक, तार, विज्ञापन, आकाशवाणी, दूरदर्शन, टेलीप्रिंटर, फैक्स, कम्प्यूटर, इंटरनेट आदि अनेक क्षेत्रों में हिंदी का व्यापक प्रयोग हो रहा है। हिंदी फिल्मों के संगीत ने हिंदी के प्रसार में महत्वपूर्ण योगदान दिया। फ़िल्मी गीतों के कार्यक्रम भारतीय ही नहीं विदेशी रेडियो पर भी सुनाई देते हैं। मीडिया में उपभोक्ता वस्तुओं के हिंदी में दिये जाने वाले विज्ञापनों में निरन्तर इजाफा हो गया है। टेलीविजन कंपनियों की आय में उल्लेखनीय वृद्धि हो रही है। व्यवसायिक संस्थान हिंदी जाने वाले उपभोक्ता तक पहुँचना चाहते हैं। हमें पूरा विश्वास है कि अगर इसी में गति के सार्थक विकास होता रहेगा तो माध्यमों की दृष्टि से विश्व की सब से प्रभावी भाषा होगी। व्यावसायिक कारण से हिंदी बढ़ तो रही है। परन्तु हिंदी के वाक्य विन्यास एवं व्याकरण को प्रभावित किया जा रहा है। कृष्ण को कृष्णा, केरल को केरला, राम को रामा, बनाकर अंग्रेजी का तड़का लगाया जा रहा है। साक्षात्कार, कैमेंटरी, अंग्रेजी मिश्रित हिंदी भाषा में सुनाई पड़ती है। मीडिया में हिंदी का प्रयोग लाभदायक के कारण ही बढ़ रहा है। जनसंचार माध्यमों ने हिंदी की अभिव्यक्ति क्षमता को निरन्तर बढ़ाया है। हिंदी जनचेतना को स्वर देने में सर्वाधिक समर्थ होकर धीरे-धीरे विश्व भाषा बनने जा रही है। मोबाइल, कम्प्यूटर, इंटरनेट और वेबसाइट जगत जाल ने वाकई जनसंचार क्षेत्र में संचार क्रान्ति दी है।

अंततोगत्वा यह कहा जा सकता है कि जनसंचार माध्यम नए-नए आयामों को छू रहे हैं जिसके फलस्वरूप हिंदी भाषा भी नई-नई चुनौतियों का सामना करने के लिए और अधिक शक्ति अर्जित कर रही है।

कह सकते हैं कि संचार के सभी माध्यमों में हिंदी की भूमिका महत्वपूर्ण है। यह कोई अतियुक्ति नहीं कि हिंदी भाषा के कारण ही अनेक संचार माध्यम टिके हुए हैं। यह संचार माध्यम अपने भाव, विचार, अवधारणा, मत और मान्यता जनसमुदाय तक पहुँचाने के लिए जिस भाषा को माध्यम बना रहे हैं, वह हिंदी भाषा है।

❖ ❖ ❖

# बोलती तस्वीरें और भाषा का विकास

**- दीपक दीक्षित**

**हिंदी भाषा**

हिंदी भाषा लगभग एक हजार साल की स्मृद्ध भाषा है जिसके रूप को इसके अनेक प्रेमियों ने समय-समय पर सजाया और संवारा है। इसे हमारे देश की राजभाषा के रूप में 14 सितम्बर,1949 को स्वीकार किया गया जिसकी स्मृति में इस दिन को 'हिंदी दिवस' के रूप में मनाया जाता है।

सदियों से एक साहित्यिक भाषा के रूप में हिंदी ने अपनी श्रेष्ठता का परिचय दिया है और सामान्य बोलचाल में भी इसका प्रसार व्यापक है। वर्ष 2001 की जनगणना के अनुसार हमारे देश में लगभग 42 करोड़ लोग हिंदी भाषा बोलते या समझते हैं। दुनियां भर में हिंदी बोलने वालों की संख्या लगभग 50 करोड़ से भी अधिक आंकी गयी है।

**मीडिया**

मीडिया का शाब्दिक अर्थ हुआ माध्यम। विषय के सन्दर्भ में संचार माध्यम अधिक सटीक होगा। इस तरह शब्द, सूचना और आशय को एक व्यक्ति या व्यक्ति समूह से दूसरे को पहुँचाने के माध्यम को मीडिया कहा जायगा।

कुछ दशक पहले तक मीडिया का अभिप्राय पत्र एवं पत्रिकाएं या पुस्तकें माना जाता था और इसकी रचना करने वाला एक विशिष्ट वर्ग ही था। पर इलैक्ट्रॉनिक यंत्रों (टीवी-कम्पूटर मोबाईल, टेबलेट आदि) के हमारी रोजमर्रा की जिन्दगी में घुसपैठ के कारण इसका दायरा बेहद बदल गया है। इलैक्ट्रॉनिक मीडिया ने और सभी प्रकार के मीडिया को निगल लिया है। इस नए मीडिया के रचनाकार का दायरा भी विशिष्ट वर्ग से फ़ैलकर आम जन हो गया है। यहाँ हर कोई एक रचनाकार है जो अपनी बात सिर्फ उँगलियों की जुम्बिश से अनगिनत लोगों तक पहुंचा सकता है।

सोशल मीडिया के मकडजाल हम सभी उलझ चुके हैं। इतना कुछ प्रकाशित, प्रचारित और प्रसारित हो रहा है कि अपने काम की बात तक पहुँचना ही एक समस्या बन गया है। दिन रात हम शब्द, चित्र, वीडिओ और आवाज के अम्बार को मीडिया में फेंकते हैं और ग्रहण करते हैं, पर फिर भी संतुष्ट नहीं हो पाते। सब कुछ हमारे आस पास उपलब्ध है, पर वह नहीं मिल पता जो हम दिल से चाहते है। कबीर का दोहा –'पानी बिच मीन प्यासी, मुझे सुन-सुन आवत हाँसी।' इस स्थिति को सटीक तरह से दर्शाता है।

## मीडिया का हिंदी पर प्रभाव

चीख पुकार और जल्दबाजी के इस दौर में हिंदी भाषा का साहित्यिक वर्ग सिमटता जा रहा है और इसका लोकरंजन स्वरूप उभर कर सामने आता जा रहा है। लोकतान्त्रिक परम्पराओं और बाजारीकरण के प्रभाव में जनता की मांग सर्वोपरि हो जाती है और फिर वह हर बात को प्रभावित करने लगती है। हिंदी भाषा भी इससे अछूती नहीं रह सकती। क्लिष्ट और नियमबद्ध भाषा तेजी से बदल कर बोलचाल की भाषा बनाती जा है जिसमें अंगरेजी और अन्य भाषाओँ के शब्दों का स्वादानुसार समावेश भी रहता है। हमारे देश में अभिव्यक्ति की आज़ादी के वरदान और नए नए मिले इलैक्ट्रॉनिक खिलौनो के प्रयोग ने भाषा को शिथिल और सरल बनाकर तेजी से बदल डाला है। पर यही बात देश की अन्य भाषाओं पर भी लागू होती है।

## हिंदी का मीडिया पर प्रभाव

हिंदी भाषा ने अपने विशाल जनाधार के बल पर मीडिया में अपनी एक विशिष्ठ जगह बना रखी है। इसके अपार श्रोता वर्ग को लुभाने और उससे धन अर्जन की होड़ में मीडिया भी कुछ कसर नहीं छोड़ रहा। इस दुधारू गाय के दोहन की अनेक संभावनाएं अभी भी शेष है। मीडिया की सुगम उपलब्धता के कारण हिंदी भाषी जन मानस अपनी संस्कृति को भी जीवंत रखने में समर्थ हो सके हैं।

## हिंदी का विकास

यूं तो हिंदी एक सम्रद्ध और प्राचीन भाषा है और इसे हमारे देश की राष्ट्रभाषा का स्थान दिलाने के लिए अनेक प्रयास भी हो रहे हैं, पर कामकाजी या प्रयोजनमूलक हिंदी अपने शैशवकाल में ही है। कार्यालयों, शिक्षा, विज्ञानं, उच्च अदालत अदि में आज भी हिंदी अपनी पैंठ नहीं बना सकी है। इसके लिए और अधिक प्रयास की आवशयकता है।

## आने वाला समय में भाषा की उपयोगिता

अंग्रेजी में एक कहावत है- A picture is worth 1000 words जिसका अर्थ हुआ की एक तस्वीर एक हजार शब्दों के बराबर क्षमता रखती है। आज के टेक्नोलॉजी के दौर में हम एक नहीं बल्कि हजारों तस्वीरें पलक झपकते न सिर्फ खींच सकते हैं वरन हजारों लाखों लोगों को भेज भी सकते है। इस तरह की जादुई क्षमता को आमजन के हाथों में देने के कारण अब सभी भाषाओँ की उपयोगिता अब धीरे-धीरे सिमटने लगी है, पर निश्चय ही यह समाप्त नहीं हो सकती। एक से दूसरी भाषा का अनुवाद अब मशीनों या कम्पूटर द्वारा उपलब्ध हो जाने के कारण भी यह स्तिथि उत्पन्न हुई है। शब्दों का चुनाव अब लचीला हो गया है तथा इनकी घुसपेठ एक भाषा से दूसरी भाषा तक सरल हो गयी है।

## हिंदी और मीडिया का योग

मीडिया का खेल बड़े से बड़ा होता जा रहा है और नित नए हैरतंगेज साधन सामने आते जा रहे हैं। देश और विदेशों में बसे करोंड़ों हिंदी प्रेमियों को इस अवसर का भरपूर लाभ उठाना चाहिए और मेरी कामना है कि हिंदी को भी मीडिया के साथ कदमताल करते हुए और सम्पन्नता की और अग्रसर होना चाहिए।

❖ ❖ ❖

# लेखकों को सावधान रहना जरूरी है

**- बी एल गौड**

शब्दकोश में काफी ढूंढने पर भी “मीडिया” शब्द नहीं मिला लेकिन आज की दुनिया में ऐसा कोई व्यक्ति नहीं जो मीडिया शब्द का अर्थ न समझता हो। आज के परिदृश्य में देखें तो मीडिया का एक विशाल रूप हमारे सामने मौजूद है। मीडियम (माध्यम ) से निकले इस शब्द ने एक व्यापक रूप धारण कर लिया है। मीडिया की शुरूआत आज से लगभग 190 वर्ष पूर्व हिंदी में प्रकाशित एक अख़बार से हुई। भारत में सबसे पहला हिंदी अख़बार “उदन्तमार्तंड” 30 मई 1826 में कलकत्ता से प्रकाशित हुआ जिसके संपादक थे श्री जुगल किशोर शुक्ल। उस समय अपने विचारों के फैलाव के लिए और हिंदी के प्रचार-प्रसार के लिए केवल मात्र मीडिया बना यह साप्ताहिक अखबार “उदंतमार्तंड” लेकिन आज सारी चीज़ें बदल चुकी हैं। आज मीडिया का अर्थ है - अखबार, टेलीविजन के सैकड़ों चैनल, कम्प्यूटर से जुड़े सोशल मीडिया की अनेक धारायें- ई-मेल, फ़ेसबुक, वाट्सऐप, ट्विटर, इंस्टाग्राम आदि आदि और हिंदी सिनेमा भी।

जहाँ तक हिंदी का प्रश्न है कि इन सब मीडिया की विधाओं ने हिंदी को क्या दिया या हिंदी का कितना भला किया तो में कहूँगा कि हिंदी का सबसे बड़ा नुक़सान किया है आज के हिंदी अखबारों ने। उदाहरण के लिए कुछ बानगी देखें कि कैसे हिंदी की दुर्गति इन हिंदी के अख़बारों ने की है। सबसे पहले हम लेते हैं "दैनिक जागरण " को जिसका यह दावा है कि यह देश में सबसे अधिक संख्या में पढ़ा जाने वाला अखबार है जिसे अनुमानित सात से आठ करोड़ लोग पढ़ते हैं और यह सच भी हो सकता है क्योंकि इस अख़बार के बूते ही दैनिक जागरण अपना एक विशाल आर्थिक ढाँचा खड़ा कर चुका है बल्कि यह कहना अधिक उचित होगा कि एक बड़े उद्योग का रूप ले चुका है। इसकी हिंदी जब आप पढ़ेंगे तो पायेंगे कि यह हिंदी तो बिलकुल नहीं है यह हिंगलिश है, एक ऐसी भाषा जिसमें

इंग्लिश मिली हुई है। कुछ वाक्यों को देखिये -1. लाइफ़ इंश्योरेंस फ़र्मों की लिस्टिंग चाहता है रैगुलेटर। 2. बिना हालमार्क के नहीं बिकेगी ज्वैलरी। 3.रिडेवलपमेंट में एन सी आर के २० रेलवे स्टेशन। 4.फिल्म का बेसिक थाट यह है कि जिस इंडियन।

हाई कमिश्नर का किडनैप हो जाता है वह फिजी के रिच आदमी राम कपूर का दोस्त है और इसलिए राम कपूर इसमें हैल्प करता है। लगभग यही हाल है अन्य दूसरे हिंदी में प्रकाशित हो रहे बड़े अख़बारों का। नवभारतटाइम्स ने तो जैसे हिंदी का स्वरूप बिगाड़ने का बीड़ा ही उठाया हुआ है। हिंदी के समाचार पत्रों में जो विज्ञापन छपते है वह तो कमाल ही करते हैं - विनायक इंडस्ट्रीज़ की पेशकश 'ब्लूवेरी' हेयर रिमूवल क्रीम। सोया दुनिया का किंग।बयान आये जुदा जुदा। आसानी से लिखा जा सकता था अलग-अलग लेकिन नहीं। वास्तविकता तो यह है कि दैनिक जागरण अथवा कोई और बड़ा समाचार पत्र इस ओर ध्यान दिलाने पर भी चिंता नहीं करता क्योंकि उसका काम चल रहा है। जैसे भी शिक्षित अशिक्षित रिपोर्टर भर्ती कर लिए जाते हैं फिर वह अपनी भाषा में जैसी उन्हें आती है, ख़बर या विज्ञापन बनाकर अख़बार के डैस्क पर दे देते हैं और वहाँ हर एक के पास काम इतना अधिक है कि वह भाषा को निखारने की कोई कोशिश ही नहीं करता।

लगभग इसी ढर्रे पर तमाम बड़े और छोटे अख़बार छप रहे हैं और धीरे-धीरे पाठक भी इसके आदी होते जा रहे हैं। यह हिंदी के लिए एक बड़ा संकट है। यह बिलकुल उसी तरह का संकट है जैसा कि आज हिंदी के कवि सम्मेलनों पर छाया हुआ है। मंचीय कवि यदि हिंदी के गीत या कविता सुनायेगा तो उस पर नाम मात्र की तालियाँ बजेंगी लेकिन अगर मंचीय कवि गलेबाज है,चुटकुले सुनाने में उसने पी एचडी की हुई है तो उसे दाद भी पूरी मिलेगी, पद्मश्री भी मिल सकता है और कवि सम्मेलन के संयोजक भी ऐसे ही कवियों को अधिक पसंद करते हैं। लिखने का मतलब यह कदापि नहीं है कि वहाँ विद्वान कवि या कवित्री मौजूद नहीं है। लेकिन जो श्रोता है उनको तो जैसी भाषा परोसी जायेगी वह उसके आदि हो जायेंगे और इसी तर्ज पर समाचार पत्रों के पाठक भी उसी भाषा के आदी हो जायेंगे जिसे वह रोज़ पढ़ते हैं। मेरी इस बात से निराश नहीं बल्कि जागरूक होने की ज़रूरत है। यदि आप अख़बार पढ़ते हैं, उनमें आपके विज्ञापन या लेख छपते हैं और यदि आप स्वयं भी कोई अख़बार निकालते हैं को बस मेरी उपरोक्त बातों पर ध्यान दीजियेगा। इस तरह आप हिंदी भाषा की एक बढ़ी सेवा कर पायेंगे।

अख़बारों की बात तो मैंने आपको बताई जो आपके मन को थोड़ा चिंतित कर सकती है, लेकिन मित्रों! ऐसे अनेक माध्यम हैं जो मीडिया के ही अंग हैं और हिंदी भाषा के प्रचार-

प्रसार में एक सकारात्मक भूमिका निभा रहे हैं। इनमें सबसे पहले आती हैं हज़ारों की संख्या में प्रकाशित हो रहीं हिंदी की पत्रिकाएं और उनमें भी साहित्यिक पत्रिकाएं। पत्रिकाओं में हिंदी की स्थिति संतोष जनक है। दूसरे नम्बर पर आता है हिंदी सिनेमा। हिंदी को दूर दराज देशों तक फैलाने में हिंदी सिनेमा की बड़ी भूमिका रही है। लगभग 22 देशों की यात्रा के दौरान मैंने वहाँ के बाशिंदों को हमारे फिल्मी गीतों को गुनगुनाते हुए सुना है। अभी हाल ही में संभवत: तुर्कमोनिस्तान या ऐसे ही किसी देश जो कुछ दशक पहले संयुक्त रूस से अलग हुआ है उसके राष्ट्रपति हमारे देश आये और उन्होंने बाकायदा एक कार्यक्रम में फिल्म 420 का राजकपूर द्वारा गाया गया यह गाना "आवारा हूँ आवारा हूँ" मंच से स्वर में और पूरे तरन्नुम में सुनाया। ऐसे अनेक उदाहरण हैं जो साबित करते हैं कि हिंदी सिनेमा ने हिंदी के प्रचार-प्रसार में एक अहम भूमिका निभाई है। इसी क्रम में यदि टेलीविजन की बात करें तो टीवी पर आज लगभग 1500 चैनल हैं जिनमें बहुत सारे चैनल अपने कार्यक्रम केवल हिंदी में ही प्रसारित कर रहें हैं और इस तरह जहाँ प्रिंट मीडिया हिंदी का नुकसान कर रहा है तो वहीं इलैक्ट्रोनिक मीडिया हिंदी के प्रचार-प्रसार में एक सकारात्मक भूमिका निभा रहा है।

कम्प्यूटर भी मीडिया का ही अंग है जो दिन पर दिन अपनी मौजूदगी का अहसास करा रहा है। जब से कम्प्यूटर में यूनीकोड की सुविधा हुई है उससे हिंदी को बड़ा लाभ हुआ है। आप यूनीकोड के माध्यम से जैसा लिखकर भेजेंगे वह सीधा दूसरी मेल पर ज्यों का तों खुलेगा। इस विषय पर अपनी बात को समाप्त करते हुए मैं यहाँ आज एकत्र हुए लेखक मित्रों से यही कहना चाहूँगा कि हिंदी के प्रचार-प्रसार के लिए हम लेखकों को ही मीडिया पर नज़र रखनी होगी। मीडिया के किसी भी ऐसे कदम का हमें विरोध करना पड़ेगा जिससे हमें लगे कि यहाँ हिंदी का नुकसान हो रहा है।

❖ ❖ ❖

# हिंदी भाषा और मीडिया परस्पर सहायक बनें

**- डॉ. रमेश कटारिया 'पारस'**

हमारे भारत में हिंदी भाषा के विकास, प्रचार, प्रसार में बहुत से कार्यक्रम आयोजित होते रहते हैं। साहित्यिक संस्थाएं एवं हिंदी के विद्वान भी इसमें अपना पूरा योगदान दे रहे हैं। जिसके अच्छे और प्रभावशाली परिणाम भी हमें प्राप्त हो रहे हैं।

आज देश में ही नहीं विश्व में हिंदी भाषा की स्थिति सम्मान जनक है। विश्व के 52 देशों की 80 विश्वविद्यालयों में हिंदी पढ़ाई एवं सिखाई जा रही है।

बेशक इसका कारण उनका अपना स्वार्थ क्यों न हो लेकिन हिंदी भाषा को तो लाभ मिल ही रहा है क्योंकि भारत देश ही विश्व का सबसे बड़ा बाजार है। जिसको भी अपना व्यापार बढ़ाना है। उसको हिंदी जानना जरूरी है। इसके साथ ही हिंदी भाषा के उत्थान में हिंदी फिल्मों का भी बहुत बड़ा योगदान है। कई हिंदी भाषी लोगों ने लोकप्रिय हिंदी फिल्मों को देखने के लिए हिंदी भाषा सीखी है और लाखों की संख्या में लोग हिंदी फ़िल्में देख-देखकर ही हिंदी समझना और बोलना सीख गए हैं और विश्व के अधिकांश देशों में हिंदी बोलने वाले और समझने वाले मिल जाएंगे।

लेकिन हिंदी के विकास में मीडिया की भूमिका संदिग्ध है। मीडिया की नजर में हिंदी दोयम दर्जे की भाषा है। हिंदी चैनल हो या समाचार पत्र हो इनमें मीडिया की भाषा हिंदी इंग्लिश मिश्रित हो गई है। सभी समाचार पत्र अपने समाचारों में व उसके शीर्षकों में ज्यादातर अंग्रेजी और अन्य भाषा के शब्दों का प्रयोग करते हैं यहाँ तक कि आजकल प्रत्येक हिंदी समाचार पत्र में एक-दो पृष्ठ अंग्रेजी भाषा के भी होते हैं। लेकिन अंग्रेजी समाचार पत्र में हिंदी की एक लाईन भी नहीं होती है। टीवी मीडिया जब भी किसी

सेलिब्रिटी का साक्षात्कार लेता है तो हिंदी बोलते-बोलते अंग्रेजी बोलने लगता है। इसके लिए वह कलाकार या नेता भी दोषी है। जो कमाई तो हिंदी की खाते हैं और अपने आप को पढ़ा लिखा दिखाने की खातिर अपना संवाद अंग्रेजी में ही करते हैं। इसलिए मेरी नजर में हिंदी भाषा के उत्थान में मीडिया चाहे तो बहुत सहायक हो सकता है क्योंकि भारत में तो अधिकतर लोग हिंदी समझते हैं और बोलते हैं फिर फिजूल में अंग्रेजी शब्दों का प्रयोग करने की क्या आवश्यकता है? परन्तु हाँ! अंग्रेजी बोलना कोई बुरा नहीं, परन्तु हिंदी में मिश्रित अंग्रेजी शब्दों का सहज, स्वाभाविक प्रयोग हो, तो और भी उत्तम इस प्रकार मीडिया हिंदी भाषा को और ऊँचे स्तर पर पहुँचा जा सकता है इसमें वह पूर्णतः सक्षम है। बशर्ते वह अपना कार्य ईमानदारी से करें।

❖ ❖ ❖

# दोष भाषा का या उपयोग करने वालों का

**- अरुण मुनेश्वर 'अरुण'**

हिंदी हमारे राष्ट्र की अभिव्यक्ति का प्रमुख स्रोत है। हमारा देश लोकतंत्र की मजबूत बुनियाद पर खड़ा है। लोकतंत्र को चार स्तंभ संभाले हुए है। विधायिका, कार्यपालिका, न्यायपालिका और पत्रकारिता। सभी स्तंभों में भाषा का अपना विशेष महत्व होता है, क्योंकि अभिव्यक्ति से ही भावना विचारों का आदान-प्रदान संभव है। हिंदी ने हमेशा राष्ट्र की बहुसंख्य जनता को आपस में जोड़े रखा है। विधायिका, कार्यपालिका और न्यायपालिका अपनी सुविधा से भाषा का उपयोग करते हैं पर पत्रकारिता को सीधे जनता से संवाद स्थापित करना होता है। यही कारण है इतर तीन स्तंभों से ज्यादा निकट संबंध हिंदी का पत्रकारिता से है। हिंदी ने पत्रकारिता को भारत में बढ़ाने का कार्य सुचारू रूप से किया है, चाहे वह प्रिंट मीडिया हो या इलैक्ट्रॉनिक मीडिया या सोशल मीडिया हो आज भारत देश में लगभग सत्तर हजार समाचार पत्र और आठ सौ से ज्यादा दूरदर्शन चैनल अपनी सेवायें प्रदान कर रहे हैं इसमें बहुसंख्या में हिंदी भाषा के ही हैं। उत्तर भाषा की तुलना में। करीबन डेढ़ सौ से ज्यादा चैनल हिंदी भाषा के आज देश में प्रक्षेपित हो रहे हैं, इसका स्पष्ट कारण यह है कि हिंदी बोलने या समझने वाले राष्ट्र में बहुसंख्य लोग हैं।

विधायिका के कुचक्र में छपड़कर हिंदी आहत हो गई तो कार्यपालिका ने भी अपने जरूरत और कहने मात्र के लिए हिंदी का उपयोग किया पर हिंदी को उभरने, संवरने में विशेष योगदान नहीं दिया पर पत्रकारिता में भूमंडलीय बाजार के कारण ही सही हिंदी पर अपना भरोसा बनाये रखा यह वस्तुस्थिति है। इससे दोनों को फायदा हुआ है। समाचार पत्रों में स्थानीय भाषा के अलावा संपर्क भाषा में भी संप्रेषण आवश्यक है ताकि देश, विदेश

को घटनाओं की खबर मिल सके। इसके लिए विदेशी भाषा परिपूर्ण योगदान कभी नहीं दे सकती और नलिजलन हिंदी ही एकमात्र सुपर्याय या और है।

हिंदी और मीडिया का संबंध संदर्भिय विषयांकित मुद्दा है मीडिया क्या है और कैसा कार्य कर रहा है यह विषय या मुद्दा गौण है। वह दूसरा विषय हो सकता है। आज देश में ही नहीं विदेशों में भी हिंदी को अहमियत (उपयोगिता) समझ में आ गयी। इसका मुख्य कारण है वैश्विक बाजार। वैश्विक बाजार में विज बुनियादी जरूरत होती है जो भावनाओं पर टिकती है। इसी बहुराष्ट्रीय कंपनियाँ भी हिंदी का सहारा ले रही है।

मीडिया को भी खबरों और घटनाओं का प्रसारण संवाहन बिना विज्ञापन के बैसाखी से संभव नहीं है। कोई भी समाचार पत्र या टीवी चैनल की आर्थिक स्थिति विज्ञापनों पर निर्भर होती विज्ञापनों से ही मीडिया को आर्थिक जरूरतें पूरी होती है। विज्ञापनों की पाठकों या श्रोताओं तक पहुँचाने भाषा महत्वपूर्ण भूमिका निभाती है। इसी कारण हिंदी और मीडिया में महत्वपूर्ण रिश्ता बन गया है। हिंदी भारत की ज्यादा से ज्यादा लोसंख्या में बोलने या समझने वाली भाषा है इस द्वंद्व में हिंदी ने इंग्लिश को पटखनी दी है इसके कोई शक नहीं है।

आज देश में हिंदी पत्र पत्रिकाओं और हिंदी चैनलों में अन्य भाषा की तुलना में हिंदी ने बाजी मार ली है। हिंदी अपने आपके नई स्थाई प्राप्त करने में लगी हुई है इसमें सोशल मीडिया का भी अमूल्य योगदान है।

आज जिस तरह का वातावरण बनाया जा रहा है उसके लिए भी मीडिया को जिम्मेदार माना जायेगा। आजादी की लड़ाई में हिंदी, देश को जोड़ने के लिए माध्यम बनी थी जो आज विज्ञापनों और विवादों के माध्यम से आपस की दूरियां बनाने का काम करने का साहस  बन रही है पर इसमें भाषा का क्या दोष। दोष तो भाषा का उपयोग करने वाले को नियत का है।

❖ ❖ ❖

# हिंदी को हिंदी ही रहने दें

**- अरुण कुमार पासवान**

भाषा का विकास और समृद्धि का इस बात पर निर्भर है कि भाषा भाषियों ने भाषा के प्रति कितनी सतर्कता बरती है और उस भाषा के साहित्यकारों ने उसे कितना सँवारा-निखारा है। यदि भाषा-भाषी अपनी भाषा से प्रेम करते हैं तो वह भाषा को सरल, सहज और सर्वग्राही नहीं तो बहुग्राही तो बनाना चाहते ही हैं। इसके लिए वह अपनी भाषा को पवित्र दृष्टि से देखते ही नहीं बल्कि उसका व्यकवहार भी सम्माकन के साथ करना अपना धर्म समझते हैं। दूसरी तरफ उस भाषा के साहित्यकार कवि, लेखक, निबंधकार और व्याकरण-विद् उस भाषा की रचनाओं को देशकाल के सापेक्ष रखते हुए विभिन्न, देश और भाषाओं के साहित्यिक स्तर, साहित्यि क गतिविधि को समझकर अपनी भाषा को सर्वश्रेष्ठ बनाने के लिए अनवरत प्रयासरत रहते हैं ताकि उस भाषा को बोलने वाला और उस भाषा की रचनाओं को पढ़ने वाला अपनी भाषा पर, उसके स्वरूप पर, उसके स्तर पर गर्व कर सके।

भाषा का स्वारूप तय करने में सदा ही मीडिया की भूमिका होती है, क्योंकि यही भाषा के संचार का माध्यूम है। इसके बिना व्यामपक फलक नहीं मिल सकता। पहले इसका सारा श्रेय प्रिंट मीडिया को था, जबकि कालक्रम और विज्ञान के विकास के साथ ही इलैक्ट्रॉनिक मीडिया ने इस क्षेत्र में न सिर्फ कदम रखा बल्कि  भाषा के विकास का नेतृत्व भी किया। प्रिंट मीडिया जहाँ सिर्फ साक्षरों तक भाषा को पहुंचाती थी वहीं इलेक्ट्रॉनिक मीडिया ने साक्षर-निरक्षर का भेद मिटाते हुए सब को भाषा से परिचित कराया, जोड़ा और उसे सब के बीच स्थापित एवं प्रतिष्ठिमत किया।

हिंदी भाषा की एक लंबी और परम्परा है। यहां हम यदि हिंदी भाषा के इतिहास की चर्चा शुरू कर दें तो विषय बहुत ही व्याापक हो जाएगा और मुद्दे से विषयांतरित भी। किंतु, हम यह तो चर्चा कर ही लें कि खड़ी बोली के उद्भव और विकास के साथ हिंदी ने एक

अलग आयाम अपनी यात्रा में जोड़ा और भाषा कवित्त और तुकमिलान से निकल कर या यूँ कहें कि लय-ताल और मात्रा की सीमा को लाँघ कर सहज रूप में सरल लोगों के बीच पहुँची और प्रिंटमीडिया ने इस चमत्कार से सुधीजनों को सम्मोहित किया।

कथा, निबंध समीक्षा, चर्चा-परिचर्चा इत्याीदि प्रिंटमीडिया के सहारे सुधी से लेकर आमजन तक की पकड़ में आने लगे और संस्कृत की क्लिष्टता को दूर करते हुए न सिर्फ हिंदी बल्कि  मराठी, गुजराती, बंगाली, पंजाबी रचनाकारों ने भी हिंदी की सहजता का लाभ उठाते हुए खुद की पहचान बनाई और हिंदी को भी समृद्धि दी गैर हिंदी भाषी रचनाकारों ने हिंदी में अपने क्षेत्र के सहज, यानी हिंदी के साथ खप जाने वाले शब्दों से हिंदी के शब्दकोष को भी समृद्ध किया और हिंदी भाषा को भी क्षेत्र-विस्तार दिया। यह सब प्रिंट मीडिया का ही चमत्कार था कि समय के साथ हिंदी साहित्य  के बदलते स्वररूप और हिंदी साहित्यक के विभिन्न वाद लोगों ने जाने समझे।

फिर इलैक्ट्रॉनिक मीडिया, पहले रेडियो और फिर टीवी की क्रांति के साथ हिंदी भाषा में भी क्रांति हुई। वह क्रांति यह थी कि भाषा और साहित्यों या रचना सिर्फ पढ़े-लिखे लोगों की नहीं रह गई बल्कि श्रवण और दृश्य के माध्यम ने लोगों को भाषा से परिचित कराया। लोक वाणी की जगह लोगों ने हिंदी भाषा के प्रतिष्ठिधत, व्याीकरणसम्मत और शालीन स्वरूप को सुना देखा और अपनाया। अक्षर-ज्ञान के बिना भी भाषा-ज्ञान संभव हुआ। और भाषा-ज्ञान ने लोगों में अक्षर-ज्ञान की महत्ता को संप्रेषित किया। लोगों में सहज ही भाषा के प्रति यानी हिंदी भाषा के प्रति ललक बढ़ी और बोल-चाल में भी आंचलिक की जगह हिंदी भाषा की पैठ बढ़ने लगी और हिंदी ने भी मौका देखकर आंचलिक भाषा की सहजता से अपने को लोकप्रियता देने की चेष्टा की, सफलता पाई।

इस दिशा में फिल्मों के योगदान को भी बताए बिना आगे नहीं बढ़ सकते। फिल्मों का, क्योंकि प्रमुख उद्देश्य मनोरंजन था इसलिए उसकी भाषा का आकर्षक, सहज,सर्वग्राही होना आवश्य क था। दूसरी तरफ फिल्म निर्माताओं के लिए यह एक व्यववसाय भी था इसलिए लोगों को अधिक से अधिक जोड़ना उनकी प्राथमिकता थी। इस प्राथमिकता के कारण भाषा के प्रति सतर्क होना उनके लिए अनिवार्य था। उन्हें सर्वग्राह्य भाषा की आवश्यकता थी, क्योंकि भारत में तब साक्षरता का प्रतिशत अत्यल्प था और फिल्मों को अत्यधिक दर्शक चाहिए थे। सिनेमा ने आरंभ में तो धार्मिक और ऐतिहासिक कथाओं को प्राथमिकता दी। लेकिन आगे चलकर उन्हें  समाज की समस्याओं को लेकर उनकी

आवश्यकताओं को लेकर कहानियाँ चुनने, लिखवाने की आवश्ययकता पड़ी और हिंदी साहित्यक को इस बहाने क्लिष्ठता से मुक्तव होने और अधिक लोगों की भाषा बनने का अवसर मिला।

किंतु अब तक प्रिंट मीडिया और इलैक्ट्रॉननिक मीडिया में एक साम्य बरकरार था। वह साम्य् यह था कि भाषा का संचार एक से अनेक की ओर था। यह मीडिया भाषा का विकास तो करती थी लेकिन यह सिर्फ प्रदान करती थी और पाठक, श्रोता, दर्शक उसका अनुसरण करते थे। यह एक पक्षीय यात्रा थी। मानक मीडिया की ओर से तय होता रहा। लोग अनुसरण करते रहे।

इस प्रक्रिया में एक बात जो भाषा के क्षेत्र में अनपेक्षित हुई वह यह कि मीडिया ने भाषा पर प्रयोग करना शुरू कर दिया। फिल्मों में ही नहीं, प्रिंट मीडिया और रेडियो, टीवी पर भी हिंदीय भाषा के मानकों की उपेक्षा का दौर शुरू हुआ। जहां हिंदी से हिंगलिश और हिर्दिश का विकास होता देखा गया वहीं हिंदी के व्याकरण की भी धड़ल्ले से उपेक्षा होती दिखती रही। यह सच है कि भाषा के विकास के लिए भाषा के द्वार खुले रखने होते हैं लेकिन एक बात का ध्याकन तो रहना ही चाहिए कि स्वागत अतिथियों का होता है, चोरों का नहीं।

द्वार हितैषियों के लिए खोला जाना चाहिए आक्रमणकारियों के लिए नहीं। मीडिया, खासकर इलैक्ट्रानिक मीडिया ने अपने इस दायित्व को याद नहीं रखा। उसने अपने को निरंकुश मान लिया, हिंदी भाषा के मनचाहे प्रयोग के लिए। दूसरी तरफ प्रिंट मीडिया में धड़ल्ले से कम राशि पर उपलब्ध होने वाले अंशकालिक संवाददाताओं की भाषा की कमज़ोरी की घुट्टी भी पाठकों को दाँत भींचकर पीनी पड़ने लगी। साहित्य और साहित्यकार की परिभाषा प्रयोग में बदलने लगी। और कहें कि प्रिंट से लेकर इलैक्ट्रानिक मीडिया तक, साहित्यिेक रचना, अखबार, समाचार, गीत, गजल आदि में अचम्भे वाले प्रयोग होने लगे। कभी चालाकी से कभी कमजोरी से, पर हिंदी भाषा के लिए अहितकर। एफ एम रेडियो के चलन और युवा श्रोताओं के साथ बाजार पर उनकी पकड़ ने भी हिंदी भाषा के स्तर को काफी हद तक क्षति पहुँचाई। जहाँ पहले रेडियो की हिंदी, समाचार की हिंदी की शालीनता, गंभीरता और शुद्धता को लोग अपना निर्देशक मानते थे वहीं एफ एम रेडियो में भाषा की फूहड़ता ने हिंदी के स्तर को गिरा दिया और युवा वर्ग की हिंदी को भ्रष्ट कर दिया।

इस बीच प्रिंट मीडिया के क्षेत्र में स्वभतंत्र लेखक ही नहीं, बल्कि‍ा समाचार पत्रों और

विभिन्न पत्रिकाओं की संख्या में काफी वृद्धि हुई। वैसे देखा जाए तो यह हिंदी के लिए एक अच्छी बात है। लेकिन इकसी पूरी अच्छाई का लाभ हमें तब मिल पाता यदि इनके बीच स्तरयता की प्रतिस्पर्धा होती। प्रतिस्पर्धा हुई तो इस बात की कि कौन कितने ज्यादा विज्ञापन संग्रहित कर सकता है। कौन कितने धन कुबेरों तक अपनी पहुँच बना सकता है। और इसके लिए कितने लोगों को काम में जोड़ सकता है, वह भी कम कीमत लगा कर। पत्रकारों, संवाददाताओं की भीड़ खड़ी होती गई पर गुणवत्ता में क्रमश: ह्रास ही होता रहा। परिणाम यह रहा कि हिंदी समाचार पत्रों और पत्रिकाओं को लेकर हिंदी के प्रति लोगों की जो धारणा है वह किसी से छिपी नहीं है और इसलिए हिंदी की अपेक्षा अंग्रेजी समाचार पत्रों, पत्रिकाओं की प्रतिष्ठा बढ़ती गई।

हालाँकि इस तरह प्राइवेट एफ एम रेडियो और चौबीस घंटे प्रसारित होने वाले निजी टीवी चैनलों के द्वारा हिंदी भाषा को धूल-धूसरित करने के कारण न सिर्फ हिंदी भाषा की प्रतिष्ठा को आँच आई बल्कि मीडिया को भी क्षति हुई। जिस मीडिया को भाषा के प्रति सम्माकन की दृष्टि  से देखा जाता था, जिस मीडिया की भाषा अनुकरणीय समझी जाती थी, जो मीडिया की हिंदी एक मानक होती थी, लोगों के बीच उस भावना का प्राय: लोप हो गया और अब हिंदी भाषा के लिए लोग हिंदी साहित्या को ही मानक समझने लगे। आम लोगों की भाषा में हिंदी का रूप बिगड़ गया और भाषा की दृष्टि  से रेडियो, टीवी की प्रतिष्ठा भी गिर गई।

मीडिया के नवीनतम संस्करणयानी सोशल मीडिया की बात किए बिना हम अपनी बात पूरी नहीं कर सकते क्योंकि यह आज सब से लोकप्रिय और सबसे ज्यापदा चलन में भी है। एक और बड़ी बात जो सोशल मीडिया के चलन के साथ शुरू हुई वह मीडिया के क्षेत्र की एक मौन किंतु बड़ी क्रांति है। आजतक मीडिया की भूमिका सत्ता की थी। यानी मीडिया कहती है और लोग सुनते हैं। मीडिया लिखती है और लोग पढ़ते हैं। लोगों की प्रतिक्रिया भी यदि मीडिया लेती है तो भी मीडिया के पास संपादन की सुविधा भी है और अधिकार भी किंतु सोशल मीडिया में क्योंकि पूरा समाज दोहरी भूमिका निभाता है और इसमें समाज ही मीडिया और मीडिया ही समाज है इसलिए एक नई पद्धति शुरू हो गई है। यहाँ मीडिया का कोई भी मानदंड नहीं है, जिसे जो कहना होता है वह कहता है, जिसे जो दिखाना होता है वह दिखाता है। जिसे जो प्रतिक्रिया देनी होती है देता है और जिस तरह की भाषा, जिस तरह के शब्द, जैसी शैली कोई व्यक्ति चाहे या जो उसकी क्षमता हो उसी

रूप में वह प्रकट हो जाता है। सोशल मीडिया से प्रसार के मामले में तो हिंदी का लाभ हो रहा है लेकिन स्तिरीयता में तेजी से गिरावट भी देखी जा सकती है। भले ही यह गिरावट शत-प्रतिशत न हो, पर प्रतिशत बड़ा है, इसलिए एक बड़ी चुनौती भी है।

अब यहाँ एक प्रश्न विचारणीय है कि हिंदी भाषा में जो मीडिया जनित परिवर्तन देखने को मिला है उसका स्वावगत किया जाना चाहिए या कतई इसे स्वीकार नहीं किया जा सकता। इस पर अपनी राय बनाने से पहले हमें साहित्याकावींद्र कालिया के इस विचार को सुनना चाहिए। उनकी मान्यता है - ''जब भाषा का विकास हो रहा हो तो शुद्धतावाद से बचा जाना चाहिए।'' इस विचार को नकारा नहीं जा सकता। विकास में एक गति भी होती है और प्रसार भी होता है। प्रसार होने का मतलब ही है सीमा का विस्तार। तो सीमा या दायरा तो बदलेगा ही। प्रसार ही व्यापकता देता है और व्याापकता स्वागत योग्य होती है। लेकिन शुद्धतावाद से बचने का आशय कभी भी अशुद्धतावाद के स्वयगत से नहीं है। बल्कि ऐसे आदान का स्वागत होना चाहिए जिससे हमारी भाषा सँवरती हो, वह समृद्ध होती हो। उदारता का मतलब यह है कि प्रचलन में आने वाले शब्द यदि अन्य क्षेत्रीय भाषा या किसी विदेशी भाषा के भी हो परंतु वह हिंदी में पचते हो, उससे हिंदी सहज और लोकप्रिय होती है तो उसे स्वी कार किया जाना चाहिए। साथ ही इस बात का ध्यान रखा जाना चाहिए कि हिंदी के संस्कार का वहा आगत शब्द आदर करता हो। यदि उससे भाषा का संस्कार बिगड़ता हो तो वह पूर्णत: त्याज्य है, उपेक्षा का पात्र है।

पंडित केशरी नाथ त्रिपाठी हिंदी के सहज संस्कार की तरह ही सहजता से कहते हैं कि हिंदी को हिंदी ही रहने दीजिए। हाँ हिंदी, एक संस्कृाति है। भारत को अभिव्यक्ती करने वाली, भारत को चित्रित करने वाली, भारतीयता को बताने वाली और भारतीयता को गौरव प्रदान करने वाली भाषा है। मीडिया यदि अपने को हिंदी मीडिया का नाम देती है तो उसे भी इस बात के लिए सचेत रहना पड़ेगा कि वह हिंदी के रूप को बिगाड़ें नहीं, हिंदी को प्रतिष्ठा के साथ प्रयोग में लाएं।

❖ ❖ ❖

# आवश्यकता समर्पण भाव की है

## - सुशील सरित

आज से पच्चीस तीस साल पहले के परिदृश्य को याद करें तो मीडिया का अर्थ मुख्य रूप से प्रिन्ट मीडिया और कुछ सीमा तक (केवल नगरीय क्षेत्र में) इलैक्ट्रॉनिक मीडिया के न्यूज चैनल्स तक सीमित था। किन्तु पिछले पाँच-सात वर्षों में 'कर लो दुनिया मुट्ठी में' के आक्रामक नारे के साथ जियो ने जिस प्रकार समाज के एक बड़े वर्ग को अपने कब्जे में किया है और फेसबुक, वाट्स-एप, ट्वीटर ने जिस तरह हमारे समय को चुराया है उससे मीडिया की न केवल परिभाषा विस्तृत हो गयी है वरन् इनकी प्रभाव क्षमता भी सिद्ध हो चुकी है।

हिंदी शब्द के ओठों पर आते ही मन के कैनवेस पर अनेक प्रश्न स्वतः ही उभरने लगते हैं। मसलन हिंदी सम्पूर्ण भारत की भाषा क्यूँ नहीं। हिछी का विरोध क्यों किया जाता है? क्या अन्य क्षेत्रीय विशेषकर दक्षिण भारत की भाषायें हिंदी की विरोधी है। अंग्रेजी का वर्चस्व क्यों है? और हिंदी का भविष्य क्या होगा आदि आदि।

इन सारे प्रश्नों पर या यह कहें कि इन सारे मुद्दों पर विद्वान बरसों से विचार-विमर्श करते रहे हैं। सेमिनार आयोजित होते रहे हैं और यह क्रम भविष्य में भी चलता रहेगा लेकिन मुझे लगता है कि विचार-विमर्श, सेमिनार और किसी भी मुद्दे पर स्वाभाविक चिन्ता - चिन्तन से परे एक लोकधारा निरन्तर चलती रहती है। यह लोकधारा अपने ही बनाये नियमों आदर्शों की छाँव में गतिमान रहती है और धीरे-धीरे चीजों में परिवर्तन लाती है। इस लोकधारा ने कब किसे कहाँ बदल डाला, कब किसी को केन्द्र से हाशिये पर और कब हाशिये से केन्द्र में ला पटका पता ही नहीं चल पाता। जब तक पता चल पाता है बहुत देर हो चुकी होती है। इसी लोकधारा ने देव भाषा कही जाने वाली संस्कृत भाषा को लगभग

इतिहास ही बना डाला। इसी लोकधारा ने हमारे कभी बेहद लोकप्रिय रहे कुछ पर्व-त्यौहारों को विसरा कर वेलेंटाइन डे जैसे नितान्त अभारतीय कान्सेप्ट को भारत के लोकप्रिय पर्वों में शामिल करा दिया।

जड़ते की आवश्यकता है उसका अभी अभाव है। नजर आ रहा है। मनोविज्ञान की दृष्टि से किसी भी व्यक्ति को दो चीजें सबसे ज्यादा प्रभावित करती हैं। यह हैं भय एवं लालच। इनका सकारात्मक प्रयोग, खासतौर से लालच का सकारात्मक प्रयोग, काफी प्रभावशाली सिद्ध हो सकता है। सोशल मीडिया पर हिंदी एवं उसके विभिन्न पक्षों को लेकर प्रतियोगिताओं का आयोजन और उसमें पुरस्कारों का प्रावधान इस दिशा में सहायक सिद्ध हो सकता है। विद्यालयों में प्रतिभाओं का उन्नयन इसी प्रकार से होता रहा है। पुरस्कार एवं यश की इच्छा बड़े-बड़े मनीषियों एवं सन्तों तक में होती है। सोशल मीडिया पर कुछ लघु स्तरीय प्रारम्भ किये जा सकते हैं। इस दिशा में असीम सम्भावनायें हैं थोड़ा सा चिन्तन और इस चिन्तन का क्रियान्वयन चमत्कारी सिद्ध हो सकता है।

अन्त में मात्र इतना ही कहना पर्याप्त होगा कि सोशल मीडिया हिंदी के प्रसार-प्रचार एवं विकास के असंख्य आयामों तक पहुँच सकता है लेकिन आवश्यकता निष्ठा एवं समर्पण भाव की है।

❖ ❖ ❖

# हिंदी की स्थिति अत्यंत गंभीर है

**- डॉ. संदीप कुमार शर्मा**

मानव समुदाय में संचार की भाषा निरन्तर बदलती रही है और संभवत: भविष्य में भी अभिव्यक्ति की भाषा बदल जाते। इस तथ्य से भी इंकार नहीं किया जा सकता कि भविष्य में संचार और अभिव्यक्ति का माध्यम ही परिवर्तित हो जाते।

आज मीडिया की भाषा हिंदी ही है यह कहना न्यायसंगत नहीं होगा। हिंदी के नाम पर जो कुछ भी पाठकों और दर्शकों के साथ श्रोताओं को परोसा जा रहा है वह हिंदी भाषा के साथ अन्याय है। सबसे हैरानी की बात यह है कि हिंदी भाषा के समाचार पत्र एवं पत्रिकाओं में जो हिंदी के वरिष्ठ विशेषज्ञ कार्यरत हैं वह भी हिंदी विरोधी माफियाओं के समक्ष आत्मसमर्पण करते हुए दृष्टिगोचर हो रहे हैं। इसके अनेक कारण हो सकते हैं।

आज मीडिया अंतर्राष्ट्रीय उद्योग जगत के हाथों का खिलौना बन गया है। देश के अनेक समाचार पत्र और पत्रिकाएं 'हिंग्लिश' भाषा में समाचार प्रकाशित कर रहे हैं। कारण यह हिंदी के लिए खतरे की घंटी नहीं है? क्या देश में हिंदी भाषा के विद्वान समाप्त हो गये हैं? क्या देश की शिक्षा पद्धति चरमरा गई है? क्या हिंदी भाषा अत्यंत कठिन है? क्या हिंदी भाषा के शिक्षकों का अकाल पड़ गया है? या समाचार पत्रों की आर्थिक स्थिति अच्छी नहीं है? इस कारण प्रतिष्ठित राष्ट्रीय समाचार पत्र समूहों के अनेक लोकप्रिय प्रकाशन बंद हो गये हैं। आखिर हम सारी दुनिया को क्या संदेश देना चाहते कि हम अपनी मातृभाषा के संरक्षण में असहाय हो चुके हैं? आइए हमारी सहायता कीजिए। हमारी भाषा को बचाने में सहायता कीजिए। हम बिकने के लिए तैयार हैं। हमें विज्ञापन दीजिए। हिंदी भाषा में न सही अपनी मातृभाषा में दीजिए। उसमें न हो तो हिंग्लिश में ही दीजिए। बहुत दिन हो गए स्वतंत्रता सुख लेते हुए। बस अब और नहीं। हमें तो गुलाम रहने की आदत है। पहले अंग्रेजों के गुलाम रहे। फिर अंग्रेजी के गुलाम तो हम स्वतंत्र थे ही कब? जो अब रहेंगे।

समाचार पत्र और पत्रिकाओं के साथ-साथ दृश्य माध्यम यानी यांत्रिक माध्यम जिसे आप और हम इलैक्ट्रॉनिक मीडिया भी कहते हैं, भी हिंग्लिश का शिकार है। वास्तविकता यह है कि तथाकथित इलैक्ट्रॉनिक मीडिया अपनी दृश्यता बढ़ाने की चाहत में हिंदी भाषा के जी खिलबाड़ कर रहा वह असहनीय है। इलैक्ट्रॉनिक मीडिया आर्थिक संकट से जूझ रहा है। इसका सीधा असर उसकी गुणवत्ता पर पड़ रहा है।

ज्ञातव्य है कि आप आज सुबह से शाम तक अपने घरों में और अपने मोबाइल पर जिस टीवी का आनंद लेते हैं वह सभी दूरदर्शन की संतान हैं। अधिकांश टीवी चैनलों के मालिक अपने संघर्ष के दौरान दूरदर्शन पर ही अपने कार्यक्रम प्रसारित किया करते थे। तब उनके कार्यक्रमों की भाषा में अपनी मिट्टी की मिठास थी। अपनी मिट्टी की महक थी। यह कारण था कि दर्शकों ने उनके प्रत्येक कार्यक्रम की सराहना की और लोकप्रियता प्रदान की। फिर आखिर ऐसा क्या हुआ कि जब उन लोगों ने अपने चैनल शुरू किए तो हिंदी भाषा के ऐसा दुर्व्यवहार कर रहे हैं? क्या इस के पीछे उनकी कोई विवशता है या हिंदी भाषा के कारण जो लोकप्रियता और प्रसिद्धि प्राप्त हुई उसके खोने का डर है? राजनीतिक जगत में जो पहचान मिली उसके धूमिल होने का डर है? चूल्हा जलाने का भय सताने लगा है? तो क्या यह स्वीकार कर लिया जाए कि केवल अपना अस्तित्व बचाने के लिए हिंदी भाषा के साथ मनमानी की जाये? क्या देश का संविधान इसकी अनुमति देता है?

एक समय था जब देश में एकक नारा बुलंद हुआ था - "हिंदी, हिंदू, हिंदुस्तान", क्या हुआ उस विचारधारा था ? कहाँ हैं वह सभी जो शहर-दर-शहर, गली दर गली इस नारे को बुलंद करते थकते नहीं थे? उस पीढ़ी के अवशेष तो आज भी उपलब्ध हैं देश में। लेकिन उनकी चिंता किसे है? हम सब बुद्धिजीवी अपने मन की शांति के लिए साहित्यिक समागम में अपनी अपनी बात कहकर मन बहला लेते हैं।

हिंदी और मीडिया विषय पर हम कितनी ही आपस में कहा सुनी कर लें। समाचार पत्र और मीडिया में अपनी व्यथा को कितने ही दमदार तरीके के प्रस्तुत कर लें, उससे कुछ भी होने वाला नहीं है। ऐसा नहीं है कि संचार के आधुनिक यांत्रिक माध्यमों से, जिसमें फेसबुक, व्हट्सएप, ट्वीटर, यूट्यूब, इंस्टाग्राम आदि है, लोग मीडिया में हिंदी के गिरते स्तर पर बेबाक अपनी राय रखते हैं। किन्तु उनकी सुनता कौन है? पीड़ा सभी को है। पीड़ित सभी हैं। लेकिन अपनी आजीविका के प्रबंधन के में व्यस्त और लस्त जनमानस अपनी मातृभाषा को संरक्षित और सुरक्षित करने के समर के लिए कहाँ से समय निकाले?

मैंने अपनी आजीविका समाचार पत्र से ही प्रारंभ की और उसके बाद विगत 21 वर्षों

से इलैक्ट्रॉनिक मीडिया के लिए हिंदी भाषा में ही काम कर रहा हूँ। आज युवा कार्यक्रम निर्माता न तो हिंदी भाषा में पारंगत हैं और न ही विषय पर आधारभूत ज्ञान रखते हैं। यह मेरा व्यक्तिगत अनुभव है कि अनुभवी फिल्म निर्माता-निर्देशक भी भाषा को लेकर ऐसे प्रश्न कर देते हैं जिनका उत्तर दिया ही नहीं जा सकता।

प्रश्न के मसले पर मुझे एक घटना स्मरण आती है। मसला उस समय का जब मैं दिल्ली स्थित वाई एम सी ए में 'हिंदी आलेख लेखन' का प्रवक्ता था। उस समय 6-6 माह के दो पाठ्यक्रम थे। एक में उत्तर प्रदेश, बिहार, हरियाणा और राजस्थान आदि के विद्यार्थी होते थे और दूसरे में केवल दिल्ली विश्वविद्यालय के स्नातक और स्नातकोत्तर उत्तीर्ण विद्यार्थी। उस कक्षा दिल्ली विश्वविद्यालय के विद्यार्थी थे जो हिंदी में स्नातकोत्तर और हिंदी स्नातक प्रवीण थे। लगभग 48 विद्यार्थियों की कक्षा में मैंने एक प्रश्न किया कि आम बोलचाल की हिंदी भाषा में एक शब्द हमेशा गलत लिखा जाता है, गलत पढ़ा जाता है और गलत बोला जाता है, वह शब्द क्या है? शायद आप विश्वास नहीं करेंगे, दस मिनट तक कक्षा में शान्ति छाई रही और इस दौरान मैंने वहीं वाक्य तीन बार दोहराया मगर किसी भी विद्यार्थी ने उत्तर नहीं दिया। इसे क्या समझा जायेगा यह निर्णय आप स्वयं लीजिए।

वास्तविकता यह है कि संचार माध्यम न्यूनतम वेतन पर युवाओं को रोजगार देने के लिए प्रतिबद्ध हैं और योग्य असहजता महसूस करता है। ऐसी स्थिति में गुणवत्ता की कामना करना मूर्खता होगी। रजत पटल की चकाचौंध युवाओं को आकर्षित करती है और वह अपने सुनहरे भविष्य के लिए उस ओर खिंचे चले आते हैं। अपुष्ट उच्चारण, अपूर्ण ज्ञान, और परिश्रमहीन, दिशाहीन अग्रसर होने की मानसिकता उन्हें अधर में लटका देती है। हानि किसे हुई? यह जाने बिना हमारे युवा व्यस्थाओं और अपने वरिष्ठ पदाधिकारियों पर दोषारोपण करते हैं।

संक्षेप में, संचार की सभी विधाओं में हिंदी की स्थिति अत्यंत गंभीर है। विज्ञापनदाताओं को हिंदी आती नहीं है (?) और सड़कों पर, सार्वजनिक स्थानों पर, समाचार पत्र-पत्रिकाओं में और टीवी आदि सभी स्थानों पर हिंदी अंग्रेजी में लिखे जाने लगी है। क्या इसे हिंदी भाषा का अंतरराष्ट्रीयकरण कहें या फिर हिंदी के बाजार पर विदेशी कब्जा? या फिर इससे भी अधिक, हिंदी भाषा को समूल नष्ट करने की अंतर्राष्ट्रीय मुहिम।

मुझे नहीं मालूम मैं तो अल्पज्ञानी हूँ। मेरे समक्ष विद्वानों और विदूषियों की सभा सुसज्जित है, आप सभी निर्माण लीजिए।

❖ ❖ ❖

# भाषा और माध्यम

**- डॉ. षोरनुर कार्तिकेयन**

कहा जाता है कि भाषा मनुष्य के लिए ईश्वर का वरदान माना जाता है। भाषा तो उसे कहते हैं जिसके द्वारा हम अपने मन के विचार और विकार स्पष्ट रूप से प्रकट करते हैं। बहुत पुराने जमाने में भाषा नहीं थी। उस जमाने में आदमी आंग्य रूप से या भिन्न मुद्राओं से आशय का विनिमय करता था। धीरे-धीरे भाषा का आविर्भाव और विकास हुआ। मुँह के छह भागों से शब्द बाहर निकलता है। कंठ, तालू, मूर्धा, दंत, ओंष्ट, नासिका। इन्हीं भागों से निकलने वाला शब्द भिन्न-भिन्न रीति से भाषा का स्वरूप धारण करता है।

आजकल दुनिया भर में सात सौ अस्सी भाषाएँ प्रचलित हैं। यह संख्या यू एन ओ की गिनती है। इन भाषाओं को भाषा वैज्ञानिकों ने कई नाम देकर कई नामों में बाँट दिया है। इन्डो यूरोपियन, अस्ट्राएशियाटिक सिनो टिबटन, आर्य, द्रविड़ आदि नामों में जाना जाते हैं। लेकिन इन वर्गीकरणों से कोई फायदा नहीं उठा।

लिपि होने वाली न होने वाली भाषाएँ भी होती हैं। संसार में कई राष्ट्रों में अपनी अपनी भाषा मातृभाषा के रूप में व बंध भाषा, राज्य भाषा, राष्ट्रभाषा के रूप में स्थायी हो गयी है। भारत में इन भाषाओं का विभाजन अंग्रेजों के शासन में भारतीय एकता को टूटने के लिए इस्तेमाल किया गया। भारत के लोगों को भाषा के कारण अलग-अलग रखा। सच कहें तो भाषा के हेतु भारत में एकता टूट गयी। भारतीय संज्ञा के स्थान पर उत्तर भारत, दक्षिण भारत, पूर्व भारत, उत्तर पूर्व भारत, पश्चिम भारत आदि व्यवहार से हम अलग-अलग चिंता में डूब गये।

समाज को एक सूत्र में बाँधने वाली भाषा को भारत में कुचल दी गयी। आर्य-द्रविड़ नामकरण से हमने कोई लाभ न उठाया। अमेरिका, ब्रिटेन, फ्रांस, मीडिया और हिंदी भाषा जर्मनी, इटली जैसे देशों में कई बोली प्रचलित हैं, फिर भी वहाँ की राष्ट्रभाषा वहाँ की मुख्य भाषा ही निश्चय किया गया। भारत में इसी प्रकार ज्यादातर लोग बोलने वाली हिंदी ही राष्ट्रभाषा बनी। महात्मा गाँधी, आचार्य काका कालेलकर आदि महत् व्यक्तियों की ताकत और श्रम से राष्ट्रभाषा बनी। पर अंग्रेजी भी साथ रही। फलस्वरूप अंग्रेजी को ही महत्व मिली।

मेकोले के कारण विद्या के क्षेत्र में कई नुकसान और विद्रोह हुआ तो एलीस, कांलाड्वल गुंडरट आदि के कारण दक्षिण भारत में द्रविड़ शब्द का इस्तेमाल किया गया जिससे दक्षिण भारत उत्तर भारत से भिन्न समझा गया। उनके मन में अंग्रेजी के द्वारा भारत का दुर्बल करने की ध्येय थी।

भारत की सबसे पुरानी भाषा और साहित्य संस्कृम में निकली है, यह ही संसार की पहली भाषा और साहित्य है। वेदों के पहले और कोई साहित्य नहीं थी। संस्कृत की लिपि देवनागरी लिपि ही हिंदी की लिपि रही, अत: हिंदी ही भारत में सबसे महत्वपूर्ण भाषा है। करोड़ों पुस्तकों से हिंदी साहित्य ककी वृद्धि हुई है। राष्ट्रभाषा का विकास और प्रचार से ही भारत की शक्ति बढ़ेगी।

माध्यम के संबंध में सोचने पर पुराने जमाने में समाचार पत्र ही रही थी। फिर कई माध्यम आयी। साप्ताहिक, मासिक आदि निकली। समय बीतने पर रेडियो, टीवी, कम्प्यूटर, मोबाइल आदि अवतरित हुई और धीरे-धीरे परिवर्तन होता रहा। हाल में यह भी हुई कि पारायण निश्चल हुआ। पुस्तक पारायण, उनकी रचना, बिक्री, आस्वादन आदि रुक गया। नतीजा यह हुआ कि मानव का दिमाग तबियत में नहीं खड़ेगा। सब के आँख मोबाइल में स्थिर हुई। पढ़े लिखे बिना यही हालात जारी हो जाने पर भविष्य अंधेरी में छायेगी।

भारत में तेईस भाषाओं को शासन व्यवस्था में स्थान दिया गया है। अतः सिंह भागों की भाषा हिंदी ही स्थिर रूप से होने की आवश्यकता है। इसके खिलाफ कोई संग्राम निकलने पर शासन में ही एक व्यवस्था है कि त्रिभाषा का प्रयोग और प्रचलन। जहाँ हिंदी न बोली जाती है वहाँ त्रिभाषा का प्रयोग करना। हिंदी के साथ अंग्रेजी व मातृभाषा। इसलिए सभी प्रांतों में हिंदी पढ़ाना चाहिए। चाहें तो इसका प्रयोग करें या तो परिचय करें।

आजकल तमिलनाडु के अलावा सारे प्रांतों में हिंदी पढ़ाया जाता है। वहाँ जो पढ़ने को तैयार है वह पढ़ सकते हैं। जरूर यह कह सकता है कि राष्ट्रों को एक राष्ट्रभाषा की आवश्यकता है वह शर्त के साथ, हिंदी ही होना चाहिए। इसकी ओर जो घृणा है वह मिटाना है।

भाषा का विभाजन व नामकरणों से जनता को कोई फायदा नहीं। उनकी सांस्कृतिक, सामूहिक, आर्थिक तरक्की ही मुख्य विषय है। इसकी ओर ध्यान देकर हमारी एकता को कायम रखने के लिए तीव्र श्रम होना चाहिए। संसार के सबसे बड़ा जनतंत्र और जनसंख्या में दूसरा स्थान मिलने से जनता की प्रगति में भी कोई तीसरा स्थान अवश्य गिनें। भिन्न धर्म, भिन्न भाषा, भिन्न आचार, भिन्न अनुष्ठान, भिन्न रंग आदि भुलाकर एक ही प्रवाह में बहें।

❖ ❖ ❖

# हिंदी के बढ़ते कदम

**- डॉ. शैलबाला अग्रवाल**

हमें स्वाभिमान है कि हिंदी हमारी भाषा है क्योंकि आज अंतरराष्ट्रीय स्तर पर हिंदी की अपनी पहचान है। भाषा विज्ञ डॉ.. जयंती प्रसाद नौटियाल ने 2015 की अपनी शोध रिपोर्ट में हिंदी के संबंध में आँकड़े प्रस्तुत किये और स्पष्ट कहा कि सम्पूर्ण विश्व में हिंदी जानने वाले 1300 मिलियन से भी अधिक हैं। वास्तव में अपनी भाषाई विशेषताओं और लिपि की वैज्ञानिकता के आधार पर हिंदी ने विश्व पटल पर लोकप्रियता हासिल की है। इस स्थिति तक आने में हिंदी को मीडिया का पर्याप्त सहयोग मिला है। आज दुनिया 'ग्लोबल बाजार' बन चुकी है। भूमण्डलीकरण के इस दौर में सी विदेशी कम्पनियों ने भारत के विशाल बाजार को दृष्टि में रखते हुए अपने उत्पादों के प्रचार के लिए विज्ञापनों की भाषा हिंदी को ही चुना है। हिंदी भाषी आम मध्यवर्ग का जैसे-जैसे बाजार में भाव बढ़ा है, वैसे-वैसे बाजार में हिंदी का प्रवेश बढ़ा है। हिंदी के इस बाजार की ताकत ने अंग्रेजी चैनलों को भी हिंदी में कार्यक्रम देने के लिए उत्साहित किया है।

चलचित्रों ने भी हिंदी को प्रतिष्ठा दिलाई है। मध्यपूर्व के देशों में हिंदी फिल्मों का अच्छा बाजार है। आज टीवी के माध्यम से हिंदी के धारावाहिक भी विभिन्न देशों में लोकप्रिय हैं। रामायण और महाभारत को विदेशों में खूब पसंद किया गया है। जापान में तो महाभारत के संवादों के आधार पर एक महाभारत ही तैयार कर लिया गया जो वहाँ बहुत लोकप्रिय है।

इलेक्ट्रॉनिक मीडिया के प्रायः सभी चैनल जैसे-डिस्कवरी, एनीमल प्लेनेट, नेशनल ज्योग्राफिक चैनल, हिस्ट्री चैनल, कार्टून नेटवर्क और पोगो आदि हिंदी में भी कार्यक्रम उपलब्ध कराते हैं। खेल जगत में ईएसपीएन स्पोर्ट्स और स्टार स्पोर्ट्स भी हिंदी में भी प्रस्तुति दे रहे हैं। आकाशवाणी द्वारा भी हिंदी की महत्ता बढ़ी है। जापान का आकाशवाणी

अपने हिंदी विभाग से प्रतिदिन हिंदी में समाचार प्रसारित करता है। बीबीसी लंदन तो इस संदर्भ में सबसे पुराना है।

प्रिंट मीडिया के अंग्रेजी समाचार बुलेटिनों में भी हिंदी में विज्ञापन दिख जाते हैं। भारतीय पत्रिकाओं में हिन्दुस्तान, नवभारत टाइम्स, ट्रिब्यून, आउट लुक, इंडिया टुडे, सर्वोत्तम आदि भी इसके उदाहरण कहे जा सकते हैं। लंदन से प्रकाशित त्रैमासिक प्रवासिनी, मॉरीशस से दैनिक जनता, वसंत, आर्योदय, अमेरीका से विश्व विवेक, नेपाल से चर्चा, आरोहण, हिमालिनी, फिजी से जयफिजी, शांतिदूत, उदयाचल, शंख, जापान से सर्वोदय, ज्वालामुखी, जापान भारती, रशिया से सोवियत संघ, सोवियत नारी आदि। स्पेन की टाईम्स एवं ब्रिटेन उच्चायोग द्वारा ब्रिटिश समीक्षा के हिंदी संस्करणों का प्रकाशन विश्व स्तर पर हिंदी की लोकप्रियता का प्रमाण है।

कनाडा एयरलाइन्स द्वारा अपनी पत्रिका में हिंदी खण्ड का समावेश किया गया है तथा अमेरीकन विमान सेवाओं में हिंदी में सूचना प्रसारित की जाती हैं।

संसार में होने वाले आठ विश्व हिंदी सम्मेलनों में से 6 का सफल आयोजन विदेशी धरती पर ही हुआ है जिसका प्रकाशन, प्रसारण इलैक्ट्रोनिक और प्रिंट मीडिया ने बढ़-चढ़ कर किया है।

कुल मिलाकर हिंदी को मीडिया के सहयोग से अंतरराष्ट्रीय स्तर पर सम्मान प्राप्त हुआ है। आज तो स्थिति यह है कि विश्व के कई देशों में विश्वविद्यालय स्तर पर हिंदी प्रशिक्षण की सुविधाएं उपलब्ध हैं। अकेले अमेरीका में 113 विश्वविद्यालय इस कार्य में संलग्न हैं और आज हिंदी वहाँ की 15वीं भाषा का स्थान पाये हैं। सन् 2007 में समाचार आया था कि चीन की बीजिंग यूनिवर्सिटी में हिंदी पाठ्यक्रम की भीड़ के लिए वहाँ का विभाग छोटा पड़ गया था। आज अपनी सहजता और वैज्ञानिक देवनागरी लिपि के कारण हिंदी को कम्प्यूटर के क्षेत्र में भी मान्यता दी जा रही है। वास्तव में ढाई लाख शब्दों में समृद्ध हमारी हिंदी आज जगत प्रिय हो गयी है। अंग्रेजी ने भी उसके अनेक शब्द आत्मसात किये हैं।

अब वह दिन दूर नहीं जब पूर्व प्रधानमंत्री श्री अटल बिहारी वाजपेयी जी के शब्द सत्य होंगे-

*गूंजी हिंदी विश्व में स्वपन हुआ साकार*
*राष्ट्रसंघ के संघ में हिंदी की जयकार।*

❖ ❖ ❖

# दिलों में छा रही है हिंदी

**- सविता चड्ढा**

हम सब जानते है कि भारत बहुभाषी देश है। अनगिन भाषाएं और बोलियां बोली जाती है। हम सब जानते है कि आज हिंदी भाषा समग्रदेश को एकसूत्र मे पिरोने वाली, आसानी से समझ में आने वाली, सीधा मन पर असर करने वाली भाषा होने के साथ साथ हिंदी भाषा को राजभाषा के रूप में मान्यता भी प्राप्त है। यदि हम मीडिया मे हिंदी की बात करें तो हमे चयन करना होगा की मीडिया अर्थात इलैक्ट्रोनिक मीडिया अथवा प्रिंट मीडिया।

अपनी बात की शुरुआत मैं पहले प्रिंट मीडिया से करती हूँ। यदि हम आजादी से पहले की बात करें तो हमें यह स्वीकार करना होगा देश को आजाद कराने में प्रिंट मीडिया की महत्वापूर्ण भूमिका रही है। हमें यह भी स्वीकार करने में परहेज नहीं कि उस समय का मीडिया या पत्रकारिता आज से बिल्कुल अलग थी। उस समय अंग्रजी भाषा का ज्ञान होना तो दूर की बात अधिकांश लोग केवल अपनी भाषा बोल सकते थे। उस समय अधिकांश लोग अशिक्षित थे और वह समाचार पत्र के ग्राहक ही इस शर्त पर बनते थे कि उन्हें संपादक लिखे गये समाचार या सामग्री पढ़कर सुनाया करेगा। उस समय चौपाल या चौबारे हुआ करते थे जहां बहुत सारे लाग इकट्ठे हुआ करते थे और एक व्याक्ति समाचार पढकर सुनाया करता था। हमें ये नहीं मान लेना है कि सभी अनपढ़ थे परंतु ग्रामीण परिवेश में प्राया ऐसा ही था। पढ़े लिखे लोग भी यहां मिल बैठ कर खबरें सुनना पसंद करते थे।

एक और महत्वपूर्ण बात जो आज कही जा सकती है उस समय केवल समाचारपत्र और पत्रिकाएं ही थी जो देश के लोगों में राष्ट्राभक्ति की भावना जगाती थी। उस समय इलैक्ट्रोनिक मीडिया का अस्तित्व नहीं था। आप सब जानते ही हैं कि हिंदी पत्रकारिता का

प्रारंभ कलकत्ता से हुआ और भारतीय पत्रकारिता का जन्म बंगाल को माना जाता है। सन् 1755 में कलकत्ता में छपाई शुरू हुई थी। इससे पहले तो तो संपादक रात रात भर बैठकर हाथ से पत्र लिखा करते थे और तब बिजली का भी पूरा अभाव था परंतु भाषा, देश और आजादी के इन पत्रकारों जिनमें देवीदत्त शुक्ल और दिवेदी जी का नाम उल्लेखनीय है। कहा जाता है कि दीपक की मंद रोशनी में रात-रात भर लिखते हुए इनकी आंखें की रोशनी ही मंद हो गयी थी। सन्1780 में ही पहले समाचार पत्र की स्थापना हुई थी। इस प्रथम बंगाल गजट पत्र को निकालने का श्रेय ओगरसहिकी एक अंग्रेज को जाता है। नवम्बर 1780 में इंडिया गजट के नाम से दूसरा पत्र शुरू हुआ था। इस बीच बहुत सी भाषाओं में पत्र निकले लेकिन हिंदी का पहला पत्र प्रकाशित हुआ 30 मार्च,1826 को जिसका नाम 'उदंत मार्तण्डा' था और इसके संपादक थे युगलकिशोर शुक्लो जो कानपुर के निवासी थे।

यह पत्र केवल एक वर्ष और सात महीने ही चल पाया और आर्थिक अभावों के कारण यह बंद हो गया। हिंदी पत्रों में दूसरा पत्र था 'बंगदूत'। इस पत्र के संपादक थे श्री नीलरतन हालदार। उस समय इसका मासिक मूल्य एक रूपया था। सन् 1845 में बनारस अखबार के नाम से बनारस से सबसे पहला पत्र प्रकाशित हुआ जिसके संपादक थे श्री गोविंद थत्ते। इस बीच बहुत से पत्र अन्य भाषाओं में आये लेकिन हिंदी का प्रथम दैनिक पत्र "समाचार सुधावर्षण" सन् 1854 में प्रकाशित हुआ। इसके संपादक थे श्याम सुंदर और यह पत्र 14 वर्ष तक चला और देश के विकास में महत्वपूर्ण भूमिका निभाई।

सन् 1868 में "कवि वचन सुधा" नाम से एक हिंदी पत्र प्रकाशित हुआ जो वस्तुरत कविता की पत्रिका थी जिसमें साहित्य, समाज सुधार और राजनीति का समावेश भी रहता था। इसके बाद तो हिंदी पत्र पत्रिकाओं की सीमा ही नहीं रही। सन् 1874 में महिलाओं के लिए बाल बोधिनी शुरू हुई, सन् 1872 में कार्तिक प्रसाद खत्री की "दीप्ति प्रकाश प्रकाशित हुई। 1872 में आगरा से "प्रेम पत्र" नाम से, जिसके संपादक थे रूद्रदत्त शर्मा। सन् सन् 1866 में ज्ञानप्रदायिनी नाम से नवीन चंद्र के द्वारा हिंदी और उर्दू में प्रकाशित हुई सन् 1885 में "हिंदोस्थान्" नाम से एक पत्र राजा रामपाल सिंह ने निकाला जिसके संपादक थे पंडित मदन मोहन मालवीय। सन् 1878 में "भारत मित्र" निकला और सन् 1913 में कानपुर से "प्रताप" का प्रकाशन शुरू हो गया था और इसके संपादक थे गणेश शंकर विद्यायार्थी। इन समाचारपत्रों ने अपने छपे हुए शब्दों से देश में स्वकतंत्रता की ललक की लहर दौड़ा दी थी। हिंदी भाषा का योगदान आजादी दिलाने में हमेशा याद रहेगा।

चलिए थोड़ा आगे बढते हुए हम गांधी युग के हिंदी पत्रों की बात करें जिन्होंने हमें आज के मीडिया पर चर्चा करने के लिए सहयोग दिया और हिंदी के उन पत्रों जिन्होंने भारत की जनता के बीच क्रांति सूत्र को जन्म देने, उसे हवा देते रहने का महत्वापूर्ण लक्ष्य अर्जित किया। इनमें सबसे पहला नाम "मतवाला" का है। इस पत्र के संपादकीय ऐसे हुआ करते थे कि लोगों के दिलों आजादी की ज्वाला दहकने लगती थी।

31 मई,1924 के संपादकीय का एक उदाहरण देना चाहती हूं 'हमें बिना विलंब सत्याग्रह की शरण लेकर लीडरों को अपना पिछलगुआ बनने के लिए बाध्य करना चाहिए क्योंकि गांधी विहीन स्वराज्य यदि स्वेर्ग से भी सुंदर हो तो नरक के समान त्याज्य है। यदि आप स्वतंत्रता के अभिलाषी हैं और अपने देश में स्वराज्य को लाना चाहते हैं तो तन, मन, धन से महात्मा गांधी के आदेशों का पालन करना आरंभ कर दीजिये।' एक नहीं उस युग के कितने ही पत्रों में हिंदी के माध्यम से कहे गये शब्दों का यही मुख्य स्वर था। यही शब्द आगे चलकर एक क्रांति बन गये। इस पत्र के मुख पृष्ठ के लिए सूर्यकांत त्रिपाठी जी कविता लिखा करते थे और संपादक के रूप में सेठ श्री महादेव प्रसाद का नाम छपता था। एक और पत्र "सेनापति" था जिसके संपादक पं राम गोविंद त्रिपाठी थे। इस पत्र ने भी लोगों में वीरता की भावना को जन्म देने में महत्वपूर्ण भूमिका निभाई। 'हिंदु पंच' एक साप्ताहिक पत्र था। उस समय का यह एक तेजस्वी पत्र था। इसके संपादक श्री मुकुंद लाल वर्मा थे। इसमें प्रकाशित एक टिप्पणी देखे 'क्या माया की परतंत्रता से हमें लज्जा नहीं आती। हमारी वह समृद्वशालिनी रत्नवगर्भा माता जो किसी समय धन धान्य से परिपूर्ण थी, आज दरिद्र भिखारिणी हो रही है। परतंत्रता और दासता में रहते रहते क्या अब हम ऐसे निष्प्राण हो गये है कि वह दासवृत्ति त्याग देने का हम प्रयास भी नहीं कर सकते। क्या हम पतंगे से भी गये बीते है कि हम अग्नि में गिरकर अपने प्राण भी नहीं दे सकते। बिना आत्मबलिदान के कोई भी हमें स्वतंत्रता प्रदान नहीं करेगा। स्वतंत्रता ऐसी है ही नहीं जो आसानी से मिल जाये और आसानी से मिली हुई स्वतंत्रता कभी टिकाउ नहीं हो सकती।' और इसी तरह के लंबी बातों का सिलसिल चला जिसने भारत के लोगों के दिलों में आजादी की भावना को जगा दिया।

"श्रीकृष्णल संदेश" (27 दिसम्बर, 1925 ), 'समन्वय' (1922), 'सरोज', 'विशाल भारत', 'मौजी' (27 दिसम्बर, 1925 ),' भारत मित्र', स्वतंत्र ऐसे हिंदी पत्र थे जिन्होंने लोगों के दिलो में अपनी अमिट छाप छोड़ी।

पत्रकारिता और मीडिया में हिंदी की भूमिका की बात की जाये और नागरी प्रचारिणी सभा तथा उनकी पत्रिका का उल्लेख न किया जाये तो एक भूल होगी। इस पत्रिका ने

हिंदी के विकास में अग्रणी भूमिका निभाई। इसके साथ ही सरस्वती और प्रेमचंद जी की पत्रिका हंस को भी आज याद करना चाहती हूं। हंस का प्रथम अंक 26 मार्च, 1930 को प्रकाशित हुआ। इसके संपादन मंडल में मोहनदास करमचंद गांधी, पुरूषोत्तम दास टण्डकन, मैथिलीशरण गुप्त, राम नरेश त्रिपाठी, काका साहेब कालेकर और नर्मदा सिंह थे। सन्1928 में लखनऊ से 'माधुरी' का संपादन हुआ।

आज के महत्वपूर्ण हिंदी समाचार पत्रों का उल्लेख संक्षेप में किया जाना ठीक होगा। समाज को नयी दिशा देने, कार्यपालिका और न्यायपालिका के रूप में महत्वपूर्ण भूमिका निभा रहे इन समाचार पत्रों मीडिया की भूमिका के बाद हम आज के इलैक्ट्रोनिक मीडिया के विभिन्न चैनलों की भूमिका पर बात करेंगे। हमें यह मान लेना चाहिए कि यदि मीडिया के यह साधन खामोश रहकर केवल आर्थिकोपार्जन ही करें और अपना कार्य ठीक से करना छोड़ दें तो। कहते हैं कि मीडिया में अगर संप्रेषणता का गुण फीका हो जाये तो समाज के लिए यह उपयोगी नहीं रहता। चाहे वह प्रिंट मीडिया हो या इलैक्ट्रोनिक मीडिया। आज मीडिया और इसकी उपयोगिता से कोई भी वर्ग अछूता नहीं रहा।

हमारी भाषा और उसके शब्द ही आदान-प्रदान का विश्वसनीय आधार है, मूल है। हम एक प्रयोग के द्वारा संप्रेषणता जो की केवल हिंदी भाषा मे संभव है को इस बात से सिद्ध कर सकते हैं। हम एक ही कमरे के दो कोनों में पानी की दो बोतलें रख दें और एक बोतल के सामने प्रतिदिन प्रार्थना करें और अच्छी से अच्छी बाते करें और दूसरे कोने में रखी बोतल के सामने विकृत और खराब भाषा का प्रयोग करें तो कुछ दिन बाद हमें प्रार्थना वाले पानी में से सुगंध और विकृत भाषा वाले पानी में से दुर्गंध आने लगेगी। प्रार्थना वाले पानी का रंग गुलाबी केसरिया हो जायेगा और विकृत भाषा वाले पानी का रंग मटमैला लगने लगेगा। हमने पानी को हाथ नहीं लगाया, छूआ तक नहीं। यह हमारी भाषा और शब्दों की शक्ति का बहुत बड़ा उदाहरण है।

मीडिया में भी हमारे शब्दों और भाषा का महत्व इस उदाहरण से समझा जा सकता है। टीवी चैनलों पर हिंदी के कार्यक्रमों, हिंदी फिल्मों, हिंदी विज्ञापन और हिंदी डबिंग के माध्यम से हिंदी की भूमिका की चर्चा किये बिना मुझे उपरोक्त उदाहरणें के माध्याम से कहना है कि सरलता, संवेदनशीलता, भावुकता, शब्द शक्ति और भाषा की संप्रेषणता की भूमिका ने मीडिया को जन जन तक पहुंचाया है। आज हर कोई जान गया है कि यदि किसी को भारत में कारोबार करना है, अपनी जगह बनानी है तो उसे हिंदी का आश्रय लेना ही होगा।

देश का कौन-सा घर होगा जहां, हिंदी भाषा के लोकप्रिय कार्यक्रमों की पैंठ न हो। अंग्रेजी के कार्यक्रमों की तुलना में शनि, महाभारत, रामायण, कौन बनेगा करोड़पति या फिर कमेडी सर्कस न पहुंचा हो। अन्य भाषाओं के साथ-साथ आज हिंदी समाचारों के सभी चैनल भारत के प्रत्येक घर के हर दिल में मजबूती से अपनी जगह बना चुके हैं. हिंदी भाषा ने लोगों के दिलो दिमाग में अब गहरी जगह बना ली है। देश और विदेशों में इलैक्ट्रोनिक मीडिया में आज हिंदी की भूमिका का डंका बज रहा है जिसके लिए सभी हिंदी प्रेमियों को बधाई दी जा सकती है।

❖ ❖ ❖

# आजीविका और हिंदी

**- गुरु प्रताप शर्मा 'आग'**

शीर्षक देखते ही किसी की भी समझ में आ सकता है कि दोनों के बीच कोई भारी विवाद उत्पन्न हो गया है और वर्तमान संसद उस विवाद को समझने और उसका समाधान निकालने के लिए विचार होना चाहिए। तो यहां भाषा से तात्पर्य शायद हिंदी से है और मीडिया से तात्पर्य हो सकता है टीवी चैनलों से, सिनेमा से, बाजार से और आजकल जो पत्र-पत्रिकाओं, अखबारों में जो साहित्य परोसा जा रहा है उससे और जो जन सामान्य द्वारा सामान्य व्यवहार द्वारा प्रयोग में लाया जा रहा है उससे।

यहां हमें यह मान लेना होगा कि जनसामान्य कोई साहित्यकार नहीं होता सो उससे यह अपेक्षा तो कर नहीं सकते कि वह भाषा को लेकर गंभीर हो, उसे न उसके व्याकरण से कोई लेना देना है न उसके सांस्कृतिक महत्व से। उसके लिए अपने रोजमर्रा के काम काज संपन्न कर लेने के लिए जो भी भाषा सुविधाजनक और सरल होगी वह उसी का प्रयोग करेगा। सुविधाजनक भाषा तो वही होगी जिसके उपयोग में उसे कोई विशेष अभ्यास नहीं करना पड़ता और जो उस मीडिया द्वारा उसकी चेतना पर चढ़ जाती है जिसके सान्निध्य में वह दिन रात रहता है।

इसका दूसरा पहलू यह है कि रोजी रोटी के कारण गांवों से शहरों की ओर लोगों का पलायन ही नहीं एक राज्य से दूसरे राज्यों में भी बड़ी संख्या में लोगों का विस्थापन हो रहा है। विभिन्न भाषी प्रदेशों के लोगों के सम्मेलन में आपसी अभिव्यक्ति एक बड़ी समस्या होती है। चूंकि संप्रति हिंदी उस आवश्यकता की पूर्ति करने में असमर्थ है तो लोग एक दूसरे की भाषा का उपयोग करने के लिए बाध्य तो होते हैं पर उनके लिए उस भाषा के प्रयोग और उच्चारण संबंधी समस्या उत्पन्न हो जाती है। इसमें वर्तनी संबंधी नियमों का पालन असंभव हो जाता है और भाषा में मिलावट एक बड़ी समस्या के रूप में साहित्यकारों को

परेशान करने लगती है। आखिरकार भाषा ही तो साहित्यकार की पूंजी है।

बावजूद इसके मुझे लगता है यह झगड़ा भाषा और मीडिया का नहीं दो पीढ़ियों का है दो विचारधाराओं का है। इसमें से एक पीढ़ी तो वह है जो हर उस वस्तु को लेकर अत्यधिक संवेदनशील है जिसके साथ उसने अपना जीवन गुजारा होता है और यह कतई स्वाभाविक है, वहीं यह नई पीढ़ी है जिसके लिए उसकी यह भावनायें बेमानी हैं। वह अपने लिए ज्यादा सरल और सुविधाजनक वातावरण चाहती है फिर बात चाहे खान-पान की हो वेश-भूषा की या भाषा की, गलत तो वह भी नहीं है।

संपन्न वर्ग तो गुलामी के दिनों में भी शान से जी रहा था, आजादी के बाद मध्यम वर्ग भी उस शानो शौकत के लिए लालायित हो गया। परंतु उसके लिए आवश्यक संसाधनों के अभाव ने उसे बाध्य किया और दिखावटी विलासिता का एक बाजार ही उसकी सेवा में उपलब्ध करा दिया। वह आज भी संपन्न वर्ग की शानो शौकत की नकल करता उसी दोहरे जीवन में जी रहा है। यह न केवल सहज जीवन का कथित उच्च जीवन शैली के साथ एक मूर्खतापूर्ण समझौता साबित हुआ बल्कि इससे नैतिक मूल्यों का सत्यानाश तो हुआ ही यह भाषा और संस्कृति के पतन का भी एक बड़ा कारण बन गया।

जो लोग आज भाषा की दुहाई दे रहे हैं मैं उनसे पूछना चाहता हूं कि जब आपकी महान संस्कृति विदेशियता की नकल में अपना अस्तित्व गंवा रही थी, जब आपकी सभ्यता क्रमशः पूरब से पश्चिम होती जा रही थी तब आप चुपचाप उसे न केवल तिरस्कृत होता देखते रहे बल्कि उसके आकर्षण में। तब आपको कोई शर्म नहीं आई जब बफे, क्लब और फैशनकल्चर ने आपकी महान परंपराओं को तड़ीपार कर दिया, तब आप कहां थे अब अपनी भाषा को धोती कुर्ता की जगह जीन्स और टॉप में मटकते देख आपके पेट में मरोड़ उठने लगे हैं।

मैं यह मानता हूं कि मीडिया ने हिंदी के साथ बुरा किया आपने क्या किया? आपने भी तो अपनी भाषा और संस्कृति को उसका उचित सम्मान नहीं दिया।

आजादी के बाद तो आप अपनी भाषा और संस्कृति को पुनः स्थापित कर सकते थे पर आप पर तो विदेशी शानो शौकत का जादू सर चढ़कर बोल रहा था। आप स्वयं मूल्यों के प्रति विनम्र नहीं थे तो आपकी नई पीढ़ी कहां से हो जाती?

तो मीडिया को दोष देने से कुछ हासिल नहीं होने वाला, मीडिया तो अपने आप में ही एक बाजार है वह भाषा के प्रचार के लिए नहीं वरन अपने मुनाफे के लिए प्रतिबद्ध है। वह तो वही बेचेगा जो आसानी से बिक सकता है,

उसे आपके खान-पान, आपकी वेश-भूषा, या आपकी भाषा-संस्कृति से क्या लेना देना। बाजारवाद तो यूं भी आपको किसी एक जगह पर टिकने नहीं देना चाहता, आपका किसी वस्तु से विशेष मोह उसकी सेहत के लिए खतरनाक है फिर चाहे वह भाषा ही क्यों न हो।

आपके मन में सचमुच अपनी भाषा एवं संस्कृति के लिए प्रेम होता तो मीडिया क्या कोई भी उससे खिलवाड़ न कर पाता। ये कोई एक रात में बनने वाली तस्वीर नहीं है बरसों से बल्कि आजादी के तत्काल बाद से एक सुनियोजित ढंग से आपको आपकी भाषा के पिछड़ा और गंवारु होने का विश्वास दिलाया गया है और आप जानते बूझते उस योजना का पुर्जा बनते गये हैं। विदेशी संस्कृति और भाषा पैदल चल कर यहां नहीं आई है वह उर्वशी की तरह मोहिनी रूप धारण कर मनोरंजन के रास्ते विज्ञापनों और प्रचार तंत्र की डोली में बैठ कर आपकी साहित्य साधना का तप भंग करने आई थी और उसमें सफल भी रही है।

फिर भी यदि आप इसे सचमुच गंभीर हैं तो आपको अपने क्षुद्र हितों का त्याग करके नैतिक मूल्यों की पुनः स्थापना करनी होगी क्योंकि भाषा संस्कृति का ही एक अंग है यही नहीं यह संस्कार अपने आचार व्यवहार से और पूरी इमानदारी से अपनी आने वाली पीढ़ीयों को हस्तांतरित भी करने होंगे केवल थोथी भाषणबाजी से नहीं जैसा कि अब तक करते आये हो। क्योंकि कुछ पाने के लिए कुछ खोना पड़ता ही है।

इसके साथ हमें हिंदी में शिक्षा ग्रहण करने के पश्चात युवाओं के लिए उसमें रोजगार भी सुनिश्चित करना होगा, क्योंकि रोजगार भी हिंदी के प्रति उपेक्षा का एक बड़ा कारण है। जो भाषा या संस्कृति अपने युवाओं को रोजगार नहीं प्रदान कर सकती उसका मिट जाना अवश्यभावी है। मीडिया आपकी उसी दुर्बलता और हिंदी के प्रति उपेक्षा के कारण ही इसका उपहास करने का साहस कर सका है। तो हमें यह अवसर बनाने होंगे कि हमारे युवा हिंदी में शिक्षा प्राप्त कर रोजगार भी पा सकें हालांकि हाल फिलहाल हिंदी में यह सामर्थ्य नजर नहीं आता।

इसके साथ ही उसे हिंदी दिवस और हिंदी पखवाड़े के बंधनों से आजाद कराना होगा और रोजमर्रा के कामों में उसका प्रयोग सुनिश्चित करना होगा। वार्षिक उत्सव की तरह हिंदी सम्मेलन या हिंदी कार्यशालायें आयोजित करने के बजाय उसे अपने जीवन का हिस्सा बनाना होगा। उसे राजभाषा का सम्मान नहीं मातृ भाषा का प्यार देना होगा।

❖ ❖ ❖

# ‘नया मीडिया’ और हिंदी के बढ़ते चरण

## -संपत देवी मुरारका

सभी प्राणी आपस में सूचनाओं के आदान-प्रदान के लिए किसी माध्यम का प्रयोग करते हैं. यह माध्यम इशारे, आवाज या कोई दूसरे संकेत व साधन भी हो सकते हैं। मनुष्य जाति ने आपसी सूचनाएँ प्रेषित करने के लिए कई माध्यमों को समय व जरूरत के अनुसार समय समय पर विकास किया। इस दिशा में सभ्यता के विकास की एक बड़ी घटना-भाषा के अविष्कार के रूप में सामने आई। भाषा के अविष्कार के बाद मानव एक दूसरे से बातचीत करके व अपनी बात कहकर आपस में सूचनाओं और विचारों का आदान-प्रदान करने लगा। आगे चलकर मानव ने दूर दूर तक सूचनाएँ प्रेषित करने के लिए लिपि का अविष्कार किया। लिपि के माध्यम से पत्र लिखकर उसे एक स्थान से दूसरे स्थान पर भेजकर अपने से दूर रहने वालों तक सूचनाएँ भेजना संभव हुआ। सूचना प्रश्न की इस प्रणाली का विकास व्यक्तिगत के साथ सार्वजनिक सूचना प्रेषित करने के माध्यम के रूप में भी हुआ। बाद में कागज पर लिखने के लिए मशीनों का अविष्कार हुआ जो प्रिंटिंग प्रेस के नाम से जानी जाने लगी। इन मशीनों पर मानव ने सूचनाएँ भेजने के लिए थोक में एक जैसे पत्र छापकर घर घर पहुँचाने शुरू किए। इससे समाचार पत्र अथवा अखबार सामने आए जिन्हें मुद्रित माध्यम अथवा प्रिंट मीडिया कहा जाता है।

अख़बारों के बाद मानव ने सूचनाएँ त्वरित गति से जन-जन तक पहुँचाने हेतु पहले रेडियो व बाद में टेलीविजन का अविष्कार कर उसे माध्यम बनाया फिल्मों का भी  इसके लिए उपयोग किया गया। इन्हें मिलाकर इलैक्ट्रॉनिक मीडिया खा गया। सूचना-संप्रेषण के माध्यम की विकास यात्रा में नया मोड आया- इंटरनेट के अविष्कार के साथ। इंटरनेट के माध्यम से अपने घर बैठे अपने कंप्यूटर पर अपना संदेश टंकण कर सुदूर बैठे अपने

रिश्तेदार व संबंधित व्यक्ति को त्वरित गति से कुछ ही क्षणों में भेजना शुरू किया। शुरू में इस माध्यम में भी सूचनाएँ सिर्फ आपस में ही भेजी जाने लगी पर धीरे-धीरे इंटरनेट पर कुछ ऐसी वेबसाइट्स का प्रयोग शुरू हुआ जहाँ व्यक्तियों के समूह बनने लगे और समूह के लोग आपसी सूचनाओं व संदेशों का आदान-प्रदान करने लगे। इस सूचनाओं ने परंपरागत मीडिया की गति को तो पीछे छोड़ दिया साथ ही इसकी सीमाएँ भी असीमित हो गई। इस तरह नया मीडिया सामने आया 'ज्ञानदर्पण' के अनुसार "लोगों द्वारा अपना सामाजिक दायरा बढ़ाने हेतु समूह बना कर आपसी सूचनाओं का आदान-प्रदान करने की सुविधाएँ उपलब्ध कराने वाली ऐसी वेबसाइट्स को लोगों ने सोशल मीडिया का नाम दिया। उतरोतर यह सोशलवेबसाइट्स काफी लोकप्रिय हुईं और इनके उपयोगकर्ता बढ़ते गए और यह संख्या आज भी बढ़ती ही जा रही है। विश्व में पिछले कुछ वर्षों में हुए कई देशों के आंदोलनों में इस सोशल मीडिया का प्रभाव व उपयोगिता स्पष्ट देखी गई है। मिस्र, लीबिया, सीरिया, भारत में अन्ना आंदोलन व अभी हाल ही में दिल्ली बलात्कार कांड के खिलाफ छिड़े आंदोलन में आंदोलनकारियों द्वारा सोशल मीडिया सूचनाएँ संप्रेषित करने का मुख्य माध्यम बना।" समझा जा रहा है कि सन् 2014 के भारतीय आम चुनाव में नव माध्यम अथवा सोशल मीडिया की भूमिका अत्यंत महत्वपूर्ण रही थी। इसका एक स्वरूप इंटरनेट पर उसका "ब्लॉग" या "वेबसाइट" का है। ब्लॉग या वेबसाइट पर कोई भी व्यक्ति सूचनाएँ लिखकर एक क्लिक में लोगों की असीमित संख्या और विश्व के किसी भी कोने में पहुँचा सकता है। यह सूचनाएँ असीमित समय तक इंटरनेट पर मौजूद रहती है जो समय-समय पर लोगों के सामने आती रहती है। एन्साइक्लोपीडिया के अनुसार – "(1) न्यू मीडिया – द फॉर्मस ऑफ कम्यूनिकेटिंग इन द डिगिटलवर्ल्ड, विचइन्क्लूड्सपब्लिशिंगऑनसीडीज़, डीवीडीज एंड मोस्टसिग्निफिकेंट्लीओवर द इंटरनेट। आईटी इम्पलाईज दट द यूसरऑबटैंस द मेटेरियलवयाडेस्कटॉप एंड लैपटॉपकम्प्यूटर्स, स्मार्टफोनस एंड टेबलेटस। एवरी कंपनी इन द डेवेलोपडवर्ल्ड इस इन्वोल्वडवितन्यू मीडिया। कंट्रास्टवितओल्ड मीडिया। (2) द कंसेप्ट दट न्यूमेथोड्स ऑफ कम्युनिकेटिंग इन द डिजिटलवर्ल्डअल्लौस्मालरग्रुप्स ऑफ पीपुलटूकांग्रेगेट ऑनलाइन एंड शेर, सेल एंड स्वैपगूड्स एंड इन्फोर्मेशन। आईटी अल्लौस मोर पीपुल तो हैव अ वहइस इन थेयरकम्युनिटी एंड इन द वर्ल्ड इन गेनेरल।" इसी प्रकार वेबोपीडिया ने न्यू मीडिया को ओल्ड मीडिया से अलगाते हुए इसमें निम्नलिखित सिद्धांत को शामिल किया है –"न्यू मीडिया इंक्लूडसवेबसाइटस, स्ट्रीमिंगऑडियो एंड वीडियो,

चैटरूमस, ईमेल, ऑनलाइन कम्युनिटीज, वेबएडवरटाइजिंग, डीवीडी एंड सीडीरॉम मीडिया, विर्तुअलरियलीटीएन्विरोंमेंट्स, इंटीग्रेशन ऑफ दिगितल डाटा वित द टेलीफोन सच एस इंटरनेट टेलीफोनी, डिजिटलकैमरास और मोबाइल कंप्यूटिंग।"

इसमें शक नहीं कि अभी "न्यू मीडिया" पारंपरिक मीडिया की तरह संगठित नहीं है। लेकिन इसकी सबसे बड़ी विशेषता यह है कि इसका हर उपयोगकर्ता स्वयं एक पत्रकार है, स्वयं संपादक है, स्वयं प्रकाशक है। इसमें दी गई सूचना एक क्लिक में ही पूरे विश्व में पहुँच जाती है। न्यू मीडिया या सोशल मीडिया में यह बात आश्चर्यचकित करती है कि उससे जुड़े तरह तरह के लोग अपने मुद्दों को समाज के समक्ष असरदार रूप से रखते हैं। यह लोग अपने आप में एक असंगठित फौज की तरह हैं। वह स्वयं ही फौज के सैनिक हैं और स्वयं ही जनरल भी। जैसा कि नरेंद्र मोदी ने कहा है अपने निजी स्वार्थ को दरकिनार कर किसी सामाजिक या राष्ट्रीय समस्या के निराकरण के लिए वेब पर इतना ज्यादा समय और ऊर्जा निरंतर देते रहना कोई मामूली बात नहीं। इसके लिए व्यक्ति को संबद्ध समस्या को लेकर फिक्र होनी चाहिए, और वह व्यक्ति जागृत और सृजनात्मक भी होना चाहिए। व्यावसायिक कैरियर और कामकाज की व्यस्तता के बावजूद इस मीडिया से जुड़े लोग मानवीय और वैश्विक मुद्दों के लिए समय निकालते हैं। यह लोग सिर्फ एकाध आयु वर्ग या प्रदेश के साथ जुड़े हुए नहीं हैं। प्रत्येक आयु और प्रदेश के लोग इस माध्यम द्वारा सामाजिक चेतना के प्रसार के लिए अपना योगदान दे रहे हैं। अप्रवासी भारतीय भी अपनी मातृभूमि की खबर जानने के लिए सोशल मीडिया का अधिकतम उपयोग कर रहे हैं, क्योंकि यह माध्यम दिन-प्रतिदिन तेज और मजेदार बन रहा है। सोशल मीडिया के कारण अब आम आदमी के लिए भी लोगों के समक्ष अपनी बात रखना पहले की तरह अति कठिन नहीं रहा है। लोग अब आसानी से अपने अभिप्राय अन्य लोगों के समक्ष रख सकते हैं। ऐसे भी लोग हैं जो अद्भुत कार्य कर रहे हैं और अन्य लोगों के जीवन को अर्थपूर्ण बनाने में सहायक बन रहे हैं। समाज में परिवर्तन लाने के लिए इन लोगों ने आधुनिक टेक्नोलॉजी और सोशल मीडिया का जो बखूबी उपयोग कर दिखाया है वह प्रभावित करने वाला है। अभिप्राय यह है कि सोशल मीडिया का प्रभाव क्षेत्र अनंत है अतः उसकी संभावनाएँ भी असीम हैं। इसका सबसे सकारात्मक प्रयोग जन जागरण और सामाजिक परिवर्तन के लिए किया जा सकता है।

यहाँ मैं रवीश कुमार के ब्लॉग की इस स्थापना को उद्धृत करना चाहूँगी कि "हिंदी

में ब्लॉग लेखन अब ब्लॉग तक सीमित नहीं है। फेसबुक ने जब से अपने 140 कैरेक्टर की बंदिश हटाई है, फेसबुक नया ब्लॉग हो गया है। शुरूआती ब्लॉगरों ने गजब तरीके से साथी ब्लॉगरों की तकनीकी मदद की। हिंदी के फॉन्ट की समस्या को सुलझाया, जानकारी दी और लिंक की साझेदारी से एक ऐसा समाज बनाया जो विचारों से एक दूसरे से स्पर्धा कर रहा था, मगर तकनीकी मामले में एक दूसरे का हाथ पकड़ कर चल रहा था। हिंदी की दुनिया में ऐसी साझीदारी अगर पहले रही भी होगी तो इस तरह से तो बिल्कुल नहीं रही होगी। ज्यादतर लेखक नए थे। हिंदी के स्थापित लेखक संसार ब्लॉग रचना संसार से आरंभ से लेकर बीच के सफर तक दूर ही रहा। इसलिए भाषा की ऊर्जा बिल्कुल अलग थी। हिंदी में बात कहने का लहजा उपसंपादक और व्याकरण नियंत्रकों से आजाद हो गया। कुछ बहसें इतनी तीखीं रहीं कि उसने साहित्य की दुनिया के मुद्दों को भी झकझोर दिया।"

इसी प्रकार रविशंकर श्रीवास्तव के इन विचारों का भी मैं समर्थन करना चाहूँगी कि – "निजी ब्लॉगों पर संपादक, प्रकाशक और मालिक स्वयं रचनाकार होता है। अतः यहाँ प्रयोग अंतहीन हो सकते हैं, प्रयोगों की कोई सीमा नहीं हो सकती। यही कारण है कि जहाँ आलोक पुराणिक नित्य प्रति अपनी व्यंग्य रचनाओं को अपने ब्लॉग में प्रकाशित करते हैं तो दूसरी ओर भारतीय प्रसाशनिक सेवा की लीना महेंदले सामाजिक सरोकारों से संबंधित अपने अनुभवों को लिखती हैं।" वह आगे यह भी बताते हैं कि "आज हिंदी ब्लॉग जगत विषयों की प्रचुरता से संपन्न हो चुका है, और इसमें दिन प्रतिदिन इजाफा होता जा रहा है। इरफान का ब्लॉग सस्ता शेर प्रारंभ होते ही लोकप्रियता की ऊँचाइयाँ छूने लगा। इसमें उन आम प्रचलित शेरों, दोहों और तुकबंदियों को प्रकाशित किया जाता है, जो हम आप दोस्त आपस में मिल बैठकर एक दूसरे को सुनाते और मजे लेते हैं। ऐसे शेर किसी स्थापित प्रिंट मीडिया की पत्रिका में कभी प्रकाशित हो जाएँ, यह अकल्पनीय है। सस्ता शेर में शामिल शेर फूहड़ व अश्लील कतई नहीं हैं, बस, वह अलग तरह की, अलग मिज़ाज में, अल्हड़पन और लड़कपन में लिखे, बोले बताए और परिवर्धित किए गए शेर होते हैं, जो आपको बरबस ठहाका लगाने को मजबूर करते हैं। इतना ही नहीं, हिंदी ब्लॉगिंग का विस्तार करेंट अफेयर्स, साहित्य और मनोरंजन में भी आगे बढ़ रहा है। " टेक्नोलॉजी पर भी हिंदी ब्लॉग लिखे जा रहे हैं। ई-पंडित, सेल गुरु और दस्तक नाम के चिट्ठों में तकनालाजी व कंप्यूटरों में हिंदी में काम करने के बारे में चित्रमय आलेख होते हैं। कुछ हिंदी ब्लॉग सामग्री की दृष्टि से अत्यंत उन्नत, परिष्कृत और उपयोगी भी हैं। जैसे, अजित वडनेकर का शब्दों का सफर।

अपने इस ब्लॉग में अजित हिंदी शब्दों की व्युत्पत्ति के बारे में शोधपरक, चित्रमय, रोचक जानकारियाँ देते हैं जिसकी हर ब्लॉग प्रविष्टि गुणवत्ता और प्रस्तुतिकरण में लाजवाब होती हैं। इस ब्लॉग की हर प्रविष्टि हिंदी जगत के लिए एक धरोहर के रूप में होती हैं। मध्यप्रदेश के एक छोटे से शहर के पत्रकार रमाशंकर अपने ब्लॉग सेक्स क्या में यौन जीवन के बारे में बहुत ही महत्वपूर्ण जानकारियाँ देते हैं। बाल उद्यान में बाल रचनाएँ होती हैं तो रचनाकार में हिंदी साहित्य की हर विधा की रचनाएँ। अर्थ शास्त्र, शेयर बाजार संबंधी गूढ़ जानकारियाँ अपने अत्यंत प्रसिद्ध चिट्ठे वाह मनी में कमल शर्मा नियमित प्रदान करते हैं। वह अपने ब्लॉग में निवेशकों के लाभ के लिए समय समय पर टिप्स भी देते हैं कि कौन से शेयर ख़रीदने चाहिए और कौन से निकालने। शेयर मार्केट में उतार चढ़ाव की उनके द्वारा की गई भविष्यवाणियाँ अब तक पूरी खरी उतरी हैं।"

एक खास यह है कि हिंदी ब्लॉगिंग ने लेखन और पत्रकारिता की हिंदी को आभिजात्य की जड़ता से मुक्त करके गली-मुहल्ले की भाषा से जोड़ा है। भड़ास, कबाड़खाना, अखाड़े का उदास मुदगर, नुक्ताचीनी, नौ-दौ-ग्यारह, विस्फोट, आरंभ, उधेड़-बुन, बतंगड़, चवन्नी चैप, जैसे ब्लॉगों के नाम और उनकी सामग्री की भाषा इसका प्रमाण है। हिंदी के पहले ब्लॉग का नाम ही है – नौ दो ग्यारह, जो इस माध्यम की हिंदी के जन भाषा के समीप होने का द्योतक है। यहाँ तकनीकी ब्लॉग लेखन की भाषा पर भी विचार करना अपेक्षित है। टेकसमीक्षा के अनुसार "यह अपेक्षा की जाती है कि विज्ञान तथ्यों की भाषा बोले और यह भाषा अगर बेरहम भी हो तो मान्य होगी। इस परंपरागत सोच में बदलाव के बीज बोए जा रहे हैं और इसका श्रेय आज के सम्मुन्नत माध्यमों को मिलना चाहिए जिसने लेखक और पाठक दोनों को बड़ी तेजी से आपस में जोड़ने का काम किया है। अंग्रेजी भाषा में लिखे गए आज के तकनीकी या समालोचनात्मक लेखों ने एक नई सरस विधा को जन्म देने का संकेत दिया है जिसके बड़े सार्थक परिणाम सामने आए हैं। फ्रेंच, स्पेनिश और अन्य पाश्चात्य भाषाएँ बड़ी तेजी से इसका अनुकरण कर रही हैं और लोगों का रुझान इस बात का संकेत देता है कि विज्ञान और कला का अगर सही मिश्रण किया जाए तो तकनीकी लेखन में अपार संभावनाएँ हैं।" अभिप्राय यह है कि नव मीडिया द्वारा विज्ञान की हिंदी का नया जनप्रिय रूप उभरने की आवश्यकता है। वस्तुतः विश्वजाल पर हिंदी लेखन का विकास अब शुरू हो रहा है और जरूरत इस बात की है कि विज्ञान और कला क्रियात्मक रूप से एक दूसरे के पूरक बने। विज्ञान की हिंदी को सहज संप्रेषणीय बनाने में सोशल

मीडिया का बड़ा योगदान अपेक्षित है। स्मरणीय है कि फोर-जी तकनीक से भविष्य में जीवन का कोई पक्ष अछूता नहीं रहेगा- चाहे शिक्षा का माध्यम हो या सरकार की नीतियाँ, चाहे टेलिकॉम सेक्टर हो या सामाजिक ढाँचा। आवश्यकता इस बात की है कि लोगों के पास पहुँच रही त्वरित सूचनाएँ उनकी भाषा में पहुँचे ताकि सूचनाओं का आदान प्रदान भी त्वरित हो। इस आवश्यकता की पूर्ति का प्रयास करेंगे तो स्वतः ही हिंदी के और भी नए नए संप्रेषणपरक स्वरूप सामने आएँगे। विकीपीडिया के अनुसार दुनिया में लगभग 60 करोड़ लोग हिंदी जानते समझते हैं जिसमें 50 करोड़ से ज्यादा भारत में है तथा हिंदी विश्व भाषा बनने की तरफ अग्रसर है। आने वाले समय में विश्वस्तर पर अंतरराष्ट्रीय महत्व की कतिपय भाषाओं में हिंदी भी प्रमुख होगी। इसके लिए इंटरनेट पर हिंदी में तकनीकी संबंधी लेखन को बढ़ाना बेहद जरूरी है।

अंततः मैं यही कहना चाहूँगी कि नया मीडिया जन-जन का मीडिया है अतः इसकी भाषा भी जन-जन की भाषा ही होकर रहेगी। इसलिए हिंदी के लिए यह अत्यंत व्यापक और संभावनापूर्ण क्षेत्र है।

❖ ❖ ❖

# भाषा और मीडिया

## - प्रो सुमन का सामंत

भाषा का सामर्थ्य है, बुद्धि को आह्वान देना, भावनाओं को हिलाना, अपने अंतास्थ हृदय को दूसरों के हृदय में डालना, अपनी अभिव्यक्तियों को खुल्लम खुल्ला पेश करना। वैश्विकरण के आज के युग में इन्सान विश्व मानव बनने जा रहा है। अपने राष्ट्र को अभिव्यक्त करके वह अपना आत्म सम्मान और आत्मविश्वास बढ़ा रहा है। राष्ट्रभाषा हिंदी आज विश्व सम्मानित भाषा है। विश्व में हिंदी जानने वाले लोगों की संख्या सबसे बड़ी है। हिंदी समझने में आसान होने के कारण, यह हमारे देशवासियों की अपनी भाषा है। इसलिए हमारा साहित्य संस्कृति की मिठास दुनिया के सामने पेश करने का कार्य वह कर रही है मीडिया के सहारे। 125 करोड़ भारतीय जनता अनौपचारिक पद्धति से आज ज्ञान लेकर शिक्षित होती जा रही है और अपने बर्तन में ज्ञानात्मक और भावात्मक परिवर्तन लाकर वैश्विकरण की स्पर्धा में कामयाब होने का प्रयत्न कर रही है।

शिक्षा का अर्थ है मानवीय व्यवहार में उत्तरोत्तर परिवर्तन और यह बदलाव प्रक्रिया औपचारिक शिक्षा और अनौपचारिक शिक्षा पद्धति से मिलती है। जीवन के पहले श्वास से अंतिम श्वास तक चलने वाली यह एक अखंड प्रक्रिया है। औपचारिक शिक्षा का सहारा पहली कक्षा से पाठशाला से विश्वविद्यालय होता है। अनौपचारिक शिक्षा तो माँ की गोद से शुरू होती है। कुटुंब, रूढी परंपराएँ समाज व्यवस्था और समूह संपर्क साधन इनके सहारे मिलने वाले अनुभव नैसर्गिक होने के कारण इसमें संस्कार क्षमता ग्यादह मात्रा में होती है। दिल पर और दिमाग पर होने वाला असम ठोस रूप में रहता है। पढ़ाने वाला, पढ़ने वाला, शालागृह, अभ्यासक्रम, पाठ्यपुस्तक, शिक्षा पद्धति, परीक्षाएँ, प्रतियोगिताएँ उसके परिणाम ऐसा झंझट न होने के कारण इससे मिलने वाली शिक्षा ज्याद चैतन्यमय होती है और बड़े चाव से दिलचस्पी से स्ववंभवा में आदमी अनुकरण के साथ शिक्षित होता है। नैसर्गिक, वातावरण के अनुकरण के साथ अध्ययन अनुभव देने का कार्य आज बहुत तेजी

से हो रहा है मीडिया समूह संपर्क साधनों का उसमें वृत्तपम वाहिनी आकाश वाणी और इलेक्ट्रोनिक मीडिया की जिम्मेदारी सबसे बड़ी है।

पुराने जमाने में लोकनृत्य, लोककाव्य, लोकगीत, अभंग, दोहे, रामायण, महाभारत की बोधकथाओं से विद्वान बुजुर्ग मौखिक रूप से अनुभव बताकर लोगों को समुपदेशन देकर शिक्षित करते थे। लेकिन यह मौखिक माध्यम अस्थायी और अशाश्वत था। सुनना, बोलना, पढ़ना, लिखना यह भाषा विकास की सीढ़ियाँ भाषा अभिव्यक्ति में उसे सहारा देती थी। यह प्रबोधन का प्रखर कार्य मुद्रणकला वृद्धिगत होने तक चला। प्रसार माध्यम वृटावाहिनी में बदल गया। प्रिंटिंग मीडिया पठन संस्कृति बनके चाय के प्याले के साथ लोग हजम करने लगे। संसार में दुनिया में क्या हो रहा है इसका घर बैठा चित्र वह पढ़ने लगा और दूसरों को सुनाने लगा। वृत्त पत्रों में भाषा की व्याकरण शुद्धता, भाषालंकार, उत्तमोत्तम शब्दों की क्रमबद्धवाँ इसकी ओर ध्यान देने की बहुत जरूरत होती है। लेकिन भाषा को समृद्ध बनाना है यह प्रदेश शक्तिय व्यवस्था में निम्न कक्षाओं से लेकर विश्वविद्यालयिन विद्यार्थियों तक दुलीक्षित रहने से वृत्तवाहिनी वृत्तपत्रों में भी भाषा की ओर कम ध्यान दिया जाता है। जो पदवी धर जिम्मेदारी संभालते हैं उनको कम वेतन पर नियुक्ति मिलती है। ज्ञानसंपन्न विचार, सकारात्मक भावनाओं की शिपटसंभव भाषा के साथ होने वाली अभिव्यक्ति पाठकों का मन प्रयत्न करती है। वह पढ़ने को प्रयुक्त होते हैं। आज वृत्तपत्रों में ज्यादा से ज्यादा विज्ञापन जन्मदिन की शुभकामनाएँ राजकीय समारोहों का नेताओं के छायाचित्र के साथ प्रसिद्धिकरण शोक संदेश, जिनको स्थान मिलता है और सृजनशीलता बहुत कम नजर आती है।

दूसरा श्रव्य माध्यम है आकाशवाणी, जो आम आदमियों को सुप्रभात से लेकर शुभरजनी यह शुभकामनाएँ देने वाला। इसका महत्व इक्कीसवीं सदी में जादूगर इलेक्ट्रॉनिक मीडिया में भी हर आदमी मान्य कर रहे हैं। चर्चा, भाषण संभाषण, परिसंवाद मनोरंजन-भाषा का ऐसा कौनसा अंग नहीं जो आकाशवाणी पेश नहीं करती? श्रोता हमेशा वृत्त रहता है। विद्वान, बहुश्रुत वक्ताओं को तो श्रोता बहुत चाव से सुनते हैं। लेकिन आजकल इस प्रसार माध्यम में अच्छा वक्ता, या आह्वानात्मक विषय बहुत कम सुनाई देते हैं इसका कारण है। इलेक्ट्रॉनिक मीडिया जो दृश्य और श्रव्य साधन के रूप में जिंदादिल इन्सान के जीवन का एक अविभाज्य अंग बन चुका है। अपनी भूलभुलैया में वह आदमी को फैंक रहा है। सबके सामने, भौतिक सुख-संपत्ति का प्रदर्शन लगाके इस मीडिया ने आदमी के सामने कृत्रिम रूप में स्वर्ग का दोर खुदवा रखा है। कल्पनाओं की उड़ान, हिंसात्मक भरा

दृश्य, लैंगिक वासनाओं का खुल्लम खुल्ला प्रगटीकरण, अपप्रचार, आर्शपट आक्रमक भाषा का उपयोग, शिफ्ट संमल पेहरवका उल्लंघन, राजकीय कार्यकर्ताओं की लोकतंत्र विधालक स्पर्धा, यह हर रोज नजर आने वाली बातें कैसे मीडिया से नफरत पैदा कर रही है। बुरा मत बोलो, बुरा मत देखो, बुरा मत सुनो, यह लेखनी मीडिया का आदर्श होना जरूरी है, चाहे वह श्रव्य माध्यम हो- दृक्-श्रव्य हो या सिर्फ दृक् माध्यम हो। आज शिक्षा पद्धति में मूल्य आधारित शिक्षा मुख्य शिक्षण समाविष्ट है। लेकिन सुबह से शाम तक लोगों के साथ अनौपचारिक रूप से सहयोगी होने वाला यह मीडिया ( रेडियो, दूरदर्शन, सिनेमा) जनता को गलत राह दिखा रहा है। व्यक्तिमय विकास के लिए चारित्र्य वर्धन की आवश्यकता होती है। अच्छा गुण संपन्न व्यक्तित्व खुद की तैयारी करता है और राष्ट्र के तरक्की के बारे में सोचता है। सचा के नाम पर सिर झुकाने वाला, आज का मीडिया उसने अपना रूप बदल डाला है। दूरदर्शन का सहारा होता है वृत्तपत्र-लेकिन वह सच्चाई को बातों पर दुर्बक्ष कर रहा है। वह उसकी मदद लेता है लेकिन अवास्तव, अतिरंजित, बातें आक्रमक ढंग से जनता के सामने पेश करता रहता है। बुद्धिमत्तापूर्ण विचार आज बंदिश  होते जा रहे हैं। सोशल मीडिया राजकीय बंदा बनकर राजकीय कूड़ा कचरा जैसा काम कर रहा है। मीडिया सबके विकास के लिए सबका साथ माँगता है लेकिन पक्षपाती बनकर निरपेक्ष नहीं रहता यह देखकर आदमी भौचक्का होता रहता है। नेताओं के पाँव पर सिर रखना, घंटों-घंटों तक आरती का दर्शन देना, बाबा महंतोक उपदेश दर्शन देना यह सब देखकर सुनकर क्या यह अनौपचारिक शिक्षा है ऐसा संभ्रम मन में पेश होता है। अच्छे विचारों की प्रतिभाएँ मलिन होती जा रही हैं - सत्ता को खुश करने के बजाय, जनता का सुख दुःख समझकर-जनता खुश हो जाये - यह ध्येय मीडिया ने रखना चाहिए। आज मीडिया को अनुसरण करने वाले लोग अंधश्रद्धा, दहशत द्वेष, मत्सर हिंसा, तुच्छता जातियवाद, सेकरू, रोमान्य इन विकृतियों के शिकार हुए हैं। वैश्विकता का सपना टूटता जा रहा है (वैश्वीकरण) और वैयक्तिकता आ रही है। हम ज्यादा आत्मकेन्द्रित होते जा रहे हैं। सृजनशीलता और उत्पादनक्षमता निम्न स्तर पर पहुँच चुकी है और इसके साथ जनता को आरोग्य विषयक समस्याओं का सामना करना पड़ता है। दृक् क्षमता, श्रवण क्षमता कम होना ड्रग्स और अल्कोहल ऐसे निशिद्ध बातों के सवाधीन होना-स्वयं अवलंबन करना, यह बातें सबको नजर आने लगी हैं। यह विकृति को कैसे हटा दें यह सोच आज सबके सामने खड़ी है।

❖ ❖ ❖

# सोशल मीडिया में हिंदी

- डॉ. आलोक दीपक

भाषा वैचारिक संप्रेषण का एक सशक्त माध्यम हैं और मीडिया उस संप्रेषण का माध्यम। आज मीडिया के कई माध्यम हो चले हैं...जो इतने तीव्रगामी हैं कि सूचना और सन्देश पल भर में लोगों को संप्रेषित करने लगते हैं। पहले की हम देंखे तो संचार के माध्यम पत्र-पत्रिका, समाचार पत्र और चिट्ठी पत्री ही हुआ करती थी पर अब संचार के क्षेत्र में ऐसी क्रांति हुई कि आम जन मानस के व्यवहारिक जीवन ही फास्टफूड की तरह बदल गये। कारण की खबर पहुँचते देर नहीं लगती। इसका परिवार समाज और देश पर बहुत व्यापक असर हुआ। सूचनाएँ तो मिलती रहीं पर संवेदनाएं विलुप्त होती गयीं। संवेदनाओं पर साफ्टवेयर ने कब्जा कर लिया। प्रिंट मीडिया पर इलैक्ट्रॉनिक मीडिया का जैसे अधिपत्य हो गया...मोबाइल, लैपटॉप, व्हाट्सएप फेसबुक, ट्यूटर और विभिन्न प्राइवेट टीवी चैनलों ने देश के मिज़ाज को ही बदल कर रख दिया जिसके लिए हिंदी भाषा का बहुत बड़ा योगदान रहा। भाषा और मीडिया का अन्योन्याश्रित संबंध रहा है भले ही वह हिंदी,अंग्रेजी,बंगाली हो या कोई अन्य भाषा ही।

हिंदी भाषा और साहित्य की हमारे देश के स्वाधीनता संग्राम में अति महत्वपूर्ण भूमिका रही है। हिंदी भाषा पूरे देश की जन धड़कन रही है। आजादी के पूर्व पत्रकारों और साहित्यकारों का एक मात्र लक्ष्य था देश की स्वाधीनता के लिए जन चेतना जागृत करना। पत्रकार अपनी पत्रकारिता मिशन के लिए पूरे सेवा भाव से समर्पित थे। समाज हित और राष्ट्र हितनिष्पक्ष भाव से पत्रकारों का उद्देश्य था जिसके लिए हिंदी पत्रकारिता पूरी तरह से समर्पित थी। आज उसी उद्देश्य के सामने चुनौतियाँ मुँह बाये खड़ी है। राष्ट्र हित प्रयासों की आज और भी आवयश्कता अपेक्षित हो चली है क्योंकि बाहर के दुश्मन के विरुद्ध बिगुल

फूँकना आसान है पर घर के दुश्मनों को बेनकाब करना जरा कठिन है। ऐसे में प्रिंट मीडिया हो या इलैक्ट्रॉनिक मीडिया दोनों की भूमिका बहुत महत्वपूर्ण हो जाती है। आज देश बहुत संवेदनशील भ्रम से गुजर रहा है...ऐसे-ऐसे मुद्दों को देश के सामने उठाया जा रहा है जो देश की आत्मा पर ही चोट कर रहे हैं और विडंबना यह कि देश उससे आहत होते हुए भी सुनने को विवश है... ऐसे लोग दुहाई देते हैं धर्मनिरपेक्ष राष्ट्र की,अभिव्यक्ति की आजादी की और उसी की आड़ में देश को गाली दी जाती है,उसके टुकड़े करने की बात कही जाती है। देश विरोधी विचारधाराएँ खुले आम इलैक्ट्रॉनिक मीडिया के मंच पर इसका समर्थन करती दिखती हैं...वह देश हित के विरोध में अमर्यादित भाषा और आचरण का प्रयोग करते है और नाम उसे दिया जाता है टीवी डिबेट का। विरोधी पार्टियों और विचारधाराओं के प्रवक्ता तुष्टिकरण की राजनीति करते हुये चर्चा के मूल विषय से भटक कर तर्क-कुतर्क करते हुए हिंदी डिबेट के नाम पर निजी अहंकार का प्रश्न बना लेते हैं जिसमें सार्थक चर्चा का कोई स्थान नहीं रह जाता। ऐसे में मूल विषय पर तार्किक और मर्यादित ढंग से चलने वाले प्रतिभागी की बातें भी देश के सामने संप्रेषित नहीं हो पाती...परिणाम यह होता है कि चैनल का अपना वह पूरा प्रोग्राम उनके विज्ञापनों के साथ तो पूरा होता है पर किसी समस्या पर सार्थक बहस देश को नहीं मिल पाती और सम्बद्ध विषय पर भ्रम की स्थिति बनी रहती है। यह सारा खेल ई मीडिया के मंच पर होता है जिसने आज घर-घर में अपनी पहुँच बना ली है। आज यह पूरे दावे के साथ कहा जा सकता है कि इलेक्ट्रॉनिक मीडिया की पहुँच प्रिंट मीडिया से जन-जन तक ज्यादा है। पहले समाचारों में रुचि रखने वाले लोग ही समाचार पढ़ते थे पर आज बिना रुचि वाला व्यक्ति की भी दिनचर्या देश की खबरों से प्रभावित हुये बिना नहीं रहती। टीवी सीरियल से लेकर राजनीतिक बहसों तक हर घर, समाज की रुचि बनी रहती है। मीडिया की भूमिका आज इतनी महत्वपूर्ण हो गयी है कि वह जिस व्यक्ति को चाहे या जिस विषय को चाहे देश में चर्चा का कारण बना दें। अक्सर कहा जाता है निष्पक्ष पत्रकारिता सही पत्रकारिता है। खबरें परोस देना,जो जैसा है बता देना वही उसका काम है मात्र यह गलत हो क्योंकि आज समाज बदल गया है। दूसरी तरफ मीडिया के इतने चैनल और स्रोत हो गये हैं कि आपस में उनका टीआरपी युद्ध चलता रहता है। इसके लिए वह अपनी निष्पक्षता से भटक कर अपने चैनलों को राजनीति का मंच बना देते हैं। आज कल देश की खबरों में राजनीति के बौद्धिक फैशन की शब्दावलिया चल पड़ी हैं...धर्मनिर्पेक्षिता, असहिषुणता,तीसरा मोर्चा, लवजेहाद, दलित, तुष्टिकरण, सामाजिक

न्याय, आतंकवाद जैसे मुद्दों पर जमकर बहसें होती हैं। प्रतिदिन देश ऐसी बहसों से गुजरता है जिसमें राजनीतिक स्वार्थ और देश विरोधी विचार वाले प्रवक्ता भी अभिव्यक्ति की स्वतंत्रता के नाम पर चीखते दिखाई देते हैं। वह अपनी संवैधानिक आजादी के नाम पर संविधान के विरुद्ध भी बोल जाते है और एंकर प्रश्न पूछ-पूछ कर उनके अंदर की भड़ास निकलवाता जाता है। बीच-बीच में विज्ञापन और फिर डीबेट समाप्त। आज कई ऐसे हिंदी चैनल हैं जो ताल ठोक कर, दंगल, आर-पार, हम तो पूछेंगे ही करवाते रहते हैं। चलिए आप ने ताल ठोक दी, दंगल करा लिया, आर-पार की लड़ाई करवा ली और पूछ भी लिया पर बहस का निर्णय क्या हुआ कि देश हित में संबंधित विषय पर क्या होना चाहिए। आप की भी तो भूमिका बनती है कि आप भी कुछ बोल दें क्यों कि यह देश और उसका भला सबके लिए कॉमन है चाहे वह जिस विचार धारा का हो या पार्टी का हो या मीडिया ही हो। ऐसा न होने पर देश के दर्शकों के सामने सही संदेश नहीं जा पाता इसलिए मेरा मानना है कि मीडिया को भी अपना अपना राष्ट्रवादी विश्लेषण करना होगा और हर डिबेट के अंत में अपनी भूमिका निभाते हुए यह बताना होगा कि प्रस्तुत बहस में सही क्या होना चाहिए था क्योंकि राष्ट्रवादी विचारधारा रखना निष्पक्षता ही है। अब ऐसा देश में दौर चल रहा है कि हर मीडिया को अपनी अपनी व्याख्या राष्ट्रवादी दृष्टि से करनी होगी क्योकि मीडिया लोकतंत्र का चौथा स्तंभ माना जाता है। जी न्यूज का डीएनए आज इस दिशा में अपना सार्थक प्रयास कर रहा है। हिंदी चैनलों की भूमिका इस दृष्टि से सबसे ज्यादा महत्वपूर्ण है। आज मनोरंजन के नाम पर जिस प्रकार टीवी चैनल व्यवसायिकता की दौड़ लगा रहे हैं वह स्वच्छ समाज के निर्माण में बाधा बनते दिखाई दे रही हैं। व्यवसाय के नाम हमारे ऐतिहासिक और पौराणिक कथाओं में काल्पनिक घटनाओं को जोड़कर अस्वाभाविक रूप से उनके एपिसोड बढ़ाए जाते है जिससे बच्चों को अपनी सभ्यता और संस्कृति की सही तस्वीर नहीं दिख पाती। हर टीवी सीरियल में पारिवारिक षड़यंत्र और साजिश की योजना का क्या उद्देश्य होता है? हिंसक दृश्य बच्चों के मासूम मन पर अच्छा प्रभाव नहीं छोड़ते। क्राइमपेट्रोल और सावधान इंडिया जैसे सत्य घटनाओं पर आधारित सीरियल बनते तो हैं समाज को सावधान करने के लिए पर क्राइम के नये-नये तरीकों का भी तरीका समाज को परोस देते हैं। इसका परिणाम भी आये दिन अब मिलता रहता अखबारों और चैनलों पर। चिंता का विषय यह है कि भारतीय गणतंत्र के अड़सठ साल बाद भी हमारे जन प्रतिनिधियों ने अपनी सुविधा से पचासों संविधान संशोधन कर लिए पर ऐसी समस्या

बनी की बनी रही। अभिव्यक्ति की आजादी के सबसे बड़े हिमायती अमेरिका में भी टीवी चैनलों और प्रसारण की आचार संहिताएँ बनी हुई हैं ब्रिटेन और जर्मनी जैसे देशों में भी टीवी प्रसारण की सीमाएँ निर्धारित हैं पर भारत अपने अतीत के गौरव पर गर्व करने वाला होते हुये भी यह सब कुछ सहन करते चल रहा है। ऐसी कौन सी विवशता हो जाती है कि सरकारी और राजनीतिक स्तर पर इनकीं सीमाएँ निर्धारित नहीं की जा सकती? एक तरफ तो लोग समाज में बढ़ते अपराध और महिलाओं की सुरक्षा को लेकर चिंतित होते हैं पर दूसरी तरफ उसका पूर्वाभ्यास मनोरंजन के नाम पर टीवी में देखते रहते हैं, यह चिंता की बात है। ऐसे कार्यकमों के नियंत्रण के कई और भी उपाय सोचने होंगे। प्रसारण की आचार संहिता और कड़ी प्रसारण नीति बना कर ही इस जहरीले मनोरंजन के दुष्प्रभावों को रोका जा सकता है। सरकारी और गैर सरकारी स्तर पर ऐसे कार्यक्रम भी चलाने होंगे जो सीधे सीधे इन समस्याओं पर चोट करें और साथ में भ्रम की स्थिति भी दूर हो जाए। ऐसी मीडिया के लिए हिदीं सर्वाधिक उपयुक्त भाषा है क्योंकि वह देश के हर भूभाग पर आज जन-जन की भाषा बन चुकी है। इसमें संवेदना युक्त संप्रेषण है जो समाज को जोड़ती भी है और रहने का सलीका भी बताती है एक मातृभाषा के रूप में। दुसरीं तरफ आज हिंदी अपनी इस विशेषता के कारण ही नहीं अपनी उपयोगिता और महत्व के कारण भी देश की सबसे प्रिय भाषा साबित हुयी है।

आज भाषा के स्तर पर यह हिंदी की सबसे बड़ी जीत है कि कितना भी लोग अंग्रेजी के आंतक से प्रभावित हो जायें पर अपनी बातों को लोग रोमन हिंदी में ही लिखते हैं। हिंदी जुबान उनके लिए अपरिहार्य दिखती है...यहाँ तक अंग्रेजी जानने वाले राजनेता भी हिंदी में भाषण देने के लिए रोमनलेटर में लिखे हिंदी को पढ़ते हैं...मुझे अपने छात्र रहते बीएचयू का एक प्रसंग याद आता है जिसमें हमारे हिंदी विभाग में लंदन विश्वविद्यालय के हिंदी विभाग, प्रोफेसर डॉ. रूपर्टस्नेल ने मुझे बताया था कि...मुझे हिंदी भाषा बहुत अच्छी लगती थी और मैं इससे प्यार करने लगा तब यह मुझे...परकीया...लगती थी पर इसे तो मैं स्वकीया बनाना चाहता था और मेरे प्यार करते करते ही एक दिन यह मेरी स्वकीया हो गयी, जिस पर मैं आज गर्व करता हूँ...। यह था हिंदी भाषा के प्रति आकर्षण एक दूसरे भाषा भाषी के मन में जो आज मीडिया, मार्केट और जन संप्रेषण का सशक्त माध्यम है। अक्सर देखा गया गया है जब लोग क्रोध में होते हैं तब अंग्रेजी बोलते हैं नहीं तो हिंदी ही...तो क्या अंग्रेजी प्यार की और जोड़ने की भाषा नहीं है, यह बात महसूस करने वाली है।

अटल बिहारी बाजपेयी या देश का अन्य कोई नेता जब कभी संयुक्त राष्ट्र संघ या विश्व के किसी देश मे अपना भाषण हिंदी में देता है तो हर भारतवासी के लिए यह गर्व की बात होती है। आज हिंदी मीडिया की ही नहीं मनोरंजन खेल राजनीति  व्यापार हर क्षेत्र की भाषा हो गयी है। इसी संदर्भ में प्रणव मुखर्जी की वह बात याद आती है कि जिसमें वह मानते थे कि वह भारत के प्रधानमंत्री नहीं बन सकते थे क्यों कि उन्हें हिंदी ठीक से नहीं आती थी। उनकी इस बात का संकेत हिंदी की  व्यवहारिक उपयोगिता को लेकर ही है जो आज सिद्ध हो चली है।

मीडिया के क्षेत्र में आज सोशल मीडिया का सबसे ज्यादा प्रयोग हो रहा है जिसमें हिंदी न लिख पाने वाला व्यक्ति भी रोमन में हिंदी लिखने को विवश है...यह विवशता आज हिंदी की उपयोगिता को ही दर्शाती है...व्यक्ति कुछ नहीं बोलेगा तो भी हिंदी तो बोलेगा ही। संचार व्यवस्था का यह आलम है कि किसी कार्यक्रम, संगोष्ठी, धरना प्रदर्शनों इत्यादि का सोशल मीडिया पर लाइव प्रसारण होता है...यह है सूचना तंत्र की भीड़। आज मीडिया के बिना विश्व बाज़ार की कल्पना भी नहीं की जा सकती। सूचना प्रौद्योगिकी की क्रांति ने इस पटल पर हलचल मचा दी है। जो विज्ञापन कारोबार 1985 में 100 से शुरू हुआ था वह 2004 तक ही आते-आते10,000 करोड़ तक पहुँच गया। आज की तो कुछ यह पता ही नहीं चलता कि विज्ञापन में कार्यक्रम चल रहा है कि कार्यक्रम में विज्ञापन। यह नई मीडिया शताब्दी है जब संचार क्रांति का कोई दूसरा रूप सामने नहीं दिखता। आज हमारी सारी दिनचर्या और सामाजिक गतिविधियां इसी मीडिया की सूचना क्रांति द्वारा ही नियंत्रित हो रही है। कम्प्यूटर, इंटरनेट, लैपटॉप मोबाइल आदि से भाषा के नये-नये रूप निकल के सामने आ रहे हैं जिसके लिए जरूरी हो जाता है अनुवाद दक्षता, डबिंग,दुभाषिया प्रविधि, इत्यादि। समाचार, फीचर,नाटक, संवाद, वार्ता,वृत्त चित्र और रिपोर्ताज आदि विधाएँ भाषिक प्रयोगों पर ही निर्भर होती हैं। इसलिए आज मीडिया को भाषा के स्तर पर हिंदी को और सँवारते हुये समाज में एक प्रहरी की भाँति देश के अंदर की हलचलों को शांत करने का प्रयास करना होगा।

❖ ❖ ❖

# भाषा और मीडिया : लोकतांत्रिक दायित्व

**- डॉ. वासुदेवन 'शेष'**

विश्वभर के मीडिया विशेषज्ञों को भारतीय भाषायी अखबारों में बीसवीं सदी के उत्तरार्द्ध और पहले दशक में हुई वृद्धि चौंकाती है। ऐसे समय में जब अखबारों के अंत की भविष्यवाणियाँ की जा रही थीं, भारतीय भाषायी अखबार पूरे विश्व में देखे और महसूस किए जा रहे ट्रेंड को धत्ता बताते हुए न सिर्फ जीवित रहे हैं, बल्कि लगातार विकास भी कर रहे हैं। वर्ष 2013 के ऑडिट ब्यूरो ऑफ सर्कुलेशन के आँकड़ों से भी इस बात की पुष्टि होती है। इस सर्वे के नतीजों के मुताबिक सन् 2006 से सन् 2012 की 7 वर्ष की अवधि में एबीसी द्वारा प्रमाणित 'पेड' प्रतियों के प्रसार में 10 मिलियन की बढ़ोत्तरी हुई और यह 48.29 मिलियन तक पहुँच गई। अगर इसमें 'अनपेड' कॉपियों को भी शामिल किया जाए, तो कुल प्रसार का आँकड़ा 100 मिलियन को भी पार कर जाता है, जिसके बूते भारत चीन के बाद दुनिया का दूसरा सबसे बड़ा समाचार पत्र बाजार के तौर पर उभरा है। भारतीय न्यूज पेपर उद्योग की यह बढ़ोतरी अंग्रेजी अखबारों की जगह भारतीय भाषाओं के अखबारों के कारण हुई है। इस सर्वे में बताया गया कि जहाँ अंग्रेजी अखबार पढ़ने में खर्च किया जाने वाला समय 6.6 फीसदी तक कम हुआ था, वहीं भारतीय भाषाओं के अखबारों खासकर हिंदी, मलयालम, मराठी और तेलुगु के अखबारों में अभूतपूर्व वृद्धि दर्ज की गई है। भारत में भाषा का सवाल हमेशा से महत्वपूर्ण रहा है। आजादी के बाद भारत में राज्यों का पुनर्गठन भाषायी आधार पर किया गया। राज्यों के पुनर्गठन का भाषायी फॉर्मूला कोई नई ईजाद की गई चीज नहीं थी। पहचान और अभिव्यक्ति के प्रमुख कारक के तौर पर क्षेत्रीय भाषाओं को महत्व देने के पीछे तर्क यही था कि भारत की क्षेत्रीय भाषाएँ बड़ी आबादी द्वारा बोली जाती है। उनकी अभिव्यक्ति का माध्यम है। किसी क्षेत्र के लोगों की पहचान, उनकी सांस्कृतिक अस्मिता का आधार उनकी क्षेत्रीय भाषा है।

भारत सिर्फ राज्यों का परिसंघ नहीं है। यह भाषाओं का भी परिसंघ है। हिंदी भाषी राज्यों का भौगोलिक विस्तार जहाँ बड़ा है, वहीं यह बात झुठलाई नहीं जा सकती कि गुजरात, महाराष्ट्र, बंगाल, ओडिशा, कर्नाटक, तमिलनाडु, आंध्र प्रदेश, केरल, राज्यों में एक मजबूत भाषायी चेतना पाई जाती है और इस चेतना को अभिव्यक्त करने में इन राज्यों की भाषाओं क्रमश: गुजराती, मराठी, उड़िया, कन्नड़, तमिल, तेलुगु और मलयालम जैसी बड़ी और पुरानी भाषाओं के अखबारों और पत्रिकाओं ने सशक्त भूमिका निभाई है।

आज स्थिति चाहे जो भी हो, भारत में भाषायी अखबारों का इतिहास बेहद गौरवशाली रहा है। भारतीय भाषाओं के अखबारों ने ही देश में अंग्रेजी शासन के विपक्ष के तौर पर काम किया। इस मायने में भारत में भाषायी अखबारों की भूमिका ऐतिहासिक रही है। बाल शास्त्री जांभेकर, बाल गंगाधर तिलक, गोविंद रानाडे और बाद में महात्मा गाँधी जैसी कई प्रमुख शख्सियतों ने अपनी लेखनी और संपादकीय स्पष्टता से क्षेत्रीय भाषाओं के अखबारों को पराधीन देश की दमित जनता की आवाज बनाने में कोई कसर नहीं छोड़ी।

हिंदी पत्रकारिता में यही काम भारतेन्दु हरिश्चन्द्र, महावीर प्रसाद द्विवेदी, गणेश शंकर विद्यार्थी, मदन मोहन मालवीय, बाबूराव विष्णु पराड़कर जैसे संपादकों ने किया।

सन् 1872 में कोलकाता से द्वैभाषिक अखबार के तौर पर अपनी नई पारी शुरू करने के बाद प्रतिष्ठित अमृत बाजार पत्रिका ने आयकर विधेयक का समर्थन किया था, जिसका प्रमुख यूरोपीय और भारतीय जोरदार विरोध कर रहे थे। पत्रिका के रुख में बदलाव लाने के लिए शिशिर कुमार बोस राजी नहीं हुए। उस समय के कलकत्ता उच्च न्यायालय के न्यायाधीश द्वारकानाथ मित्र ने शिशिर कुमार से कहा "मैं आपके अखबार का ग्राहक हूँ, लेकिन आपकी तीखी लेखनी से मुझे भय है कि कहीं यह जनमत पर प्रभाव डालकर उनमें असंतोष और विद्रोह की भावना न पैदा कर दें।" शिशिर कुमार ने प्रति उत्तर में कहा "जनता को उनकी दयनीय हालत के संबंध में जागरुक करने और उनमें देशभक्ति की भावना जगाने के लिए पत्रिका की शुरुआत हुई, उन्होंने तर्क दिया- "वह जीवित से अधिक मृत हैं और उन्हें नींद से जगाने की जरूरत है। इस वजह से हमारी भाषा जोरदार और चुमने वाली होनी चाहिए।"

पश्चिम बंगाल में राजनीति, पार्टियों के अपने मुखपत्र होने की परंपरा पुरानी है। आविभाजित कम्युनिस्ट पार्टी अपना अखबार पहले 'लांगोल' और 'स्वाधीनता' शीर्षक से निकालती थी। इसके बाद पार्टी ने 'कालांतर' नाम का अखबार निकाला। उन दिनों

यह अखबार जमीनी स्तर पर पार्टी का विस्तार करने के लिए जरूरी माने जाते थे। आज 'माकपा' को एक तरह से राष्ट्रीय स्तर का एक बड़ा मीडिया हाउस कहा जा सकता है।

केरल में पार्टी द्वारा नियंत्रित 'मलयालम कम्युनिकेशन लिमिटेड' का 'कैराली टीवी' और 'पीपुल टीवी' पर स्वामित्व है।

महाराष्ट्र की पार्टी शिवसेना अपना मराठी अखबार 'सामना' निकालती है। आंध्र प्रदेश में दिवंगत पूर्व मुख्यमंत्री वाय एस आर रेड्डी के पुत्र जगमोहन रेड्डी का 'साक्षी' नाम के एक अखबार और टेलीविजन चैनल पर स्वामित्व है। आंध्र प्रदेश में ही 'आंध्र भूमि', डेक्कन क्रॉनिकल, 'एशियन राज' और 'फाइनेंशियल क्रॉनिकल' जैसे बड़े अखबारों से बनने वाले मीडिया साम्राज्य का कांग्रेस के एक नेता से रिश्ता रहा है।

तेलंगाना के मुख्यमंत्री के चंद्रशेखर राव रेड्डी का 'टी-न्यूज' चैनल पर नियंत्रण है। कांग्रेस से राज्यसभा सांसद रहे विजय दंडी लोकमत मीडिया ग्रुप के अध्यक्ष हैं। जो प्रतिष्ठित अखबार 'लोकमत' मराठी दैनिक निकालता है।

तमिलनाडु में तो राजनीतिक नेताओं द्वारा न्यूज चैनल खोले जाने की परिपाटी सी ही है। पूर्व मुख्यमंत्री एम करुणानिधि पूर्व केन्द्रीय मंत्री दयानीधि मारन के भाई कलानिधि मारन एवं कलैगर टीवी, मुरूसोली, 'दिन तंथी' अखबार चलाते एक सन टी.वी. चैनल सूर्या का स्वामित्व है। 'दिनकरन' मीडिया और हिंदी भाषा अखबार भी चलाते हैं। दिवंगत मुख्यमंत्री जे जयललिता के पास भी टीवी चैनल, जया, जया फ्लस, न्यूज चैनल है। यह दल नमद एम गी आर' के नाम से अखबार चलाती है।

तमिलनाडु के लोकप्रिय नाटककार, पत्रकार रामास्वामी तुमलक पत्रिका निकालते हैं। कल्कि कृष्णमूर्ति भी ककि पत्रिका तमिल में निकालते हैं।

कर्नाटक में पूर्व मुख्यमंत्री एच डी कुमार स्वामी की पत्नी अनिता कुमार स्वामी कन्नडा-कस्तूरी चैनल की मालकिन है। पश्चिम बंगाल में माकपा के अविक दत्ता न सिर्फ 'गणशक्ति' अखबार चलाते हैं, बल्कि टीवी 24 घंटे के भी मालिक हैं।

ओडिशा में तो कई सांसद और राजनीतिक नेता प्रमुख ओड़िया अखबारों के संपादक भी है। 24 अप्रैल, 2011 को प्रतिष्ठित अखबार 'द हिंदू में मीडिया विशेषज्ञ सेवंती ने एक लेख पॉलराइज्ड अलाइनमैटस' में पश्चिम बंगाल के अखबारों और टीवी चैनलों के राजनीतिक पूर्वग्रहों को स्पष्ट करते हुए एक महत्वपूर्ण लेख लिखा था- वह लिखती है, "राजनीतिक पक्षधरता पश्चिम बंगाल के मीडिया के डीएनए में है। ठीक वैसे ही जैसे यह

तमिलनाडु में है। और दिलचस्प यह है कि कोई भी इसके लिए किसी तरह से शर्मिंदा नहीं है। जब आप पश्चिम बंगाल के किसी न्यूज चैनल पर समाचार देख रहे होते हैं तब कुछ पेशेवर चैनलों की यह पक्षधरता कभी साफ-साफ झलकती है, कभी नहीं।" अखबारों का राजनीतिकरण क्षेत्रीय भाषायी मीडिया का सच है, तो हिंदी मीडिया भी इससे अछूता नहीं है। बल्कि कई मायनों में हिंदी अखबारों ने इस क्षेत्र में उन्हें राह दिखाई है।

हिंदी अखबारों और राजनीति के बीच गठजोड़ हिंदी अखबारों के संपादकों और मालिकों के राजनीति के प्रवेश के तौर पर सामने आया। कई संपादक सांसद बने। कुछ मंत्री बने। यह ट्रेंड आज भी बदस्तूर जारी है और अखबारों तथा इलैक्ट्रॉनिक मीडिया की साख पर इसने सवालिया निशान लगा दिया है।

भूमंडलीकरण और इसके साथ आने वाली उपभोक्ता संस्कृति ने हिंदी ही नहीं, भाषायी पत्रकारिता के चरित्र पर नकारात्मक असर डाला। अब अखबार सिर्फ प्रोडक्ट बनकर रह गया। 'सेल एबिलिटी' की पहले पन्ने की खबर तय करने का एकमात्र आधार बनता चला गया।

आज मीडिया में भाषा अपना नया रूप ले रही है जिस मालिक का चैनल है। वह उस की तरफदारी करते हुए भाषा का इस्तेमाल करते हैं। जयादातर अंग्रेजी शब्दों का उपयोग हिंदी समाचारों एवं हिंदी चैनलों में पाया जाता है। मिली जुली भाषा ही बोली जाती है। मीडिया में संस्कृति, विरासत, उस क्षेत्र के सम्मान का भी ध्यान नहीं रखा जाता।

इसलिए आज हमें भाषा को नाप तौल कर बोलने की जरूरत है और मीडिया चाहे वह पत्रकारिता हो, टीवी चैनल हों इसका ध्यान रखना होगा तभी हम समाज में अच्छी छवि बन सकेंगे।

*संदर्भ सूची-*

*(1) भारतीय पत्रकारिता का इतिहास, जे नटराजन*

*(2) साहित्य 'अमृत पत्रिका' अगस्त 2015 अंक, पृ.96*

❖ ❖ ❖

# हिंदी का बाजारीकरण

**- नेहा भंडारकर**

भाषा और मौखिक मीडिया का एक छोटा सा उदाहरण आपके समक्ष रखना चाहूँगी। एक कार्यालय के मार्केटिंग डिपार्टमेंट में 25 से 30 कर्मचारी काम करते हैं। एक दिन कार्यालय में केवल एक चपरासी और एक सुपरवाइजर कार्यालय संभालने हेतु कार्यालय में रखकर उर्परित सभी कर्मचारी कॉन्फरेन्स में उपस्थित रहने हेतु कार्यालय में अनुपस्थित रहते हैं।

उस दिन जब सुपरवाइजर वॉशरूम जाते हैं तभी जोनल ऑफिस से फोन आता है। चपरासी फोन उठाता है। जोनल ऑफिस की व्यक्ति उसे फोन पर बताती है कि अभी-अभी हमने आपके डिपार्टमेंट को एक मेल भेजा है। मेल के साथ एक फॉर्मेट संलग्न किया है। आप अपने साहब से कह देना कि दुरुस्त किये गये उस नये फॉर्मेट में फ्रेश स्टेटमेंट बनाकर जल्दी से जल्दी भेज देना।"

सुपरवाइजर वॉशरूम से आते ही चपरासी उन्हें बताता है कि बड़े ऑफिस से यह कहा गया है कि आपको फार्मेट मेल किया है। उसे दुरुस्त करके नया फ्रेश स्टेटमेंट बनाना है और जल्दी से भेजना है।

सुपरवाइजर दूसरे दिन अपने बड़े अफसर को बताते हैं कि जोनल ऑफिस ने मेल किया हुआ फॉर्मेट गलत है। उसे सुधार कर भेजना है। साथ में चालू महीने का फ्रेश स्टेटमेंट जल्द से जल्द भेजना है।

मित्रों! देखा आपने। इस घटना में जिस प्रकार से अर्थान्वयन हुआ है, बिल्कुल इसी प्रकार का अर्थान्वयन अक्सर प्रिंट या सोशल मीडिया, जैसे कि अखबार या टेलीविजन पर घटनाओं की कवरेज या किसी खबर के प्रति मीडिया की बर्ताव की शैली को दर्शाता है। खबरों की विश्वसनीयता कभी-कभी क्लेशदायक भी हाती हैं।

हमेशा हम देखते आए हैं कि मीडिया भाषा के साथ अपने ही तरह के प्रयोग भी करता है। सोशल मीडिया की भाषा साहित्यिक भाषा की तरह अलंकरण का बोझ लेकर नहीं चलती, ना

ही वह अकादमिक भाषा की तरह बौद्धिकता का बोझ होती है। फिर भी मीडिया में होने वाले भाषा के प्रयोग पर सवाल उठाना जरूरी हो जाता है। ऐसा क्यूं ?...

भाषा केवल सीखने या बोलने का ही नहीं अपितु समझने का भी माध्यम हैं। भाषा के बारे में बताया जाये तो भारत में 4500 बोली भाषा और लगभग 1952 मातृभाषाएं प्रचलन में हैं और केवल 22 भाषाओं को राजभाषा की मान्यता प्राप्त हुई है।

उसी तरह मीडिया भी मुख्य चार प्रकारों में विभाजित कर सकते हैं। पहला प्रकार इलैक्ट्रॉनिक्स। जिसमें टेलीविजन, कम्प्यूटर, फोन, इंटरनेट, वाट्सएप, फेसबुक जैसा सोशल मीडिया आता है। दूसरा प्रकार प्रिंट मीडिया। जिसमें अखबार और किताबें आती हैं। तीसरा प्रकार पारम्परिक मीडिया। जो धर्म जैसे असमानता का प्रचारक हैं और चौथा मीडिया है मौखिक मीडिया। जो विभिन्न भाषाओं का प्रतिनिधित्व करता है।

भौगोलिक, सांस्कृतिक विभिन्नता के साथ-साथ प्रचार मात्रा में भाषिय विभिन्नता होने के कारण मीडिया के इन चारों मुख्य प्रकारों में भाषा की खिचड़ी होते हुए, हम देखते आये हैं। हिंग्लीश, मिंग्लीश नाम से यह खिचड़ी हिंदी और मराठी भाषा में भी हो रही है।

मैं खुद आपके समक्ष जो विचार व्यक्त कर रही हूँ। इसमें भी न जाने कितने अंग्रेजी शब्दों का उपयोग कर रही हूँ। जैसे कि मार्केटिंग, डिपार्टमेंट, फॉर्मेट, फ्रेश स्टेटमेंट वगैरह। सोचती हूँ क्या वक्त के साथ हम सभी बदल रहे हैं? क्या इन दिनों मोबाइल और कम्प्यूटर्स के बड़े पैमाने पर हो रहे इस्तेमाल से भाषा की खिचड़ी हो रही है?

'आज मुझे मार्केट से शूज पर्चेज करना है।' यह हिंदी भाषा में अगर खिचड़ी कहलाता है तो मराठी भाषा में तो भाषा की चटनी हो रही है। वाक्यांश के तौर पर देखिए - I sent a mail! मतलब मैंने मेल भेजा। इस वाक्य को इन दिनों मराठी में 'मी मेल सेंडला', 'मी वॉट्सअप वर पोस्टलं' यानी मैंने वॉट्सएप पर पोस्ट किया।

पत्रकारिता की भाषा, साहित्य की भाषा, इंटरनेट की भाषा, वॉट्सएप, फेसबुक की भाषा, हर एक मीडिया की अपनी-अपनी एक भाषा तैयार हो रही है। हिंग्लीश मिंग्लीश के साथ इमोजीज की भी एक नयी भाषा इस बात का मुख्य उदाहरण है। मराठी साहित्यिक पत्रिकाओं में भी दुषणग्रस्त भाषा मिलती है।

युवा पीढ़ी में और सभी प्रकार के मीडिया में इन दिनों जैसी भाषा का उपयोग हो रहा है उसे लेकर भाषा शुद्धता के आग्रही लोगों में काफी चिंता व्यक्त की जा रही है।

क्या सचमुच इस बदलते परिवेश में युवा पीढी और मीडिया को भी शाब्दिक संस्कारों की जरूरत है? यह सवाल पूछा जाए तो उसमें ऐतराज नहीं हो सकता।

❖ ❖ ❖

# हिंदी का बढ़ता सामर्थ्य

**- अरुणा गुप्ता**

हिंदी एक लोकप्रिय भाषा है। यह हमारी राज भाषा के नाते नहीं उपयोगिता के आधार पर भी महत्वपूर्ण है। काम हिंदी में हो तो ज्यादा प्रभावशाली होता है, हृदयग्राही होता है। हिंदी आज मीडिया, राजनीति, मनोरंजन और विज्ञापन की प्रमुख भाषा है।

मीडिया की दुनिया में अपनी बात पुरजोर रूप से कहने और समझाने के लिए हिंदी भाषा प्रमुख स्थान रखती है। हिंदी में ही वह क्षमता है जो विदेशियों को भी इसे सीखने पर विवश कर देते हैं। चाहे सोनिया गाँधी हो या फ़िल्मी अभिनेत्रियाँ। विज्ञापनों में हिंदी सशक्त रूप से विद्यमान है। परन्तु कहीं-कहीं मीडिया में हिंदी के उपयोग में लापरवाही भी परिलक्षित हो रही है।

हिंदी को लेकर किसी तरह का भावनात्मक आधार भी नहीं बनता। हिंदी की बोलियाँ इस मामले में ज्यादा समर्थ है, क्योंकि उन्हें क्षेत्रीय आधार पर मिलता है। हिंदी में भोजपुरी, अवधी, छत्तीसगढ़ी, बुंदेली, गढ़वाली, मैथिली, बृजभाषा जैसी तमाम बोलियाँ है। हिंदी का विस्तार व्यापक है। परन्तु यह किसी को किसी प्रकार का दिल को कष्ट नहीं देती है।

मीडिया और मनोरंजन की पूरी दुनिया हिंदी के विस्तार का फायदा उठाती है। पर जब कुछ देने की बारी होती है तो हिंदी को दूसरा दर्जा दे दिया जाता है। धन का लाभ हिंदी ही देती है। हिंदी में अंग्रेजी के घुलमिल जाने से हिंदी ज्यादा ग्राह्य हो गयी है। मीडिया में जिस प्रकार हिंदी लिखी और बोली जा रही है। उसमें एक नया सा चलन हुआ है। नये शब्द बने हैं जिनका प्रयोग हो रहा है।

यह न यह शब्द हिंग्लिश के शब्द कहे जाते हैं। हिंग्लिश शब्द हिंदी और इंग्लिश के शब्दों से मिलकर बनते हैं। जैसे मैसेज, बिजी, ईगो, सारी, प्लीज, फैमिली, म्यूजिक।

अभिव्यक्ति की विधा में हम कहते हैं कि "फोन डिस्कनेक्ट कर दिया।" इसे फोन रखा दिया भी कहा जा सकता है। ज्यादा ग्राह्य होगा। कुछ शब्द अंग्रेजी के भी हिंदीमय हो गये हैं। जैसी चटनी, गुरु, जंगल, लूट, खाकी, मन्तर, योग। ये हिंदी की विजय है।

सोशल मीडिया में हिंदी का प्रयोग का एक मिश्रित रूप आता है। देवनागरी, हिंदी भाषा, रोमन का मिश्रण हिंग्लिश कहलाता है। यह सत्य है कि साहित्य लेखन में एक ही भाषा का प्रयोग होना चाहिए। परन्तु मीडिया पर ऐसा बन्धन नहीं है। कविता लेखन में एक विधा आती है। हाईकु, यह एक जापानी शब्द है। पहली लाइन में पाँच दूसरी में सात, तीसरी में पाँच शब्द आते हैं। इसका प्रथम प्रयोग रविन्द्रनाथ टैगोर ने किया। आज यह प्रथा खूब प्रचलित है।

सोशल मीडिया पर हिंदी के प्रयोग का माहौल तेजी से बढ़ रहा है। तकनीक का विकास, भाषा का चयन, हिंदी लिखने की जटिलता, फांट की समस्या, की बोर्ड में भाषा परिवर्तन का निवारण हो गया है। सभ ई-मेल प्रोवाइडर हिंदी लिखने की सुविधायें उपलब्ध करा रहा है। काफी साहित्य हिंदी में उपलब्ध है। हिंदी का सहयोगी भाषाओं से जुड़ाव बढ़ रहा है।

अन्त में मैं कहना चाहूँगी कि मीडिया हिंदी को बढ़ावा देकर भारत को एक स्वस्थ प्रजातंत्र की ओर ले जाने के लिए प्रयत्नशील है।

❖ ❖ ❖

# मीडिया में छाई हिंग्लिश

## - अपराजिता शर्मा

मीडिया जैसे कि शब्द से ही परिभाषित है वह माध्यम जो जन-जन तक सूचना जानकारी और वर्तमान में घटित हो रही सभी घटनाओं को पहुंचाता है।

मीडिया किसी भी देश का सबसे सशक्त माध्यम होता है। जैसा वह दिखाएगा वैसे खबरें वह सामने रखेगा जनता उस पर आंख मूंदकर विश्वास करती है। इसका कारण भी है, वह खबरों के तह तक जाते हैं जानकारियां इकट्ठा करते हैं तब प्रसारण करते हैं।

यह तो हुआ इसका एक पहलू, दूसरा पहलू और खबरों से ज्यादा महत्वपूर्ण पहलू है, वह है इस में उपयोग की जाने वाली भाषा यानी इन शब्दों में किस लहजे में और कैसे आप वह जानकारी जनता के यह लोगों के सामने रखते हैं जिसका लोगों के दिल दिमाग पर गहरा प्रभाव होता है।

आज सबसे ज्यादा चिंता का विषय है मीडिया में उपयोग की जा रही भाषा और जो संस्कृति दिखाई जा रही है उसके उसके विश्लेषण का टेलीविजन पर विभिन्न चैनल मात्र अपनी टीआरपी बढ़ाने के लिए ऐसे कार्यक्रम प्रसारित कर रहे हैं जिसमें पारिवारिक मान सम्मान एकता और मर्यादा पर व्यंग्यात्मक कटाक्ष के साथ मर्यादा की सीमा का भी उल्लंघन खुलेआम करते युवा वर्ग को दिखाया जा रहा है भाषा उनकी बड़े बुजुर्गों के सम्मान को परे रख रही है एक परिवार में एकता कम राजनीतिक चाले ज्यादा दिखाई जा रही हैं।

वही फिल्में जो कि समाज पर गहरा प्रभाव छोड़ती हैं के बारे में देखते हैं। आज के फिल्म निर्माता-निर्देशक और सेंसर बोर्ड जिस तरह व्यवसायिक दृष्टिकोण को तवज्जो देकर भोंडापन परोस रहे हैं।

और संस्कृति की गरिमा पर कुठाराघात कर रहे हैं भाषा में पूर्णता लाकर उसके स्तर पर प्रहार कर रहे हैं। इसे देखकर ऐसा लग रहा है कि एक दिन अपनी वैदिक युग की समृद्धि तो संस्कृति और भाषा की शुद्धता वैज्ञानिकता और मर्यादा सब विलुप्त होने के कगार पर आते जा रहा है।

कुछ व्यवसाय कुचाल प्रवृत्ति और कुछ पैसा कमाने की होड़ ऐसी है कि फिल्मों में ऐसा कुछ विवादास्पद मसाला शामिल करें ताकि जनसमूह उस पर अपने-अपने नजरिए से वाद-विवाद करें, और इन्हीं वाद विवादों की बैसाखी पकड़कर फिल्म करोड़ों की कमाई करें ऐसे फिल्मकारों को सामाजिक उत्थान या पतन से कोई सरोकार नहीं होता है।

न ही युवा वर्ग की दिशा और दशा से उन्हें कोई मतलब हैं कि वह उन्हें किस दिशा में मोड़ रहे हैं।

उनका एक ही मकसद होता है व्यवसायिक खिचड़ी पकाना और हर हाल में पैसा कमाना, भ्रम जाल में जनता को फंसा कर।

यह मेरा व्यक्तिगत अनुभव है कि अगर शुद्ध हिंदी का कोई प्रवक्ता अपनी बोलचाल में पूर्णतया हिंदी का ही प्रयोग करता है वह भी शुद्ध तो उसके समक्ष कोई भी अन्य भाषा वजनदार नहीं लगती है हिंदी इतनी प्रभावशाली भाषा है।

पर आजकल का एक कथित बुद्धिजीवी वर्ग का मानना है कि जो भाषा आजकल मीडिया के माध्यम से परोसी जा रही है इसे हमारा युवा वर्ग सहजता से आत्मसात कर सकता है।

ऐसे बुद्धिजीवियों से मेरा प्रश्न है कि क्या हमारे युवा वर्ग का बौद्धिक स्तर इतना गिर गया है कि वह और बड़प्पन वाली अपनी भाषा को त्याग कर छिछोरी भाषा को सहजता से आत्मसात कर रहा है। उसे सुसंस्कृत भाषा से परहेज क्यों है?

यहां एक और बहुत ही बड़ी विसंगति जो हमारे देश में मौजूद है वह है अंग्रेजी माध्यम की शिक्षा को ऊंचे स्तर का मानना।

और महानगरों में ज्यादा पर मध्यम और छोटे शहरों में भी इसकी जड़ें बहुत मजबूत हो गई हैं।

छोटे-छोटे बच्चों को परिवार में आए मेहमानों के स्वागत में नमस्ते भैया प्रणाम की जगह भारतीय संबोधन को छोड़कर चाचा वह मौसी आदि कुछ नहीं,

अंकल को हेलो बोलो जॉनी जॉनीयस पापा सुनाओ आदि आदि मानो इसके होने से उनकी सामाजिक प्रतिष्ठा में चार चांद लग जाएंगे।

स्कूलों में अंग्रेजी में वार्तालाप अनिवार्य है माना सच है, पर क्या हम घरों में अपनी संस्कृति अपनी भाषा का ज्ञान देना हमारा स्वयं का मौलिक कर्तव्य नहीं है।

देशभक्ति की एक परिभाषा इसको भी माना जाए कि अपने देश की संस्कृति सभ्यता और संस्कारों का हम आने वाली पीढ़ी को सही ज्ञान दें।

अंग्रेजी माध्यम की शिक्षा विश्व स्तर पर युवा पीढ़ी को अच्छे रोजगार और विश्व में

प्रतियोगिता में खड़े होने को सक्षम जरूर बनाती है लेकिन वह केवल माध्यम बस हो वहां की संस्कृति और मर्यादा को आत्मसात करने के साधन ना हो।

वहीं विश्व के परिदृश्य पर नजर दौड़ाई तो जहां भारतीय सभ्यता संस्कृति और मर्यादित भाषा अपने परचम के झंडे गाड़ रही है।

पूरे विश्व में हिंदी भाषा का ज्ञान देने के लिए स्कूल, कॉलेज और विश्वविद्यालय में एक स्वतंत्र प्रभाव है वहां लोग घरों में भारतीय संस्कृति को तवज्जो देकर बच्चों को संस्कार दे रहे हैं।

अमेरिका के संसद में भी मंत्रोच्चारण हो रहा है और संयुक्त राष्ट्र संघ में जिन सात नई कार्यवाही भाषाओं को मान्यता प्राप्त हुई है, में से हिंदी एक है।

देश की संसद में भी अब हिंदी बोलना जरूरी हुआ।

हिंदी हमारी वह भाषा जो बहुत सरल सहज और सुग्राह है, जिसमें अनेक भाषाओं के तत्सम तद्भव शब्दों का समावेश है।

यह जैसी लिखी जाती है वैसी ही बोली जाती है मीठी मर्यादित और संस्कृति की गरिमा को समेटे हुए, प्रौद्योगिकी के स्तर पर भी यह कंप्यूटर में फीड की जाने वाली भाषा के वैज्ञानिक प्रामाणिकता में खरी उतरी है।

अब मीडिया इसे न अपनाकर हींग्लिश शब्दों को जिनका कभी-कभी कोई अर्थ भी नहीं होता है क्यों परोस रहा है मीडिया के प्रबुद्ध वर्ग से आग्रह है कि वेब भाषा का सही ज्ञान सही उपयोग और आने वाली पीढ़ी के समक्ष अपनी वैदिक सभ्यता संस्कृति और मर्यादित पारंपरिक परंपरा को अपनाएं ताकि हमारा भारत जो आज विश्व गुरु का दर्जा पा चुका है वह विश्व में अपने इस दर्जे को बरकरार रखने में और मजबूत हो अपने देश के युवा वर्ग को जिन्हें आगे इसको कायम रखने में एक महत्वपूर्ण भूमिका निभानी है सही भाषा ज्ञान है और सही भाषा ज्ञान को सही भाषा के प्रयोग को जनता तक पहुंचाने का काम हमारे मीडिया का है।

सारांश यह है कि मीडिया में प्रयोग की जाने वाली भाषा अब हींग्लिश या निम्न स्तर की न हो।

वह जिम्मेदारी मीडिया को पूरी गंभीरता से निभानी होगी, तभी हम अपनी सही भाषा संस्कृति और सभ्यता के साथ सामाजिक मर्यादा की परंपरा को भी कायम रख सकेंगे।

❖ ❖ ❖

# मीडिया में भाषा का दुर्पयोग

**- श्रीमती संतोष श्रीवास्तव**

संचार क्रांति के इस युग में मीडिया पर कुछ लिखना एक बहुत विस्तृत कलेवर को संक्षेप में समेटना है। मीडिया का वर्चस्व पूरे विश्व में व्याप्त है।

21वीं सदी इंटरनेट और वेब मीडिया वाली सोशल मीडिया की सदी बन गई है।

एक समय था जब मीडिया के केवल दो प्रकार थे- एक प्रिंट मीडिया और दूसरा इलैक्ट्रॉनिक मीडिया। उन दिनों इलैक्ट्रॉनिक मीडिया से ज्यादा प्रिंट मीडिया प्रभावित करती थी।जब हमारे लेख विभिन्न अखबारों के रविवारीय परिशिष्ट में छपते थे तो उस का आनंद ही कुछ और होता था। धीरे-धीरे जब इंटरनेट का प्रादुर्भाव हुआ तो उसने अपने तरीके से समाज को प्रभावित करना शुरू किया। रेडियो और टेलीविजन के बाद इंटरनेट के बढ़ते प्रचलन से आई सूचना क्रांति ने सोशल मीडिया को जन्म दिया। कभी मीडिया जनसमूह तक सूचना शिक्षा और मनोरंजन पहुंचाने का सरल और सक्षम साधन हुआ करता था। वही आज के 3G और 4G के दौर में यही काम अब सोशल मीडिया करने लगा है। यह हर उम्र के व्यक्ति के दिन प्रतिदिन के जीवन से जुड़ गया है। विश्व के उन सभी देशों में जहां इंटरनेट की सुविधा उपलब्ध है सोशल मीडिया एक तरीके से उन तक पहुंच चुका है। यह पारस्परिक संबंध का जबरदस्त माध्यम है जो हमें आभासी दुनिया से जोड़ता है। सोशल मीडिया ने विश्व को जैसे सीमित कर दिया है। पल भर में संदेशों से लेकर फोटो आदि द्वारा लोग दुनिया के एक छोर से दूसरे छोर पर अपनी बातों को अपनों तक पहुंचा सकते हैं। इससे लोग न सिर्फ अपनी बातों को दुनिया के सामने रख पाते हैं बल्कि वह दूसरों की बातों  की तमाम घटनाओं से अवगत भी होते हैं। फेसबुक, ट्विटर, ऑरकुट, लिंक्डइन,  इंस्टाग्राम यह सबसे अधिक सोशल नेटवर्किंग साइटें हैं जिनके द्वारा सामाजिक संबंध को और भी मजबूती दी जा सकती जा रही है। इस क्षेत्र में फेसबुक सबसे अग्रणी है।

यह कहने में दो राय नहीं है कि हिंदी भाषा को आगे बढ़ाने का कार्य मीडिया ने किया है। इंटरनेट और मोबाइल ने हिंदी को और विस्तार दिया।हिंदी में संप्रेषण की ताकत है। हिंदी यूनिकोड हुई तो ब्लॉगिंग में बहार आ गई। ब्लॉग लिखने वालों की संख्या में अप्रत्याशित वृद्धि हुई। गूगल का मोबाइल और वेब विज्ञापन नेटवर्क एडसेंस हिंदी को सपोर्ट कर रहा है। इंटरनेट पर 15 से ज्यादा हिंदी सर्च इंजन मौजूद हैं। सोशलसाइट में हिंदी छाई हुई है। 21 फीसदी भारतीय हिंदी में इंटरनेट का उपयोग करते हैं।हिंदी राजभाषा के बाद अब वैश्विक भाषा बनने की ओर तेजी से बढ़ रही है। डिजिटल दुनिया में हिंदी की मांग अंग्रेजी की तुलना में पाँच गुना तेज है।

मेरे उपन्यास मालवगढ़ की मालविका को भी डिजिटल दुनिया में लाने के लिए केंद्र सरकार के संस्कृति विभाग ने उस का चयन किया है। जो विश्व के उन सभी विश्वविद्यालयों में उपलब्ध रहेगा जहां विद्यार्थी हिंदी में शोध कार्य कर रहे हैं।

हिंदी नई प्रौद्योगिकी, वैश्विक व्यापार तंत्र और अंतरराष्ट्रीय संबंधों की भाषा बन रही है। आज मोबाइल की पहुँच ने गाँव-गाँव के कोने-कोने में संवाद और संपर्क को आसान बना दिया है। इस वजह से बाजार आ रहे नित नवीन मोबाइल उपकरण हर सुविधा हिंदी में देने के लिए बाध्य हैं। हिंदी की इस समृद्ध, शक्ति और प्रसार पर किसी भी हिंदी भाषी को गर्व हो सकता है।

मीडिया वास्तव में अपने विचार प्रस्तुत करने का सबसे उचित माध्यम है। लेकिन मीडिया पर जब किसी के विचार प्रस्तुत किए जाएँ तो मीडिया को यह बात ध्यान में रखनई होगी कि उन बातों से किसी का अहित तो नहीं हो रहा। देश के महान चिंतक डॉ. शिव खेड़ा का कहना है कि हम अगर समाधान का हिस्सा नहीं बन सकते तो वास्तव में हम ही समस्या हैं। आज मीडिया पर भी कई बार ऐसी ही स्थिति बनती दिखाई देती है। मीडिया तंत्र समस्या को और बड़ी बनाने की कवायद करता दिखाई देता है। उस समस्या को समाप्त करने में उसकी  क्या भूमिका है, इस बारे में भी चिंतन होना चाहिए। नहीं तो केवल समस्या ही व्यक्त करते रहेंगे तो समाधान कौन देगा। समाधान की दिशा में मीडिया को आगे आना होगा।

सोशल मीडिया समाज की राय व्यक्त करने का एक सशक्त माध्यम है। जब इसे मीडिया का नाम दिया गया है तो निश्चित ही यह लोकतंत्र के चौथे स्तंभ की श्रेणी में भी आता है। हमें इस बात का विचार अवश्य ही करना चाहिए कि लोकतंत्र को मजबूत करने

की दिशा में जो भी उपाय किए जा सकते हैं,वह करना भी चाहिए। इसके लिए सोशल मीडिया पर अपने विचार व्यक्त करना चाहिए। लेकिन आज हम सोशल मीडिया पर जिस प्रकार के विचारों का सामना कर रहे हैं,वह कभी कभी ऐसे लगते हैं कि यही न्यायपालिका और सरकारों के मार्गदर्शक हैं। कभी-कभी तो यह भी देखने में आता है कि स्वनाम धन्य विचारकों की यह भीड़ अपना निर्णय तक सुना देती है। समाज में विद्वेष का जहर घोलने वाले यह विचारक जरा अपनी भूमिका पर विचार करें तो इन्हें स्वत: ही समझ में आ जाएगा कि अगर हम समाधान प्रस्तुत नहीं कर सकते तो हम ही दोषी हैं।

मीडिया में भाषा का दुरुपयोग बहुत ज्यादा हो रहा है। कुछ शब्द प्रतीक बहुत गलत है और ऐसे में उनके लगातार प्रयोग होने के कारण एक दूसरे के पर्यायवाची बन जाते हैं जैसे कि किसी राजनीतिक विचारधारा का समर्थक भक्त कहा जा रहा है भविष्य में भक्तों का अर्थ बिगड़ जाएगा और उस समय ईश्वर को मानने वाले शायद कुछ और कहलाएं। किसी विशेष विचारधारा के समर्थक स्त्रियों को बिंदी ब्रिगेड नाम से जाना जाता है। लेकिन बिंदी तो हिंदू संस्कृति का प्रतीक है। हिंदू स्त्रियां हमेशा से ही बिंदी लगाती है। इस नाम का औचित्य क्या वामपंथी विचारधारा वाली स्त्रियों को इन्हीं शब्दों में नहीं बताया जा सकता? यह शब्दों एवं भाषा की क्रमागत उन्नति नहीं है और न ही इसमें कोई भलाई बल्कि अवनति ही है। यदि हम भाषा को सुसंस्कृत नहीं कर सकते तो बिगाड़ने का क्या अधिकार है हमें। अच्छे-अच्छे पढ़े लिखे लोगों और सम्मानितों को जब भाषा का गलत प्रयोग करते देखती हूँ तो मन व्यथित होता है।

लेकिन यह तो मानना पड़ेगा कि मीडिया ने हमारे जीवन में इतनी तेजी से और गहराई से दखल दिया है कि अब उससे निवृत्ति आसान नहीं है। लेकिन उसमें सुधार बहुत आवश्यक है।

❖ ❖ ❖

# हिंदी में अंग्रेजी का घालमेल

**- मुकेश अग्रवाल**

विज्ञान, तकनीकी आदि के समान मीडिया के लिए भी कहा जा सकता है कि आज का युग मीडिया का युग है। गत दो दशकों में मीडिया की तस्वीर पूरी तरह बदल गई है। आज माँ-बाप द्वारा छह माह का बच्चे को भी दूध पीते समय टीवी और मोबाइल के कार्यक्रम परोसे जाते हैं। इससे उसके मन पर एक संस्कार बनता है, यह संस्कार अन्य क्षेत्रों के साथ भाषा की दृष्टि से भी महत्वपूर्ण होता है। यूं तो भाषा के बिना मीडिया की कल्पना ही नहीं की जा सकती, पर इन दोनों के संबंध आज पूर्णतः परिवर्तित हो गए हैं। मीडिया का आधार सदैव भाषा रही है परन्तु मीडिया भी भाषा का स्वरूप निर्मित करता रहा है। सरस्वती पत्रिका के माध्यम से महावीर प्रसाद द्विवेदी ने खड़ी बोली को उसके पैरों पर खड़ा किया और मानक भाषा का रूप प्रदान करने में सहायता दी। किसी समय बच्चों को आदर्श भाषा और आदर्श उच्चारण के लिए आकाशवाणी के समाचार सुनने का परामर्श दिया जाता था। परंतु आज स्थिति परिवर्तित हो गई है। अन्य भारतीय भाषाओं की तुलना में हिंदी में अंग्रेजी का जबरदस्त 'घालमेल' हुआ है। भाषाओं में परस्पर आदान-प्रदान तो स्वागत योग्य है परंतु आज अंग्रेजी हिंदी पर हावी हो रही है। मीडिया भी इस घालमेल का शिकार हुआ है। अनजाने में कम, जान बूझकर अधिक। एक समय था जब जीटीवी के समाचारों में अंग्रेजी के शब्दों का प्रतिशत बहुत अधिक था, जिसकी आलोचना के उत्तर में उस समय जीटीवी में कार्यरत रजत शर्मा ने कहा था कि वह अपने अंतरराष्ट्रीय दर्शक को ध्यान में रखकर एक नीति के अंतर्गत यह प्रयोग अथवा प्रयास कर रहे हैं। आजकल भी नवभारत टाइम्स में सहज-सरल हिंदी शब्दों के लिए भी अंग्रेजी शब्दावली का प्रयोग अनियंत्रित रूप में किया जा रहा है और ऐसा एक नीति के तहत शहरों की युवा पीढ़ी

को ध्यान में रखकर किया जा रहा है। तुलनात्मक दृष्टि से कम ही सही, परंतु अन्य पत्र-पत्रिकाओं में आवश्यक - अनावश्यक रूप से अंग्रेजी शब्दावली का प्रयोग निस्संकोच रूप से हो रहा है।

यहाँ प्रश्न इस प्रवृत्ति के गुणावगुण अवलोकन का नहीं है परन्तु यथार्थ यही है कि यह हो रहा है और यह हो रहा है शहर के शिक्षित वर्ग को आकर्षित करने के लिए। शिक्षित वर्ग जो शहरों में बढ़ रहा है- शिक्षा के प्रचार-प्रसार के कारण, उपलब्ध सुविधाओं के कारण और गाँवों से हो रहे पलायन के कारण विचारणीय यह है कि क्या इस प्रवृत्ति को रोका जा सकता है। यदि मीडिया के बढ़ते स्वरूप को देखें तो यह सहज संभव नहीं लगता। देश में इलैक्ट्रोनिक मीडिया के क्षेत्र में क्रांति हुई है। व्हाट्सएप, यू ट्यूब, फेसबुक आदि ने विश्व - चेतना को पूर्णतः परिवर्तित कर दिया है। मोबाइल ने सारी दुनिया को अपनी मुट्ठी में कर लिया है। रोमन टाइप से देवनागरी और अन्य भाषाओं की लिपि उपलब्ध हो रही है। गूगल ने उत्कृष्ट और भ्रष्ट अनुवाद के नमूने तैयार कर रखे हैं और देश के अल्पज्ञानी शिक्षित से लेकर प्रोफेसर तक उसका सही-गलत उपयोग कर रहे हैं। सरकारी नीति भी भारतीय भाषाओं को प्रोत्साहित करती नजर नहीं आती। दिखावे के लिए कभी-कभी संस्कृत के उद्धार का प्रचार अवश्य होता है। ऐसे में हिंदी अथवा अन्य भारतीय भाषाओं के प्रति प्रेम अथवा श्रद्धा का भाव कम होता जा रहा है। चिंता यही है कि कहीं हिंदी मात्र 'श्रद्धेय' बनकर न रह जाए।

कुछ समय पूर्व तक प्रायः सभी विद्वान और आप भी अनेक आशावादी विद्वान भारतीय ग्राम्य जीवन और भाषा-प्रयोग की ओर देखकर हिंदी के भविष्य के प्रति आशावादी रहे हैं और हैं। निराश होना भी नहीं चाहिए, परंतु चिंतन अवश्य करना चाहिए कि क्या हमारा मीडिया भाषा को सही दिशा से भटका तो नहीं देगा। ग्राम्य जीवन की दृष्टि से भी सोचें तो अनुभव होगा कि आज भारतीय ग्राम सिकुड़ रहे हैं और सभी चीजों का वैश्वीकरण हो रहा है, भावनात्मक दृष्टि से विश्व ग्राम की संकल्पना वैश्वीकरण से भिन्न है। इस वैश्वीकरण की प्रक्रिया ने भारत की नई पीढ़ी के फ़िल्मी गीतों ने लोकगीतों और भजनों को लील लिया है। इन गानों की भाषा हिंदी है, अंग्रेजी अथवा पंजाबी, समझना कठिन है। यदि इन गीतों आदि के कारण भारतीय संस्कृति में मेल-जोल अधिक हो जाता तब भी इसका स्वागत किया जा सकता था, परंतु ऐसा भी प्रतीत नहीं हो रहा है। फिल्मों, टी.वी धारावाहिकों, विज्ञापनों की भाषा किसी भी दृष्टि से भाषिक संस्कार देने वाली भाषा तो

नजर नहीं आती। यहाँ इनके उदाहरण देने की आवश्यकता नहीं है क्योंकि हम हर समय मीडिया की इस भाषा का साक्षात्कार करते ही रहते हैं।

लिपि के क्षेत्र में भी मीडिया भाषा को प्रभावित करता है। कंप्यूटर, मोबाइल आदि में देवनागरी अथवा अन्य भाषाओं की लिपि की सुविधा होते हुए भी उसका प्रयोग बहुत कम हो रहा है। अंग्रेजी का पर्याप्त ज्ञान न होने के कारण अथवा नागरी की बोर्ड से बचने के लिए भी सोचें तो एक स्वाभाविक कारण तो यह कि कालचक्र की सुई को रोका अथवा वापस नहीं घुमाया जा सकता है। इस दृष्टि से कभी-कभी कहा जाता है कि मीडिया के कारण हिंदी दक्षिण भारत में पहुँच रही है, यह स्थिति तो स्वागत योग्य है परंतु इससे विदेशी ज्ञाषा का वर्चस्व कम नहीं हो रहा है।

शिक्षा पर गंभीरतापूर्वक विचार ही नहीं किया और उसमें भी भाषा की उपेक्षा तो और भी अधिक हुई। जब भाषा उपेक्षित है कि मीडिया और भाषा के संबंधों पर चिंतन अथवा चर्चा का अवकाश किसके पास है। यों भी, भाषा तो बहता नीर है; जो भाषा बह गई, जो शब्द उस नीर के साथ बह गए, जो हजारों शब्द आप्त मृत हो गए जो भाषाएँ मृत हो गईं अन्य कारणों के साथ मीडिया भी उसमें एक कारण है। उन्हें पुनर्जीवित करना कठिन है। यह ठीक है कि कुछ नवीन भी निर्मित हो रहा है, परंतु वह हमारा नहीं है, विदेशी है। हमारी भाषा मर रही है तो अन्योन्याश्रित संबंधों के कारण हमारी संस्कृति भी दरिद्र हो रही है, मीडिया के माध्यम से अंग्रेजी का प्रयोगाधिक्य हमारी भाषाई आवश्यकताएँ तो पूर्ण कर सकता है, पर हमें संस्कार नहीं दे सकता। पर यह भी विचारणीय है कि क्या वास्तव में इस स्थिति को हम दयनीय मानते हैं या हमारा आत्माभिमान भी कम होता जा रहा है। यों, भारतीय संस्कृति के अवशेष क्या आत्माभिमान के योग्य है, यह प्रश्न भी विचारणीय हो सकता है।

❖ ❖ ❖

# भाषा एवं मीडिया - एक मंथन

**- नरेन्द्र परिहार**

इतिहास गूँगे स्वर से निकल अक्षरों के आकार में प्रवाहित है जिनके युग्म से अर्थ निकलने लगे और इसका माध्यम समुदाय द्वारा स्वीकृत चिन्हों ने लिया, जिसे हम माध्यम कहते हैं। आज भाषा एवं माध्यम एक दूसरे के पूरक बन समाज, संस्कृति को तो निर्देशित कर रहे हैं और धुरियाँ बन गई है, जिसके प्रवाह में परिवर्तन का बल है जो शैक्षणिक व आर्थिक सम्भावनाओं को तलाश वर्तमान जीवन को श्वाँस देता है। शायद, यह अतिश्योक्ति लगे पर इसमें भविष्य का आशावादी दृष्टिकोण है, जिस पर इतिहास ने वक्र रास्तों को अपनाकर क्रान्तियों ने अपना नाम दर्ज करवाया। यह क्रान्तियाँ जन-जन की भावनाओं को उभार, तार्किक ऊर्जा प्रदान कर परम्पराओं का बदलाव ही सभ्यता का निर्माण कर सका।

शब्द द्वारा रचित लिपियों और बोलियों को ही भाषा का आकार मान अपना स्वतंत्र रूप स्थापित किया। जिस भाषा ने अपना परिवेश आर्थिक रूप से प्रगति वहाँ भी संस्कृति ने परम्परा का रूप ले लिया, वह हैं इजि, परशियन (रोम), भारत, चीन, मैक्सिको आदि। इन सब संस्कृतियों ने अपनी कई लिपियों में आकार दे विभिन्न धर्मों, राष्ट्रों की जनक बन सकी। यही स्थापित भावनाएं हमेशा काल व समय की विकसित तकनीकी का सहारा ले परिधि में विचरण कर अपनी गहरी पैठ बना स्थापित है। इन्हें ही प्रसार माध्यमों यानी आपसी बातचीत, प्रवचन, पठन, सोशल मीडिया, टीवी, संगणक, गूगल आदि से प्रवाहित किया जा रहा है। हाँ, अब प्रश्न जरूर उपस्थित हो रहा है कि क्या यह परम्पराएँ सत्य में समाज का भला कर सकेगी, क्योंकि भ्रामक प्रचार से आदर्श महामानवों व उनके द्वारा कियह गये कृत्यों पर प्रश्न खड़े किये जा रहे हैं। भाषाओं ने अपना आकार भी गढ़ा व अपना अस्तित्व भी बनाया, परन्तु मीडिया ने विश्व के देशों व सभ्यताओं पर चर्चा करा,

इतना पास ला दिया है वहाँ भाषाएँ अपने अस्तित्व को बचाने का संघर्ष कर रही है। परन्तु भूमण्डलीकरण व औद्योगीकरण के इस दौर में मीडिया, पत्रकारिता वही परोसा रहा है जो उसका आका करवा या कहलवाना चाहता है। यानी समुदाय वही भ्ज्ञाषा में बात करेगा, जिसमें उसका आका करता है।

आज सत्ता व सौदागर डर का बीज बोकर मानव श्रम को लाचार कर उसके मस्तिष्क की क्रांति सूचक सोच न मन को स्वतंत्र रहने दी कहाँ दे रहे हैं। आज बहुतायत में अधिकतर रचनाऐं किसी भी भाषा में हो धर्म, सदाचार, नैतिकता, ईमान की दुहाई देकर लिखी जा रही हैं, जो कि पूँजीवादी, भूमंडलीकरण के नाम पर प्रकार माध्यमों के रास्ते मानव को विश्व की नजदीकियाँ रोमांचित कर रही हैं, तो फिर स्थापित मिथक हर संस्कृति या क्षेत्र के आज टूट क्यों नहीं रहे बल्कि वह अणुबम के समान विस्मृत मति में पुनः स्थापित हो रहे हैं, जो स्वयं को सर्वोत्तम के गर्व से आच्छादित कर विध्वंस की राह पर अग्रसर हो चुके हैं। तब रचनाकारों का धर्म है वह भी अपनी-अपनी लिपि/भाषा में साहित्यिक क्रांति का मार्ग अपनाएं व मानव हित को सर्वोपरि बना इन पूंजीवादी दलालों को उखाड़ फेंके। यहाँ लेखक को पूर्व परोसे विचारों पर ठहराव न देकर उसका मानव हित में विश्लेषण कर सत्यता की परख को छाँट, रवानगी देनी होगी। यह काम प्रसार माध्यमों को ही करना होगा। याद रहे सागर की उफनती किसी भी लहर पर आप सवार कयों न हों, जमीन से टकरा बिखर जाना ही होता है।

याद रहे कविता और संगीत इस धरती की सुंदर अनुभूतियाँ हैं, कवि यहीं से स्वर या अपनी भाषा में गढ़ अभिव्यक्ति के चरण को छूता है। बहुतांश अपने आसपास के परिवेश, भौतिक साधनों के साथ संबंध वन्य उसे ही अपनी जीवन यात्रा की इति समझ लेते हैं, इन्हें हम पाठक या दर्शक समझ लें तो रचनाकार इन्हीं में से निकलता है जो उनको, उनकी भाषा/बोली में गुजरते वातावरण के एहसास के क्षणों को पकड़ उन्हें बदलते परिवेश व उपयोगिता का भान करवाता है। आज कविता/लेखन मात्र शब्द रचना हो गयी है, क्योंकि लेखक / कवि व्यवस्था से टकराना नहीं चाहता। संवेदनाएं मौन हो मृतप्रायः सी हो गयी है।

इन सब स्थितियों में हम मानते हैं कि बैलगाड़ी अच्छी, वह अंधेरा भी अच्छा, गर हम जीवन यापन के लिए अपने द्वारा उत्पादित वस्तुओं को अपनों के बीच इस्तेमाल करें। वह महँगे ही क्यों न हो, परन्तु समाज को एक करने में सहायक होंगे। पैसों का मोह त्याग,

पूँजी प्राप्त करने की होड़ छोड़कर गर हम कृषि ही करेंगे तो अपनों के बीच कई पीढ़ी को जीवित रख सकेंगे।

**गेहूँ की बाली पर इठलाती यौवना पवन**
**आठों पहर खिला गाँवों का मोहता चमन**
**पसीनों से चूँ चूँ कर बहती नदी का कलकल**
**नयन देखेंगे पृथ्वी पर किलकारियाँ मारता जीवन**

आओ भाषा को बचायें व प्रसार माध्यमों को मान व हित में लगा, मानवता का भला करें। याद रहे सम्पर्क के लिए भाषा काम आती है और मीडिया मुनाफे का बाजार बन वही उपलब्ध कराता है जो उसे लालच देता है।

❖ ❖ ❖

# लार्ड मैकाले के प्रति आभार तो बनता ही है

**- डॉ. राजेन्द्र मिलन**

आँग्ल भाषा के पूर्व भारत में संस्कृत - फारसी में शिक्षा व्यवस्था थी। अपितु पाठ्यक्रम में भाषा लिपि का ज्ञान कराने तथा सामान्य गणित को ही प्रमुखता दी। संस्कृत विद्यालय तथा मदरसों में धार्मिक शिक्षा का ही प्रावधान था। तदुपरांत बड़े नगरों में उच्च शिक्षा भी दी जाती थी जिसमें न्याय, गणित, ज्योतिष, व्याकरण आदि ही पढ़ाई जाती थी और ऐसे शिक्षा केन्द्र भी गिने-चुने ही थे।

कविवर मनीषी रामधारी सिंह दिनकर ने लिखा भी है कि तब भारत की शिक्षा पद्धति जीर्ण-शीर्ण, गतानुगतिक और निष्प्राण की। पुराणों में जो लिखा था अथवा बाप-दादों से अतिरंजित कथाओं के रूप में जो कुछ सुनने को मिल जाना था, वहीं तक छात्रों की इतिहास विशयक शिक्षा की और धार्मिक शिक्षा के नाम पर मुसलमानों को कुरान और हिन्दुओं को श्लोक रटवाने की परम्परा की। ईस्ट इंडिया कम्पनी भारत की शिक्षा पद्धति में कोई हस्तक्षेप नहीं करती थी, न करना चाहती थी। सन् 1750 से 1833 तक यही नीति बरकरार रही।

सन् 1781 में भारत के पहले गवर्नर जनरल वारेन हैस्टिंग्स ने कलकत्ता मदरसे की स्थापना की जिसमें फिलासफी, थ्योलोजी, लॉ, ज्योमेटरी, मैथ्स तथा ग्रामर पढ़ाना शुरू हुआ।

उन दिनों शिक्षाविद डॉ. गेरे, कोलब्रुक, ईश्वर चंद विद्यासागर एवं गिलक्राइस्ट अध्यापन क्षेत्र में विख्यात थे। ब्रिटिश सरकार ईसाई मिशनरियों के भारत प्रवेश पर सन् 1833 तक अधिक सख्त रही। ईसाई धर्म प्रचारकों को जेल और जुर्माने की सजा का प्रावधान था।

अप्रतिम समाज सुधारक राजा राममोहन राय भारतीय शिक्षा पद्धति में कालानुसार अंग्रेजी को पाठ्यक्रम में जोड़ने के लिए प्रयत्नशील थे। दिनकर जी ने लिखा भी है कि-" राजा राममोहन राय दूरदर्शी व्यक्ति थे, वह समझे गये थे कि भारत का भविष्य विज्ञान, शिल्प, राजनीति, इतिहास और पाश्चात्य शास्त्रों का ज्ञान प्राप्त करने में है।"

सामाजिक बुराइयों से यथाशीघ्र छुटकारे के लिए राजा राममोहन राय ने अंग्रेजी की महत्ता को पहचाना तथा एक जबरदस्त अभियान का प्रारम्भ किया। उसके पीछे अंग्रेजी की आधुनिक शिक्षा पद्धति की भौतिक अनिवार्यता भी थी। सन् 1811 में गवर्नर जनरल लॉर्ड मिंटो ने तो उस तत्कीन भारतीय वैचारिक स्थिति और शिक्षा पद्धति पर खुलकर मिनिट लिखते हुए गहरा क्षोभ व्यक्त किया था। परिणामस्वरूप सन् 1811 में ही ईसाई मिशनरियों से प्रतिबंध भी हटा दिए गये। राजा साहब ने लार्ड एमहर्स्ट को पत्र लिखकर इंग्लैंड संसद की भारतीय शिक्षा पद्धति पर बेरुखी की आलोचना करते हुए यह भी कहा कि भारत में ज्ञान के प्रकाश को फैलने से रोकने के लिए भारत की प्राचीन भाषाओं को बढ़ावा दिया जा रहा है। अंग्रेजी दिया जा रहा है। अंग्रेजी के पक्षधर इंग्लिश विद्वानों में केरे, डफ, विन्सन, कैप्टेन स्टीवार्ट, डेविड हेरे, सर एडवर्ड, हाइड ईस्ट, आदि ने उदारता का परिचय देते हुए राजा राममोहन राय के परामर्श को ध्यान में रखकर सैकड़ों मिशनरियों की संस्थाओं को शिक्षा प्रसार हेतु पोषण भी किया। राजा राममोहन राय तो अंग्रेजी की आधुनिक शिक्षा के बिना भारतीय वैचारिक क्रांति का उन्नयन होना भी नहीं मानते थे। अंग्रेजी पत्रिका 'ब्राह्मनिकल मैगजीन' के 15 नवम्बर, 1823 के अंक में उन्होंने लिखा था- "हम अपनी गम्भीर भक्ति भावना से अन्य वस्तुओं के साथ-साथ ईश्वर को भारत में अंग्रेजी शासन के वरदान के लिए प्रायः विनम्र धन्यवाद अर्पित किया करते हैं और प्रार्थना करते हैं कि यह शासन आगे आने वाली अनेक शताब्दियों तक अपना कृपा पूर्ण कार्य करते रहें।

डॉ. रघुकुल तिलक ने रवीन्द्र नाथ टैगोर की गीतांजलि की भूमिका में तो यहाँ तक लिखा है - "प्राय: यह माना जाता है कि भारत में अंग्रेजी शिक्षा लार्ड मैकाले द्वारा अंग्रेजी साम्राज्य के लाभ के लिए लागू की गई थी, यह तक कहा जाता है कि वह भारत को इंग्लैंड का एक सांस्कृतिक उपनिवेश बनाकर क्लर्कों की एक फौज इकट्ठी करना चाहता था- इससे बड़ा झूठ और क्या होगा?"

सन् 1823 में जनशिक्षा हेतु जो समिति बनी थी, उसने शिक्षा बजट का सारा धन

संस्कृत कॉलेज कलकत्ता को दे दिया तो उसके विरुद्ध एक जन आंदोलन में संस्कृत और फारसी के स्थान पर आधुनिक अंग्रेजी शिक्षा पद्धति के लिए प्रबल समर्थन व्यक्त किया गया।

दादाभाई नैरोजी, महादेव गोविंद रानाडे, फिरोज शाह मेहता, सुरेन्द्र नाथ बनर्जी, श्रीनिवास शास्त्री, महात्मा गाँधी के राजनीतिक गुरु गोपाल कृष्ण गोखले तथा महर्षि अरविंद घोष के पिता कृष्ण धन घोष आदि तत्कालीन भारतीय मनीषियों के विचारों से प्रभावित होकर ही लॉर्ड मैकाले को बोध हुआ था कि अंग्रेजी साम्राज्य की आधुनिक शिक्षा पद्धति से ही भारत का उज्ज्वल भविष्य निर्मित होगा।

भारत की तत्कालीन स्थिति के शुभ के लिए संघर्षरत प्रसिद्ध मनीषियों-शिक्षा शास्त्रियों के सान्निध्य से लार्ड मैकाले की शिक्षा पद्धति ने भारत की वर्तमान राजनीतिक, सामाजिक एवं धार्मिक नवीन चेतना को जागृत किया जो आज भारतवासियों को प्राचीन और मध्ययुगीन धारणा से पृथक करते हुए प्रगति पथ पर अग्रसरित कर रही है।

अतः इस तथ्य को ध्यान में रखकर ही हमें अंग्रेजी भाषा की उपादेयता को स्वीकारना अनुचित नहीं है और भाषा विवाद को तूल देने की बजाय एक व्यापक कल्याणकारी पथ प्रशस्त करने का ध्येय रखना चाहिए। हमें लॉर्ड मैकाले को धन्यवाद देना तो बनता ही है।

❖ ❖ ❖

# देश के विकास में भाषा और मीडिया

**- लक्ष्मण प्रसाद डेहरिया**

भारतवर्ष में अनेक भाषाएँ और बोलियाँ बोली जाती हैं हिंदी तथा अनेक प्रांतीय भाषाओं को राजभाषा का दर्जा प्राप्त है। भारत में हिंदी, अंग्रेजी व अनेक प्रांतीय भाषाओं के माध्यम से समाचार पत्र-पत्रिकाएँ प्रकाशित होती हैं शिक्षा की उन्नति के लिए किसी न किसी भाषा में संवाद आवश्यक है भारतीय लेखकों द्वारा पाठ्य पुस्तकों का लेखन प्रकाशन भारतीय राज्य भाषाओं के माध्यम से किया जाता है वर्तमान समय में भाषा के साथा संचार माध्यमों आकाशवाणी, दूरदर्शन, विभिन्न चैनलों, मोबाइल स्मार्ट फोनों से शिक्षा मनोरंजन सूचना के क्षेत्र बड़ी भूमिकाएँ इन सभी की ही हमारे देश की जनसंख्या 125 करोड़ से अधिक है जिसमें 75 करोड़ से अधिक हिंदी भाषा लिखना पढ़ना जानते हैं लगभग 120 करोड़ भारतीय हिंदी भाषा को समझकर अपना काम चला लेते हैं भारत की एकता अखण्डता और भारतीय संस्कृति को मजबूती प्रदान करने में हिंदी अंग्रेजी तथा क्षेत्रीय भाषाओं का विशेष योगदान है। भारतीयों द्वारा पर्यटन स्थलों तीर्थों और विशेष दर्शनीय स्थलों में चाहे वह किसी भी भाषा या प्रांत का ही स्थानीय भाषा से वाहन के अवागमन छोटे बड़ी दुकानों, होटलों, रेस्टोरेन्टों में हिंदी या क्षेत्रीय भाषाओं के माध्यम से वह वस्तुओं की खरीदी-विक्री सुविधा आसानी से प्राप्त कर लेता है मीडिया चाहे वह विज्ञापन, प्रिंट मीडिया आकाशवाणी टेलीविजन से भारतीय नागरिकों को उन्नति का मार्ग प्राप्त करने में सरलता होती है लेखकों साहित्यकारों के द्वारा भारतीय संस्कृति, ज्ञान-विज्ञान साहित्य पर हजारों किताबें प्रकाशित होती हैं मीडिया के माध्यम से भी हजारों कार्यक्रम प्रति समारोह भारतीय भाषाओं में प्रसारित होते हैं। भारत के रीतिरिवाज खानपान संस्कारों पर आधारित कार्यक्रम प्रिंट मीडिया और संचार मीडिया से गुणवत्ता के आधार पर प्रचार

और प्रसारित किये जाते हैं किसी देश की उन्नति उस देश की विकसित भाषाओं संचार माध्यमों के बल पर निरंतर बढ़ती जाती है विश्व में बाजारवाद का बोलबाला है। आज विदेशी निवेश के लिए विदेशी कम्पनियाँ भारतीय भाषाओं का ज्ञान अर्जित कर भारतीय प्रचार-प्रसार माध्यमों से अपना व्यवसाय कर रही है भाषा और मीडिया के माध्यम से जहाँ नारी सुरक्षा महिला सशक्तिकरण समाज के हर वर्गों की उन्नति में विशेष ध्यान दे रही हैं। वर्तमान युग में लेखकों साहित्यकारों को एक-दूसरी भाषाओं का अनुवाद करना चाहिए सभी भाषाओं फले फूले और देश ज्ञान-विज्ञान संचार रक्षा- सुरक्षा अनुसंधान क्षेत्र में उन्नति हों ऐसा साहित्य प्रचार प्रसारित होना चाहिए। हमारे देश की एकता अखंडता को भारतीय भाषाएँ सकारात्मक, रचनात्मक मीडिया से मजबूती मिलती है। देश की विकसित राज्य बनाने में भाषा और मीडिया की अहम भूमिका हैं देश में सौहार्द वातावरण शांति प्रगति एकता स्थापित करवाने में भाषा और मीडिया का सर्वपरि स्थान है।

❖ ❖ ❖

# मीडिया के जंग में भाषा

**- अज्ञात**

मीडिया की दुनिया में इन दिनों भाषा का सवाल काफी गहरा हो गया है। मीडिया में जंगी भाषा का इस्तेमाल हो रहा है उसे लेकर शुद्धता के आग्रही लोगों में काफी हाहाकार व्याप्त है।

इस हाहाकार में हमारी हिंदी अकेले होने में खड़ी सिसकारी महसूस हो रही है।

हिंदी की अनिवार्यता आज की वस्तु स्थिति में चिन्तनीय है, चिंता इसलिए कि यह हिंदी जिसका हमारा समाज उपयोग करता है। बार-बार टिप्पणियाँ सामने आती रहती हैं कि हिंदी में अंग्रेजी के मिर्च मसाले की मिलावट से इसका रंग रूप और महत्ता खो रही है।

"आवश्यकता आविष्कार की जननी" के तहत नये आयामों के माध्यम से विचारों की गहराई को अपनाकर आने वाली पीढ़ी के सामने इसकी सच्चाई को प्रस्तुत करके हिंदी का बोध कराना अब अति आवश्यक हो गया है अतः हिंदी के भारत माता के मस्तक की बिन्दी सदैव के लिए बनाते हेतु इसे बचाने की खातिर एक होना आवश्यक है।

हम सब जानते हैं कि भारत बहुभाषी देश है अनगिनत भाषाएँ और बोलियाँ बोली जाती हैं। हम सब जानते हैं कि आज हिंदी भाषा समग्र देश को एक सूत्र में पिरोने वाली आसानी से समझ में आने वाली, सीधा मन पर असर करने वाली भाषा होने के साथ-साथ हिंदी भाषा को राजभाषा के रूप में मान्यता भी प्राप्त है।

यदि हम आजादी के पहले की बात करें तो हमें यह स्वीकार करना होगा कि देश को आजाद कराने में मीडिया की महत्वपूर्ण भूमिका रही है। साथ ही हमें यह भी स्वीकार करने में परहेज नहीं कि उस समय का मीडिया या पत्रकारिता आज से बिल्कुल अलग थी। उस समय अंग्रेजी भाषा का ज्ञान होना तो दूर की बात अधिकांश लोग केवल अपनी भाषा बोल सुनते थे। अब समय अधिकांश लोग अशिक्षित थे और वह समाचार पत्र के ग्राहक

ही इस शर्त पर बनते थे कि उन्हें संपादक लिखे गये समाचार या सामग्री पढ़कर सुनाया करेगा। उस समय चौपालें या चौबारे हुआ करते थे जहाँ बहुत सारे लोग इकट्ठे हुआ करते थे और एक व्यक्ति समाचार पढ़कर सुनाया करता था। हमें यह भी मान लेना है कि सभी अनपढ़ थे परन्तु ग्रामीण परिवेश में प्राय: ऐसा ही था, पढ़े-लिखे लोग भी यहाँ आकर सुनना पसन्द करते थे।

यानी की अनेक भाषा - बोलियों वाले हमारे देश में हिंदी सा कोई नहीं है।

किन्तु आज यही हिंदी चिन्ता का विषय बनी हुई है।

कारण कि अपने अस्तित्व को खोती, अंग्रेजी इस पर हावी होती पर फिर हर दिल में राज करती अपने कर्त्तव्य का बोध कराती कभी मीडिया के हाथों छली जाती कभी अखबारों की सुर्खियाँ बनती

एक खास बात हमने बहुत गहराई आँकी है वह यह कि-

जितनी भी गन्दी गालियाँ हैं सब के सब हिंदी में ही है यानी सब जब जिसको जिस समय जिस प्रकार की गाली का इस्तेमाल करना होता है तो इसका प्रयोग हिंदी में ही ज्यादातर किया है- सोचने वाली बात है यह - कि यहाँ अंग्रेजी का प्रयोग क्यों नहीं करते लोग - तात्पर्य कि अंग्रेजी में देने वाली गालियाँ हर किसी को समझ में नहीं आती, दूसरी बात अंग्रेजी के उच्चारण में गाली अपना असर आना नहीं दिखा पाती जितना कि हिंदी में दी गई गाली का असर लोगों के दिलो-दिमाग पर होता है।

यहाँ तक कि पढ़े लिखों की डिग्री में शामिल होने वाले, सभ्यता की कैटेगिरी में खुद को रखने वाले भी जब अपनी जात पर आते हैं और गाली देने की नौबत आने पर गाली तो हिंदी में देते हैं तो नतीजा तो सामने है फिर भी नकारात्मकता एक प्रश्नचिन्ह लिए भारत में सर्वत्र व्याप्त है।

किताबों में ही बन्द होकर रह जायेंगे वह सारे पन्ने जो हिंदी के प्रचार-प्रसार और अन्तर्राष्ट्रीय प्रथम दर्जा दिलाने की होड़ में लिखे गये हैं-

हिंदी को राष्ट्रभाषा बनाने से लेकर अब तक अनगिनत आलेख, पर्चे, निबन्ध आदि सतत लेखक लिखते आये हैं और ये सब छपते भी हैं, लोग भी पढ़ते भी हैं। युनिवर्सिटी में इसे शोध विषय का भी दर्जा प्राप्त है... तो क्या हिंदी सिर्फ एक शोध विषय ही है ...?

यहाँ हम वह सब लिख चुकी हिंदी की प्राथमिकता को पुनः न दोहराते हुए आज की परिस्थितिनुसार ढली हिंदी का हर महत्व प्रगट करने का प्रयास करना बेहतर समझेंगे-

आज सबसे ज्यादा महत्वपूर्ण काम कर रहा है मीडिया... जो हाँ मीडिया के भूमंडलीयकरण को अपने-अपने तरीके से परिभाषित करना हो तो सर्वप्रथम लेखक की लेखनी के बारे में विचार करना होगा क्योंकि हमें किसी भी व्यक्ति विशेष या उसकी वस्तु स्थिति का ज्ञान होना अति आवश्यक है, क्योंकि ऊँची इमारत की आधारशिला, उसकी सुरक्षा मजबूत नींव पर आधारित है।

अतः लेखक की व्याख्या उसकी लेखनी के मापदण्ड से मापी जाती है। सर्वप्रथम लेखक को अपनी कलम चलाने से पहले अपनी लेखनी को पाठक की मानसिकता उसकी सामाजिक, दार्शनिक व आर्थिक बच्चे के माप को समझकर स्वयं पाठक के भीतर जाकर यह दर्शक, श्रोता के भीतर जाकर यह समझना होना कि इन सब के बीच स्वयं को पढने देखने और सुनने वाला क्या समझता सोचता है। साथ ही उसे अपने आस-पास के या ताबरणी घटित घटनाएँ, नये आविष्कार, नये कानूनी नियम आदि अनेकों विषयों के साथ-साथ अपने जीवन को आँकड़े की वहाँ तक क्षमता है और वह अपने जीवन की कौन-कौन सी कमी लेखक के लेखन से पूरी करना चाहता है।

यहाँ लेखक के लेखन का जिक्र करना इसलिए आवश्यक है क्योंकि छोटी से छोटी बातों से लेकर बड़ी से बड़ी बातों को आवाम तक पहुँचाने का काम एक लेखक ही करता है .. करता है ... हाँ उसका स्वरूप भले ही अलग-अलग पर काम तो एक ही है ...

स्कूल कालेज के पाठ्यक्रम का लेखन अखबारी लेखन और खास कर मीडिया का लेखन - यानी आज मानो हिन्दुस्तान की हिंदी को संवारने सजने बनाने-बिगाड़ने का ठेका मीडिया ने ले लिया है न जाने कितने टीवी चैनल 24 घण्टे चलकर अपना फर्ज अदा कर रहे हैं और यही से अब शुरू होता सिलसिला बाजारवाद, भौतिकवाद, समाजवाद, धर्मवाद ने बुरी तरह जनमानस के मनोमस्तिष्क पर कब्जा करने के कारण हिंदी मीडिया के हाथों नाची- नचाई जा रही है।

मीडिया के भूमंडलीयकरण की व्यापकता उसकी चकाचौंध ने मानव के अतीत, वर्तमान और भविष्य के सामाजिक-आर्थिक ढाँचे को देखते हुए एक प्रश्न उठता है कि वह ऐसा कौन सा घटक है जिसने उसके सामाजिक और आर्थिक ढाँचे में गत कुछ ही शताब्दियों में एक ऐसा क्रान्तिकारी परिवर्तन लाया है जो मानव के उद्धार और विकास का सुदीर्घ अवधी में सम्भवतः कभी नहीं हुआ था, इसका उत्तर हमें विज्ञान और प्रौद्योगिकी के क्षेत्र में हो रही उत्तरोतर प्रगति में परिलक्षित होता है। गत दो शताब्दियों में विज्ञान और प्रौद्योगिकी तथा सामाजिक अवधारणाओं में मूलभूत परिवर्तन होता दिखाई दे रहा है।

वैसे देखा जाए तो वर्तमान पूँजीवादी भूमंडलीकृत बाजार का समय इसके अन्तर्गत आज प्रत्येक वस्तु बाजार का हिस्सा बन गई है व्यापार से लेकर शिक्षा तक और मानव मूल्यों से लेकर आदर्श तक सभी बाजार में खड़े दिखाई देते हैं। ऐसे समय में 21वीं सदी का सबसे प्रभावशाली माध्यम मीडिया कैसे इससे अछूता रह सकता है।

समाज में मीडिया की भूमिका पर बात करने से पहले हमें जानना चाहिये कि मीडिया क्या है?

मीडिया हमारे चारों और मौजूद है टीवी सीरियल व शो जो हम देखते हैं- न्यूज चैनलों द्वारा देश-विदेश की घटनाओं को देखते, संगीत जो हम रेडियो पर सुनते हैं पत्र एवं पत्रिकाएँ जो हम रोज पढ़ते हैं। क्योंकि मीडिया हमारे काफी करीब रहता है। हमारे चारों ओर मौजूद होता है तो निश्चित सी बात है कि इसका प्रभाव हमारे ऊपर और हमारे समाज पर पड़ेगा ही।

प्रसिद्ध भाषा वैज्ञानिक व राजनीतिक चिंतक नाम चॉमस्तीने तीन प्रकार से संचार मॉडलों की चर्चा की है-

*पहला निगम*

*दूसरा राज्य नियंत्रित*

*तीसरा लोकतांत्रिक संचार व्यवस्था*

इन पहली दोनों प्रकार की व्यवस्थाओं में मीडिया पर बाजार का दबाव निरन्तर बना रहता है और इन व्यवस्थाओं की संचार नीतियाँ भी बाजारोन्मुख होती है। भारत में यह स्पष्ट रूप से देखा जा सकता है कि किस प्रकार के भूमंडलीकरण ने भारत की कार्पोरेट छवि को 'समृद्ध' किया है।

वैश्वीकरण की अर्थव्यवस्था का अर्थ है। मुक्त बाजार, मुक्त व्यापार, विदेशी निवेश, सरकार के आकार में कमी और निजीकरण को लोकतत्र व आर्थिक निवास की पूँजी बनाना एडमस्मिथ की और नये अर्थ शास्त्रियों की संकल्पना के विश्व अर्थ व्यवस्था से जोड़ने के लिए विश्व प्रतिस्पर्धा हेतु खुला कर देना ही वैश्वीकरण का भूमंडलीयकरण है।

मीडिया ने हमारे समाज को हर क्षेत्र में प्रभावित किया है यदि मीडिया समाज के प्रति अपनी जिम्मेदारी को समझते हुए सत्य की राह पर है तो उस समाज और राष्ट्र का कोई बाल भी बांका नहीं कर सकता है, लेकिन अगर दुर्भाग्यवश मीडिया ने समाज के प्रति अपनी जिम्मेदारी को नजर अन्दाज करते हुए असत्य की राह पकड़ ली तो समाज व राष्ट्र का नाश तय है। मीडिया के दुरुपयोग को आमिर खान ने अपनी फिल्म 'पीपली लाइव' में काफी करीब से दिखाया है।

साथ ही यह कहना बहुत हद तक उचित होगा कि मीडिया एक दो धारी अस्त्र है। जहाँ एक तरफ यह लोगों के विचार को एक रूप देता है वहीं दूसरी और पाठकों को आकर्षित करने के लिए सनसनीखेज मुद्दे बनाना इसका चरित्र है।

आज मीडिया को नए संदर्भों और परिप्रेक्ष्य में देखने की आवश्यकता है मीडिया को आज इतना जो महत्व दिया जा रहा है या अपसंस्कृति को बढ़ावा देने के लिए उसे जिम्मेदार ठहराया जा रहा है, इसके कुछ ठोस कारण हैं।

मीडिया चाहे सरकार नियंत्रित हो या व्यवसायिक संस्थानों द्वारा पुष्ट-प्रेरित, उसका चरित्र अंततः पूँजीवादी ही सिद्ध होता है। तीसरी दुनिया के देश पूँजीवादी मीडिया के स्वार्थों को ढोने के लिए अभिशप्त है।

अंतोनियो पासक्लात्री का यह कथन बहुत विस्फोटक है कि " तीसरी दुनिया के वास्तविक संस्कृति मंत्री इन देशों के विज्ञापन दाता और विज्ञापन एजेन्सियाँ हैं।

जर्मन बुद्धिजीवी पीटर शेलज के मीडिया निष्कर्ष बड़े प्रासंगिक हैं।

शेकल के अनुसार तीसरी दुनिया के देशों में पूँजीवादी मीडिया निम्नलिखित स्वार्थों की पूर्ति में संलग्न है-

(1) निजी अर्थव्यवस्था और व्यापार प्रणाली को पोषित करना।

(2) इन देशों की राजनैतिक यथास्थिति और उसके ढाँचे को बनाए रखने में भरपूर मदद देना।

(3) पारंपरिक ढाँचे के रीति-रिवाजों को मजबूत करना।

(4) जनता के अधिकांश हिस्से को जागरुक और चेतनशील न होने करना।

(5) निजी उद्योगपतियों के हाथों में मास मीडिया की गारंटी सुस्थिर करना।

(उल्लेख - पत्रकार सदन, अप्रैल जून 2000, तीसरी दुनियाँ के जन संचार का खेल, पृ. 7 )

वर्तमान समय मीडिया के आधार पर फलफूल रहा है खास कर टी.वी. जितने भी न्यूज चैनल है आज उनका ही बोलबाला सर्वत्र है, किसी भी खबर को दिखाने में हर हद सीमा लांघ रही है। वस्तु विशेष से लेकर व्यक्ति विशेष, दंगे-फसाद, हत्या, बलात्कार, आतंकवादी हमले, साधु के भेष में शैतान का अन्दरुनी विवरण - कहने का तात्पर्य किसी भी प्रकार का नियंत्रण मीडिया पर लागू नहीं होता दिखाई पड़ रहा है।

मीडिया आचार संहिता की धज्जियाँ उड़ाई जा रही हैं - संवैधानिक नियामक की आवश्यकता जरूरी हैं. जो किसी भी समय मीडिया की रिपोर्टिंग की जांच समीक्षा करे

और तथ्यगत विरोधी व एक तरफा या निसा परस्तों का शिकार होकर रिपोर्टिंग करने वाले मीडिया समूहों और मीडिया कर्मियों को दंडित कर सकें।

कभी-कभी एक हद तक प्रिंट मीडिया संतुलित रिपोर्टिंग करता है तो वेब मीडिया और इलैक्ट्रॉनिक मीडिया सरासर झूठ और तथ्यारोपित और सरसनी फैलाने वाली कवरेज करती है।

अपने आपको निष्पक्ष पत्रकारिता का सिरमौर कहने वाला बीबीसी भारत विरोधी और हिन्दू विरोधी खबरों को उछालने में किसी भी हद को पार करता है।

भारतीय मीडिया पर अरब देशों से करोड़ों अरबों डॉलर बरस रहे हैं, गुजरात दंगों पर मुस्लिम परस्त रिपोर्टिंग करने के लिए अरब देशों से चैनलों और अंग्रेजी अखबारों को करोड़ों रुपये दिये गये थे।

भारत सरकार और गुप्तचर एजेंसियों को सब कुछ मालूम है फिर चैनलों और अंग्रेजी अखबारों के लिए किस मुस्लिम देश से पैसे मिलते हैं। किस मुस्लिम देश से सभी मान्य - अमान्य सुविधाएँ मिलती हैं। लेकिन शायद हमारी सरकार चैनलों और अंग्रेजी अखबारों पर कारवाई ही नहीं करना चाहती है। आखिर क्यों?

**कौन चलाता है भारत का मीडिया-**

वर्तमान समय के टेबलाइट टीवी ने भी मनुष्य की सोच, समझ और रचनात्मकता पर अलग कब्जा कर लिया है, आज टी.वी. माध्यम पर कब्जा करने वाले भले ही मशीनें न हो परन्तु इसने हमारी वास्तविक दुनिया रच दी है। जिसके सुख-दुःख, समाज, समस्याएँ और मनुष्य सभी कुछ वर्चुअल है। अवास्तविक है। यहाँ पर प्रश्न उठता है कि क्या मनुष्य इस दुनिया को बस यों ही स्वीकार कर लेगा या फिर संघर्ष करेगा।

अगर पत्रकारिता को जीवित रहना है तो उसे मानवीय सरोकारों को अपनाते हुए तथ्य और कल्पना में से तथ्य को असत्य में से सत्य और वर्चुअल और रियल में से रियल को चुनना होगा।

निष्कर्ष-किसी भी विषय वस्तु की शुरुआत तो है पर उसका मध्य और अन्त आज तक निश्चित नहीं हो पाया है।

हिंदी राष्ट्रभाषा होते हुए भी राष्ट्र के वासियों पर उतना असर नहीं छोड़ पा रही है ... कभी-कभी इसका भविष्य क्या है? यह चिन्ता का विषय है। सब कुछ हिंदी के द्वारा हिंदी के कारण ही काम किये जा रहे हैं यानी हर क्षेत्र में, स्कूलों, कॉलेजों, दफ्तरों, शासकीय

कार्यालयों में अखबारों में और सबसे ज्यादा इसका उपयोग टीवी, फिल्म एडवरटाइजों में हो रहा है फिर भी उपेक्षित ही नजर आती है। तो एक जुट होकर बहुत सोच समझ कर हिंदी पर कार्य करना होगा। सिर्फ किताबों में ही बन्द होकर न रह जायें वह सारे आलेख वह सभी परिचर्चा जो हिंदी को बढ़ाने के लिए होते हैं उनको जन मानस के मानस तक पहुँचाना अति आवश्यक है ताकि इसकी सच्ची महत्वता को समझ कर सबका साथ सहयोग मिलना शुरू होगा।

दूसरी और मीडिया ने सबके दिलो दिमाग पर बुरी तरह अपना कब्जा कर रखा है ...

इसके द्वारा प्रदर्शित कार्यक्रमों ने युवा पीढ़ी पर बहुत ही बुरा प्रभाव डाला है।

मीडिया के बारे में जितना हो जाये कम है।

शुरुआत का वह पता है पर इसका मध्य और अन्त कहीं नहीं है। अंधी दौड़ में सभी भाग रहे हैं दिशाहीन परिस्थिति विकट व दयनीय राष्ट्रभाषा राष्ट्र में अपना वर्चस्व स्थापित से पहले फिर उसे विश्व की नम्बर एक की भाषा का मान दिलाना आसान होना। तो मीडिया को जोर दिलाना पड़ेगा कि अब तो राष्ट्रहित हेतु अग्रसर होकर कुछ इतिहास बन सके ऐसा काम करना शुरू कर दें।

कौन चलाता है भारत का मीडिया?

❖ ❖ ❖

# हिंदी भाषा के प्रचार - प्रसार में मीडिया का योगदान

**- डॉ. किरण पोपकर**

हिंदी भाषा के प्रचार-प्रसार में साहित्य एवं संस्थाओं के साथ-साथ मीडिया ने भी अहम भूमिका निभाई है। प्रिंट मीडिया, इलेक्ट्रोनिक मीडिया और डिजिटल मीडिया माध्यमों ने हिंदी भाषा को व्यापक जन समुदाय तक पहुँचाने का कार्य किया है। समाचार पत्र, पत्रिकाएँ, रेडियो, टेलीविज़न चैनेल, फिल्म और सोशल मीडिया प्लैटफार्म ने हिंदी भाषा की लोकप्रियता और उपयोगिता को बढ़ावा दिया है अगर यह कहा जाए तो गलत न होगा।

स्वाधीनता संग्राम में हिंदी भाषा का व्यापक उपयोग कई उदाहरणों के साथ उजागर होता है। भाषा भेद छोड़कर उस दौरान हिंदी के माध्यम से लोग एकता के सूत्र में बंध गए। स्वतंत्रता संग्राम के वक्त दिए गए नारों की भी अहम भूमिका रही है, उदाहरण स्वरूप बाल गंगाधर तिलक 'स्वदेश मेरा जन्मसिद्ध अधिकार है, मैं इसे लेकर ही रहूँगा', गांधीजी का नारा 'अंग्रेज़ो भारत छोड़ो', या सुभाष चंद्र बोस का लोकप्रिय नारा 'तुम मुझे खून दो मैं तुम्हें आजादी दूंगा', इन सभी भाषणों और नारों को समाचार पत्र, पत्रिकाओं, रेडियो ने जन-जन तक पहुंचाया और लोगों में लोक चेतना उत्पन्न की। फिल्मों ने भी उस वक्त जन समुदाय में देश प्रेम, स्वाधीनता, स्वदेश प्रेम, एवं मुक्ति की अद्भुत कामना जाग्रत की। नि:संदेह उस वक्त का यह नन्हा पौधा आज एक विशाल वटवृक्ष की भांति अपनी जड़े फैलाकर केवल भारत में ही नहीं बल्कि विश्व स्तर पर अपनी गहरी पैठ करने में सफल रहा है। इस सफलता में  मीडिया का भी बहुत बड़ा योगदान रहा हैं यह बात किसी से छिपी नहीं हैं।

विगत कुछ दशकों से हिंदी भाषा के व्यापक प्रचार–प्रसार के माध्यम से भौगोलिक भाषाई तथा सांस्कृतिक सीमाएं तोड़ दी हैं। इसका एक मात्र कारण हैं हमारा सशक्त मीडिया। मीडिया ने हिंदी भाषा को भाषागत विस्तारीकरण दे दिया। आज हम देख रहे हैं रजत पटल पर छाई हिंदी फिल्में विदेशों में भी बहुत पसंद की जा रही हैं। सुमधुर गीतों के लाइव कॉन्सर्ट विदेशों में भी आयोजित किए जा रहे हैं। दशकों से टीवी पर प्रसारित होने वाले सामाजिक, पौराणिक, ऐतिहासिक, पारिवारिक और धार्मिक धारावाहिकों ने भारत देश में ही नहीं विदेशों में भी धूम मचाई है। 'अवतार','स्लमडॉग मिलिनियर' फिल्म का गीत 'जय हो' ऑस्कर से पुरस्कृत है, इसी तरह कई वर्षों तक 'बालिका वधू' धारावाहिक ने भी विदेश में भी कीर्तिमान हासिल किया है। विश्व की बहुराष्ट्रीय कंपनियों ने अखिल भारतीय बाजार में स्थान प्राप्त करने के लिए हिंदी भाषा पर विशेष बल देते हुए उसे अपनाया। विज्ञापन के लिए हिंदी भाषा का चयन से, देखते ही देखते 'दिल मांगे मोर','डर के आगे जीत है','ठंडा मतलब कोकाकोला' जैसे हिंदी विज्ञापनों ने विज्ञापन की दुनिया में तहलका मचाया।

सोशल मीडिया जैसे फेसबुक, व्हाट्सएप ने लोगों को करीब लाने में मदद की। वर्षों से बिछड़े दोस्त, रिश्तेदार एक दूसरे से जुड़ गए और अपनी भाषा में एक दूसरे के साथ संपर्क करने लगे। कई लोगों ने अपने क्षेत्र में होने वाली रोजमर्रा की खबरों को आम कर दिया। इस तरह सोशल मीडिया के आने से हर वर्ग के लोगों को अपनी मन की बात कहने और विचारों को व्यक्त करने का मौका मिला। मोबाइल और कंप्यूटर में हिंदी टाइपिंग को आसान करने हेतु यूनिकोड की सुविधा ने हिंदी टाइपिंग की क्लिष्टता को यूनिकोड 'मंगल फॉन्ट'ने आसान कर दिया। इसी तरह इंटरनेट यानी अंतरजाल भी हिंदी के प्रचार-प्रसार में अहम भूमिका निभा रहा है। अधिकतर लोग जानकारी प्राप्त करने और जानकारी शेयर करने के लिए इंटरनेट का प्रयोग करते हैं। ई-मेल के माध्यम से भी हिंदी भाषा का प्रयोग हो रहा है।

उद्योग और व्यापार के क्षेत्र में जहां भारतीय भाषाओं के प्रयोग की पूर्ण उपेक्षा की जाती थी, अब हिंदी सम्मानजनक स्थान प्राप्त करती हुई नजर आती है। रेडियो, टीवी, पत्र-पत्रिकाओं यहाँ तक की मोबाइल के विभिन्न ऐप पर भी विज्ञापन देने की होड लगी रहती है। इससे स्पष्ट है कि हिंदी भाषा को धीरे-धीरे देश व्यापी स्वीकार्यता मिल रही है।

**मीडिया ने हिंदी को निम्नलिखित रूप में व्यापकता दी हैं:**

मीडिया के जरिए लोगों को खेल, संगीत, व्यापार, खबर, फिल्म, नाटक जैसी कई तरह की जानकारी मिलती है।

(1) हिंदी की वैश्विक स्वीकार्यता में डिजिटल माध्यमों का अहम योगदान है। डिजिटल माध्यमों के जरिए हिंदी सिनेमा, भारतीय संस्कृति तथा उपभोक्ता बाज़ार की जानकरी मिलती है।

(2) सोशल मीडिया पर हिंदी के विज्ञापनों से वैश्विक उद्योग जगत अपने उत्पादों को लोकप्रिय बना रहा है।

(3) मोबाइल के ऑपरेटिंग सिस्टम में हिंदी के आने से हिंदी को लिखने-पढ़ने समझने और बोलने वालों की संख्या बढ़ गई है।

(4) विदेशी सरकारे भी भारत से संपर्क के लिए हिंदी भाषा का ज्ञान आवश्यक समझते हैं इसलिए कई देशों में हिंदी अध्ययन की सुविधा अमेरिका, चीन, यूरोप आदि देशों में की गई है।

(5) कुछ वर्ष पूर्व तक हिंदी को रोजगारोन्मुख एवं रोजगारपूरक भाषा नहीं माना जाता था। लेकिन आज हिंदी बाजारोन्मुख भाषा है। मीडिया ने न जाने कितने ही रोजगार के अवसर उपलब्ध किए हैं।

(6) वाणिज्य और व्यापार ने भी हिंदी भाषा की महत्त्वता को समझा क्योंकि भारत को सबसे बड़े बाज़ार और उपभोक्ता के रूप में देखा जा रहा है।

(7) आज प्रिंट मीडिया और इलेक्ट्रोनिक मीडिया, पोस्टर, बेनर, विजिटिंग कार्ड, विवाह कार्ड, बधाई पत्र, निमंत्रण पत्र इत्यादि क्षेत्रों में भी सॉफ्टवेयर और हार्डवेयर कंपनियों को हिंदी में उपभोक्ता बाज़ार दिख रहा हैं।

अंत में कहा जा सकता है कि मीडिया ने हिंदी भाषा के प्रचार-प्रसार में महत्वपूर्ण भूमिका निभाई है। विभिन्न मीडिया माध्यमों जैसे प्रिंट, रेडियो, टेलीविज़न, डिजिटल, सोशल प्लेट फॉर्म ने हिंदी को जन-जन तक पहुंचाने और उसकी लोकप्रियता बढ़ाने में सहयोग किया है। हिंदी भाषा की सरलता और व्यापक उपयोगिता को मीडिया ने सशक्त साधन के रूप में प्रस्तुत किया है, जिससे भाषा की स्वीकार्यता और प्रभाव बढ़ा है। मीडिया ने न केवल हिंदी साहित्य, संस्कृति और विचारों को बढ़ावा दिया है, बल्कि हिंदी भाषा के विकास और संवर्धन में एक महत्वपूर्ण स्तंभ सिद्ध हुआ है।

❖ ❖ ❖

# मीडिया और हिंदी का विराट रूप

**- सुरेश कुमार श्रीचंदानी**

जिन जिन देशों में लोकतांत्रिक शासन व्यवस्था होती है वहां के नागरिकों को वाक् और अभिव्यक्ति की स्वतंत्रता प्रायः अनिवार्य तौर पर मिल जाती है। मीडिया अर्थात जनसंचार के माध्यम वाक् और अभिव्यक्ति की स्वतंत्रता से ही अस्तित्व में आते हैं और उसी के कारण पुष्पित पल्लवित होते हैं।

लोकतंत्र के कारण ही जनमानस को आत्मनिर्णय का अधिकार प्राप्त होता है और उसी से वैज्ञानिक सोच और तर्कशीलता को बढ़ावा मिलता है। नवीनतम वैज्ञानिक साधनों और प्रौद्योगिकी के उपयोग की मांग बढ़ती है। हिंदी भाषा आज के साइबरनेटिक्स और ऑटोमेशन युग के अनुरूप बन गयी है और अब हिंदी प्रौद्योगिकी आधारित भाषा बन गयी है। जनसंचार के सारे माध्यम, प्रिन्ट मीडिया, रिकॉर्डिंग (डाटा स्टोरेज) मीडिया, रेडियो मीडिया, टीवी मीडिया, फिल्म मीडिया, इंटरनेट मीडिया और मोबाइल मीडिया भी नवीनतम प्रौद्योगिकी पर आधारित हो चुके हैं। यह सतत रूप से ही चलते रहने वाली प्रक्रिया है। यह भी ध्रुव सत्य है कि जो आज की प्रौद्योगिकी है यह आवश्यक नहीं है कि कल भी वही प्रचलन में बनी रहे। जैसे-जैसे प्रौद्योगिकी बदलती जाएंगी वैसे वैसे अग्रणीय प्रौद्योगिकी उसी के अनुरूप हिंदी भाषा को भी बदलना होगा।

लोकतंत्र के तीन स्तंभों लोकपालिका, कार्यपालिका और न्यायपालिका के साथ चौथा स्तम्भ है-मीडिया। मीडिया के कार्य होते हैं-सूचना देना, शिक्षा देना, मनोरंजन करना और जनमत का निर्माण करना। आज के सूचना विस्फोट के युग की मांग है कि प्रत्येक सूचना, प्रत्येक व्यक्ति को, प्रत्येक स्थान पर, प्रत्येक समयबिन्दु पर और प्रत्येक प्रकार के प्रारूप में मिले। ज्ञान के विस्फोट के कारण ज्ञानार्जन के अधिकांश स्रोत प्रत्येक व्यक्ति के

इर्द-गिर्द आ गए हैं। शब्द के विस्फोट के कारण प्रत्येक व्यक्ति जिस भाषा को चाहे उसे वह सीख सकता है। इसी कारण से अग्रणीय प्रौद्योगिकी के अनुरूप हिंदी भाषा के ढलते रहने पर हिंदी के तेज गति से सर्वत्र प्रसार पाना अवश्यंभावी है।

मीडिया क्षेत्र और हिंदी के विराट स्वरूप को देखने पर यह पता चलता है कि हिंदी फिल्म मीडिया में हरियाणवी हिंदी, बिहारी हिंदी, राजस्थानी हिंदी, पहाड़ी हिंदी अर्थात 46 बोलियों वाले परिवार की हिंदी, हिन्दुस्तानी अर्थात हिंदी-उर्दू, बम्बईया हिंदी, गोअन हिंदी, कलकत्तिया हिंदी, हाफलोंग हिंदी, मद्रासी हिंदी, पंजाबी हिंदी, एंग्लोइण्डियन हिंदी, पारसियन हिंदी तथा हिंगलिश उपस्थित हैं। भारत सहित जिन देशों की प्रथम भाषा हिंदी है उनमें शासन और शासित संबंधी अधिकांश साहित्य हिंदी में होना स्वभाविक है। भारत के संविधान के अनुच्छेद 351 के प्रावधान के अनुसार केन्द्र सरकार के कार्यालयों के हिंदी कक्षों के द्वारा प्रकाशित की जाने वाली पत्र-पत्रिकाएं आदि भी हिंदी में होती हैं। हिंदी को प्रथम भाषा बना चुकी शासन व्यवस्थाओं और गैर शासकीय व्यवस्थाओं के रिकार्डिंग मीडिया में साहित्यिक हिंदी, मानक हिंदी, कार्यालयी हिंदी, हिंदी की उपभाषाओं आदि का व्यापक परिदृश्य दिखलाई पड़ता है। हिंदी बाहुल्य वाले प्रिंट मीडिया में अधिकांशतः व्यावहारिक हिंदी, आम बोलचाल की हिंदी, हिंगलिश और हिंदुस्तानी आदि के दर्शन होते हैं। रेडियो व टीवी मीडिया में भी प्रयोजनमूलक, आम बोलचाल की हिंदी एंव सरल और व्यापक रूप से प्रचलित हिंदी आदि के दर्शन होते हैं। जनसंचार के माध्यमों (मीडिया) के कारण ही पूरा विश्व एक गांव बन गया है। हिंदी भाषा का शिक्षण ऑनलाइन हो जाने से हिंदी की पहुंच का दायरा पूरे विश्व बन गया है।

वैश्वीकरण के जो सात मुख्य तत्व माने जाते हैं जनसंचार के साधन (मीडिया) भी उनमें से एक है। वैश्वीकरण के कारण हिंदी मीडिया जगत का विस्तार हुआ है और हिंदी कई अहिंदी भाषी क्षेत्रों तक फैल गयी है। आज के युग ने अनुवाद की मांग को बढ़ावा दिया। अनुवाद अत्यंत ही महत्वपूर्ण उद्योग बन गया है। जनसंचार के सारे ही माध्यमों के लिये अनुवाद का सहारा लेकर हिंदी को विस्तार देने के अवसर उपलब्ध हो गए हैं।

हिंदी भारत और वृहत्तर भारत की कई उपभाषाओं के शब्द भण्ड़ार, मुहावरों और लोकोक्तियों से समृद्ध है। हिंदी ने अरबी, फारसी, तुर्की, चीनी, पश्तो, तिब्बती, इब्रानी, मंगोल, ग्रीक, लेटिन, फ्रैंच, जर्मनी, पुर्तगाली, इटालियन, डच, रूसी, स्पेनिशों, अंग्रेजी और अन्य कई भाषाओं के शब्दों को आत्मसात किया है। विश्व के लगभग 120 देशों में

हिंदी भाषा का परचम लहरा रहा है। इसमें काफी हद तक मीडिया ने भी अपनी महत्तवपूर्ण भूमिका का निर्वाह किया है। भारतीय उपमहाद्वीप, वृहत्तर भारत को देशों, कैरीबियन देशों, यूरोप के कुछ देशों और संयुक्त राज्य अमेरिका आदि में हिंदी भाषी जनमानस के द्वारा विकसित, प्रसंस्कारित और प्रयुक्त किये जाने वाले जनसंचार माध्यमों के लिए हिंदी पूर्णतः अनुकूलित भाषा है।

संयुक्त राष्ट्र संघ के द्वारा हिंदी को अपनी आधिकारिक भाषा बनाने के लिए अपने आधे सदस्यों की सम्मति लेने की आवश्यकता होगी- इसके लिए आवश्यक जनमत का निर्माण करना हिंदी भाषी मीडिया का ही प्रमुख उत्तरदायित्व है। जन संचार के माध्यमों के द्वारा प्रयोजनमूलक हिंदी का उपयोग ही इसे आसानी से लोकप्रिय बना सकता है। हिंदी का प्रबल पक्ष है कि इसमें जैसा बोला जाता है वैसा लिख जाता है। यह सर्वाधिक वैज्ञानिक लिपि है। अत्यन्त ही समृद्ध भाव और ज्ञान, साहित्य के साथ-साथ विराट हिंदी फिल्मों का परिदृश्य इसका सांस्कृतिक पक्ष है। ये और ऐसे सारे प्रबल पक्ष साधन हैं साध्य नहीं है।

भारत विश्व की तेजी से बढ़ती हुई अर्थव्यवस्था है जो कि कुछ ही समय में 50 खरब डॉलर की अर्थव्यवस्था बन जाने वाली है। राजनीति और अर्थव्यवस्था जितनी तीसरी महत्तवपूर्ण शक्ति है भाषा जो भाव व विचाार व्यक्त करने के माध्यम के साथ संस्कृति की संवाहिका भी है। राजनीति और मीडिया का चोली दामन का साथ होता है। हिंदी इसमें पूरक और परक दोनों है।

❖ ❖ ❖

# हिंदी और सोशल मीडिया

## - डॉ. कविता रायज़ादा

भाषा मनुष्य के बीच संवाद का माध्यम ही नहीं है बल्कि भाषा में मनुष्य के संस्कार, उसकी अस्मिता और उसका पीढ़ियों से संचित गौरव अंतनिर्हित है। भाषा जहाँ मनुष्य की सभ्यता, संस्कृति, साहित्य और ज्ञान-विज्ञान की विरासत को अक्षुण्ण रखी है। वहीं आधुनिक संदर्भों में विकास के प्रतीकों को राष्ट्र के गौरव के रूप में सहेजने का कार्य भी करती है।

प्रत्येक देश में भाषा के दो रूप पाये जाते हैं। एक साहित्यिक व दूसरी जनभाषा। साहित्यिक भाषा साहित्य तक ही सीमित रहती है, जबकि जनभाषा का क्षेत्र विस्तृत व बहुआयामी होता है। जनभाषा से रिश्ता जनसंचार की अनिवार्य शर्त है। आज वैश्विक स्तर पर यह सिद्ध हो चुका है कि हिंदी भाषा अपनी लिपि और ध्वन्यात्मकता की दृष्टि से सबसे शुद्ध और विज्ञान सम्मत भाषा है क्योंकि इसमें ग्रहणशीलता का गुण है इसलिए हम यह कह सकते हैं कि हिंदी विश्व की प्रमुख भाषाओं में स्थान पाने की दावेदार है। इसका क्षेत्र मात्र विस्तृत ही नहीं अति विस्तृत है।

विश्वभाषा हिंदी के साहचर्य से मीडिया का दायरा अत्यन्त व्यापक होता जा रहा है। अब हर किसी के हाथ में इंटरनेट है और वे खबरों के लिए अखबारों के पन्ने नहीं पलटते वह तो बस वेबसाइट पर ही नज़र डालते हैं। खास बात यह है कि इसमें हिंदी वेबमीडिया ने अपनी उपस्थिति दर्ज कराई है। कुछ ही वर्षों में हिंदी की ऐसी असंख्य वेबसाइटें शुरू हो गई हैं। मीडिया का भविष्य अत्यंत संभावनावान दिखाई दे रहा है।

वर्तमान दौर संचार क्रान्ति का दौर है। संचार क्रान्ति कि इस प्रक्रिया में जनसंचार माध्यमों के भी आयाम बदलते हैं। न्यू मीडिया, ऑनलाइन मीडिया, साइबर जर्नलिज्म

और वेब जर्नलिज्म जैसे कई नाम वेब पत्रकारिता के लिए प्रचलन में हैं। विशेषतः प्रिंट और इलैक्ट्रॉनिक मीडिया सर्वाधिक सशक्त विकल्प के रूप में उभरा है।

भारत में पत्रकारिता और जनसंचार माध्यमों का आगमन और विस्तार पश्चिम की देन है, किन्तु अल्पावधि में ये सैकड़ों वर्षों की निद्रा में सोये भारत की जाग्रति का माध्यम सिद्ध हुए हैं। जहाँ एक दौर में समाचार माध्यम सोद्देश्य मिशन भावना के पर्याय थे, वहीं कालांतर में व्यवसाय का माध्यम बनने लगे। उसका प्रभाव उनकी अंतर्वस्तु, प्रस्तुति और भाषा पर पड़ना स्वाभाविक था।

जनभाषा से रिश्ता जनसंचार का अनिवार्य अंग है। विश्व की चोटी की जनभाषाओं में हिंदी ने आज मीडिया सहित विविध जनसंचार माध्यमों में अपनी खास पैठ बना ली है।

हिंदी के साहचर्य से मीडिया का दायरा अत्यंत व्यापक होता जा रहा है। अब हर व्यक्ति के हाथ में इंटरनेट है वह खबरों के लिए अखबारों के पन्ने पलटने के स्थान पर वेबसाइट पर नजर डालना ज्यादा उचित समझते हैं।

मीडिया का एक महत्वपूर्ण पक्ष सोशल नेटवर्किंग के रूप में सामने आ रहा है। यह समाज को आपस में जोड़ने का सबसे आसान और द्रुत साधन है। आज मीडिया से जुड़ना बेहद आसान है। वर्तमान में सोशल मीडिया हिंदी सहित देश-दुनिया की अनेक भाषाओं में अभिव्यक्ति का एक सशक्त माध्यम बन गया है। इसके माध्यम से हिंदी भाषा में विचारों की अभिव्यक्ति और सृजन की संभावनाओं को नए पंख लग गए हैं। अब समय आ गया है जब मनुष्य कागज, कलम को परे रखकर कम्प्यूटर या मोबाइल पर भावों की अभिव्यक्ति करने लगा है तथा ईमेल, एस.एम.एस, ब्लॉग आदि के जरिए अपने संदेशों और विचारों का आदान-प्रदान करने लगा है। कुछ लोग सोशल नेटवर्किंग साइट्स पर प्रसारित हो रही भ्रामक खबरों के कारण इसे मीडिया कहने से हिचकते है। जिसका कारण यह है कि पत्रकारिता में अपुष्ट, अस्पष्ट और सामाजिक सौहार्द बिगाड़ने वाले समाचार प्रसारित नहीं होने चाहिए।

आज हर पाठक पत्रकार है उसके हाथ में इतनी ताकत है की वह खबर को दुनिया के सामने प्रस्तुत कर सकता है। बस उस ताकत का इस्तेमाल हमें किस रूप में करना है इसका ध्यान रखना जरूरी है। कुछ लोग तो जनता का ध्यान अपनी ओर आकृष्ट करने के लिए बेबाक कटाक्षपूर्ण भाषा का प्रयोग कर रहे हैं और ताज्जुब की बात यह है कि लोग उसे पसंद भी कर रहे हैं। हर शख्स कम से कम शब्दों में सरसरी निगाह में ज्यादा से ज्यादा पढ़ना व देखना पसंद करता है।

दुनिया के प्रत्येक मीडिया हाउस ने यह मान लिया है कि बिना वेब पर गए उनका उद्धार नहीं हो सकता कई बड़े अखबार तो अपनी पहुँच को बढ़ाने में सक्रिय भी है। अब तो लगभग हर छोटे-मोटे अखबार, चैनल का मुख्य चेहरा यही दिखाई दे रहा है।

बदलते दौर में मीडियाकर्मियों के सामने यह तथ्य उजागर होने लगा है कि जिस व्यक्ति ने पूंजी निवेश किया है, वही तय करेगा कि क्या प्रसारित होगा, किस तरह की भाषा और किन तस्वीरों के साथ प्रसारित होगी, मीडियाकर्मियों को सिर्फ उसका पालन करना है।

हिंदी पत्रकारिता के पुरोधा बाबूराव विष्णु पराड़कर ने कभी मीडिया की भाषा को मजदूरों, आमजन, अशिक्षित या अल्पशिक्षितों की भाषा बनाने का विचार दिया था। वैश्विक स्तर पर कई लोग व्याकरण को बाध्यकारी न मानकर, यह मानने लगे कि संदेश पहुँचना चाहिए, व्याकरण जरूरी नहीं। इस प्रकार व्याकरण को न मानने वालों की मीडिया में तादाद बढ़ी है।

मीडिया और फिल्मी दुनिया ज्यादा दोषी है हिंदी कि इस दशा की। ऐसा लगता है जैसे हिंदी व अंग्रेजी प्रतिस्पर्धा कर रही हैं। न्यूयार्क में 8वें विश्व हिंदी सम्मेलन में प्रो. अनिल कुमार ने कहा था, 'हिंदी को बिकनी न पहनाएं तो अच्छा है।' नवगठित विश्व हिंदी सचिवालय की महासचिव डा विनोद बाला अरूण जो की मॉरीशस की हैं जिनका मंतव्य था- 'मीडिया जो हिंग्लिश परोस रहा है उससे हिंदी और दरिद्र हो रही है।'यह सब सरकारी संस्थानों की दी हुई छूट का परिणाम है। राष्ट्रीयता के संदर्भ में भाषा से खिलवाड़ अनैतिक है। हिंदी फिल्म जगत वैश्विक जनमानस के बीच हिंदी का प्रसार कर रहा है, किन्तु सच्चाई यह है कि इस फिल्म इंडस्ट्री का कारोबारी स्वरूप अंग्रेजीमय है।

हिंदी मीडिया में काम करने वालों के लिए हिंदी जानना आवश्यक नहीं रह गया है। पहले जो हिंदी का मीडियाकर्मी बनना चाहता था, वह साहित्यिक और भाषायी संस्कार ले कर आता था। अब यह जरूरी नहीं रह गया। हिंदी का दुर्भाग्य यह है कि उसे न जानते हुए भी हिंदी की पत्रकारिता, मीडियाकर्मी, सिनेमा सब कुछ किया जा सकता है। समाचार या मनोरंजन संस्थानों में इसकी कद्र नहीं है जिस वजह से हिंदी सीखने की प्रेरणा समाप्त हो रही है। संचार का काम सिर्फ सूचना देना नहीं है, बल्कि वैज्ञानिक सोच पैदा करना है।

मीडिया की भाषा हमेशा मेहनत और सजगता से गढ़ी हुई भाषा होती है, जिसका उद्देश्य अपनी बात सभी वर्गों में अधिक से अधिक पहुँचाना होता है। लगता है यह लक्ष्य मीडिया से ओझल होता जा रहा है। भाषा में गलत प्रयोगों की भरमार नहीं होनी चाहिए

क्योंकि मीडिया ही है जो पाठकों को भाषायी संस्कार देने में अहम भूमिका अदा करते है। यह एक साधना है जिसका अनुसरण आम जनता करती है। इस दिशा में हिंदी मीडिया सशक्त भूमिका का निर्वाह कर सकता है। जो उसे करनी ही चाहिए।

**संदर्भ ग्रन्थ**


1. विश्व पटल पर हिंदी-सफलता एंव संभावनाएँ, रंग प्रकाशन, इंदौर
2. राष्ट्रभाषा हिंदी-शिक्षा और संस्कृति, उज्जैन


❖ ❖ ❖

# भाषा के प्रति गहराता संकट

**- इंद्रेश राजपूत**

मीडिया और हिंदी साहित्य के अंतर्संबंधों तथा सरोकारों पर आज विचार-विमर्श इसलिए आवश्यक हो गया है क्योंकि भूमंडलीकरण और बाजारवाद के युग में जिस उपभोक्तावादी संस्कृति का जन्म हुआ है उसमें मानवीय संवेदनाएं निरंतर कमजोर होती जा रही हैं जबकि **'संवेदना'** साहित्य की पूंजी है किन्तु **'घर'** में घुस आए बाजार ने अपना पहला शिकार इसी को बनाया है। 'उत्तर आधुनिकतावाद और यहां तक कि विसंरचना' ( डी कंस्ट्रक्शन ) के युग तक आते-आते गीत-कविता के अंत और साहित्य के समापन की धारणाएं इतनी सशक्त हो उठी हैं कि साहित्य के भविष्य के लिए ही प्रश्न खड़ा हो गया है। बाजार व्यवस्था में 'माल' की तरह साहित्य को केवल वस्तु मान लिया गया है। भाषा के प्रति संकट गहराने लगा है। तथ्यों की विकलता संवेदनाओं के प्रति संदिग्धता भर कर मानवीयता के प्रति प्रश्नचिन्ह लगा रही है। ऐसे युग - संदर्भ में मीडिया की जिम्मेदारी साहित्य के पक्ष में खड़े होने की होनी चाहिए थी किन्तु वह न केवल तटस्थ और उदासीन है वरन् साहित्य के प्रति उपेक्षा और रचना विरोध की भूमिका निबाहता प्रतीत होता है। इसका प्रमाण यह है कि प्रिंट और इलेक्ट्रॉनिक मीडिया में जितना और जो स्थान साहित्य और साहित्यकार को मिलना चाहिए उतना मिल नहीं पा रहा है। इतना ही नहीं कुछ माध्यम तो जीवन - जगत के आयामों में इस तरह उलझे हुए हैं कि उन्हें साहित्यिक गतिविधियों, महत्त्वपूर्ण उपलब्धियों और शीर्षस्थ रचनाकारों के जीवन-मरण की घटनाओं की भी खबर नहीं है। साहित्य के साथ मीडिया का असहयोग समझ में नहीं आ रहा।

मीडिया अनंत रूपों में हमारे जीवन के क्षण-क्षण को प्रभावित कर रहा है। वर्तमान समय में प्रेस, टीबी, रेडियो, दूरदर्शन, सिनेमा, इंटरनेट आदि की पहुंच विभिन्न रूपों में

आज हमारे जीवन के अन्तरिम पहलुओं तक हो गई है। मीडिया का जनसम्पर्क ज्यों-ज्यों गति प्राप्त कर रहा है हमारा साहित्य उतना ही साधारण नागरिकों से दूर होता जा रहा है। मीडिया की जड़ें लोकाभिरुचि की धरती पर गहराई से धंसने में सक्षम जबकि साहित्य आकाश-कुसुम बनने की दिशा की ओर गतिशील है। साहित्य का निरंतर परिधि की ओर खिसकते चले जाना अपने आप में एक खतरा है। उसके समक्ष उत्पन्न चुनौतियों में उसके लिए एक बड़ी चुनौती अस्तित्व-रक्षा की भी है क्योंकि प्रस्तुति - प्रदर्शन से लेकर चिंतन और विचारधारा तक मीडिया लघु मार्ग अपनाकर न केवल शोहरत बटोरने की जल्दी में है बल्कि रहस्य, रोमांच और सनसनी फैला एक बड़े जन समुदाय को अपनी ओर आकर्षित करने में अग्रसर है। साहित्य के अधिकांश पाठक भी उसी दिशा की ओर अग्रसर हैं। मीडिया की चकाचौंध में साहित्यानुरागियों की आंखों का चौंधिया जाना साहित्य के लिए अच्छा नहीं है क्योंकि मीडिया अपने माध्यम से जो साहित्य परोस रहा है उसमें न तो कलात्मक संवेग है और न ही जीवन मूल्यों की संरक्षणशीलता का प्रबल भाव। वह अपने पथ पर अपनी नियति स्वयं तय करने में जुटा है इसलिए आज पठनीयता का संकट बढ़ाने में मीडिया की भूमिका की अस्वीकार नहीं किया जा सकता किन्तु एक समय था जब अखबारों और पत्रिकाओं ने हिंदी साहित्य का एक बड़ा पाठक वर्ग तैयार किया था। लोक-विमुख रीतिकालीन साहित्य की प्रतिक्रिया से उत्पन्न जनसापेक्ष नवजागरण- कालीन साहित्य को विभिन्न पत्र-पत्रिकाओं के माध्यम से व्यापक प्रतिष्ठा और लोक व्याप्ति दिलाने में उसका बहुत बड़ा योगदान था। उसने सामंती परिवेश में रचित साहित्य को उसकी मजबूत पकड़ से मुक्ति दिलाकर जनसाधारण से जोड़ने में महत्त्वपूर्ण भूमिका निभाई थी। सामती परिवेश की रुचि अभिरुचि और आस्वादन की जनाभिरुचि में परिवर्तित करने में प्रेस के सहयोग को अस्वीकार नहीं किया जा सकता। पाठक की मनोवृत्ति बदली कला का दृष्टिकोण बदला। रचनाकार दरबारी परिवेश से बाहर निकला। वह जनजीवन का प्रवक्ता बना। जनता से उसका सीधा सम्पर्क हुआ। इसके परिणाम स्वरूप सामंती रुचि और आस्वाद की जगह जनरुचि और जनाकांक्षा का साहित्य विस्तार पाने में सक्षम हुआ। रचनाकार को एक व्यापक पाठक समुदाय मिला और पाठक के बीच की दूरी समाप्त हई पठनीयता का आलम यह था कि किसी विशेष रचना के लिए पाठकों को प्रेस के सामने लाइन में भी खड़ा होना पड़ता था लेकिन वर्तमान समय में पाठक वर्ग रंगीन चटपटी खबरों का चहेता बन गया है। आज का लेखक पाठक साहित्य के प्रति अपनी

उचित भूमिका नहीं निभा पा रहा। सामाजिक व्यवहार और परिवेश में परिवर्तन क्यों हो गया है। इस विषय पर विचार करना जरूरी है। साहित्य भावना और संवेदना के धरातल पर एक अच्छे मनुष्य' और 'अच्छे समाज' की संकल्पना को साकार करने में समाज का सहयोगी बनता है और मीडिया अपनी संचरणशीलता के व्यापक परिप्रेक्ष्य में जनजागरण की पृष्ठभूमि तैयार करता है। दो ढाई शताब्दी पहले तक सूचनाएं जी केवल शक्तिशाली वर्ग तक सीमित थी। ज्ञान जो किसी विशेष वर्ग की धरोहर था उसे आम लोगों तक पहुंचाने में प्रिंट मीडिया की भूमिका अविस्मरणीय है। प्रेस ने लिखित ज्ञान की पुस्तकों के रूप में सार्वजनिक किया। पत्र-पत्रिकाओं का प्रकाशन भारतीय समाज की भलाई के लिए' (सन् अठारह सौ छब्बीस में पं, युगल किशोर शुक्त के सम्पादन में प्रकाशित उदत मार्तंड का सम्पादकीय) शुरू हुआ। भारतेन्द्र युगीन हिंदी रचनाकारों की सामाजिक और राष्ट्रीय परेशानियां पुस्तकों और पत्र-पत्रिकाओं के माध्यम से सामाजिकी तक पहुंचीं। भारतेन्द्र बाबु हरिश्चन्द्र पंडित प्रतापनारायण मिश्र, गणेश शंकर विद्यार्थी, गुलाब राय, बालकृष्ण भट्ट चौधरी बद्री नारायण 'प्रेमघन' आदि की रचनाधर्मिता और पत्रकारिता के मध्य रेखा खींचना उनके व्यक्तित्व का विभाजन करना होगा। उन दिनों साहित्य और पत्रकारिता का उद्देश्य लगभग एक था, सरोकार एक था। दोनों एक दूसरे से संवाद करते हुए गतिशील थे। कमोबेश यही स्थिति द्विवेदी युग और प्रेमचंद युग तक विद्यमान रही किन्तु भूमंडलीकरण और बाजारवाद ने मीडिया की भूमिका, उसकी कार्यप्रणाली, अर्थप्रणाली, चिंतन और उद्देश्य को अत्यंत गहराई तक प्रभावित किया है। राजनीतिक और सांस्कृतिक दबाव ने साहित्य और पत्रकारिता के रिश्तों को पहले जैसा नहीं रहने दिया है।

भारतीय समाज की भलाई के लिए शुरू हुई हिंदी पत्रकारिता अब दिशा-भ्रम और अर्थलोलुपता की शिकार हो चुकी है। उसका समष्टि-चिंतन व्यक्तिवादी होता जा रहा है। सामाजिक हित निजता की समय सीमा में सम्पोषण पा रहे हैं। प्रतिष्ठित सर्व विख्यात साहित्यिक पत्रिकाएं अर्थतंत्र के षडयन्त्र का शिकार हो गई हैं। उनका स्थान व्यावसायिक पत्रकारिता ने ले लिया है। वर्तमान समय में समाचार पत्र को विज्ञापन से अच्छी कमाई हो रही है। संपादकों का स्वत्व और स्वतंत्रता समाचार पत्रों के मालिकों के हाथों गिरवी पड़ चुकी है। यह आज की स्थिति का एक जीवन नमूना है किन्तु हर गिरावट की शुरुआत बहुत पहले हो गई थी जिसकी पीड़ा सच्चिदानंद हीरानंद वात्स्यायन 'अज्ञेय' के इस कथन में स्पष्ट झलकती है। हिंदी पत्रकारिता के आरंभ के युग हमारे पत्रकारों की जो प्रतिष्ठा थी, वह आज नहीं है। साधारण रूप से तो अपवाद खोजेंगे तो भी नहीं यही पाएंगे कि आज

का एक भी पत्रकार या संपादक वह सम्मान नहीं पाता जो कि पचास-पचहत्तर वर्ष पहले के अधिकतर पत्रकारों, संपादकों को प्राप्त था। आज के संपादक-पत्रकार अगर इस अंतर पर विचार करें तो स्वीकार करने को विवश हो जाएंगे कि वे न केवल कम सम्मान पाते हैं बल्कि कम सम्मान के अधिकारी हैं और शायद उचित सम्मान के पात्र बिल्कुल नहीं हैं, जो पाते हैं वह पात्रता से नहीं वरन इतर कारणों से। " इस स्थिति के लिए जिम्मेदार कौन है? इस पर भी अज्ञेय ने विचार किया" अप्रतिष्ठा का प्रमुख कारण यह है कि उसके पास मानदंड नहीं है। हरिश्चन्द कालीन संपादक-पत्रकार या उतनी दूर न जाएं। तो महावीर प्रसाद द्विवेदी का समकालीन भी वर्तमान समय के पत्रकारों, संपादकों से अच्छा था। उसके पास मानदंड थे, स्पष्ट नैतिक आधार और स्पष्ट नैतिक उद्देश्य भी थे। उनमें से कई ऐसे भी थे जिनके विचारों को हम दकियानूसी कहते थे, फिर भी उनका सम्मान करने को हम बाध्य होते थे क्योंकि स्पष्ट नैतिक आधार पाकर वे उन पर अमल भी करते थे, वे चरित्रवान थे। आज विचार क्षेत्र में हम अग्रगामी भी कहला लें, तो कर्म के नैतिक आधारों की अनुपस्थिति में निजी रूप से हम चरित्रहीन ही हैं और सम्मान के पात्र नहीं हैं। स्पष्ट है कि वर्तमान समय में यह चरित्रहीनता अर्थतंत्र की उपज है। पत्रकारिता जगत में प्रेस मालिकों को पूंजी की निरंतर अभिवृद्धि की चिंता है तो संपादकों, पत्रकारों को अपनी सुख-सुविधाओं की। जब पत्र-पत्रिकाओं के संचालन और नियंत्रण में धन की प्रधानता होगी तब वही स्थिति पैदा होगी जो आज पत्रकारिता क्षेत्र में व्याप्त है और यह स्थिति अचानक नहीं उत्पन्न हुई है बल्कि इसने धीरे-धीरे भयावह रूप धारण कर लिया है। भूमंडलीकरण और बाजारवाद ने तो इसे और विद्रूप बना दिया है। आज जो स्थिति है उसकी आशंका गणेश शंकर विद्यार्थी को पहले हो गई थी" इस देश में भी समाचार पत्रों का आधार धन हो रहा है। धन से ही वे निकलते हैं, धन ही के आधार पर वे चलते हैं और बड़ी पीड़ा के साथ कहना पड़ता है कि उनमें काम करने वाले बहुत से पत्रकार भी धन की ही अभ्यर्थना करते हैं। अभी यहां पूरा अंधकार नहीं हुआ है, किन्तु लक्षण वैसे ही हैं कि भविष्य में चारों तरफ अंधकार छा जाएगा। कुछ ही समय पश्चात् यहां के समाचार-पत्र भी मशीन के सदृश हो जाएंगे और उनमें काम करने वाले पत्रकार केवल मशीन के पुर्जे किसी का कोई स्वतंत्र व्यक्तित्व नहीं रहेगा, सत्य और असत्य का अंतर नहीं रहेगा, अन्याय के विरुद्ध सजग बने रहने और न्याय के लिए संघर्ष करने की इच्छा नहीं रहेगी, रह जाएगा केवल खिंची हुई लकीर पर चलना।" छपाई की विभिन्न तकनीकों से छपाई साफ-सुथरी और आकर्षक हो गई है किन्तु उसमें

वह प्राणवत्ता नहीं रह गई है जिसे लेकर हिंदी पत्रकारिता की शुरुआत हुई थी।

अब राजनैतिक और व्यावसायिक लाभ-लोभ के चक्रव्यूह में उलझे समाचार पत्रों की दृष्टि में साहित्य और साहित्यकारों के लिए कोई मान - सम्मान नहीं रह गया है। उनकी नज़र में अपराध, हत्या, आत्महत्या, बलात्कार, मारपीट, छेड़छाड़, चोरी - डकैती, लूट - पाट, तंत्र - मंत्र, मायानगरी की घटनाएं जीवन से संवाद करती घटनाएं हैं इसलिए वे उन्हें छापने में जितनी रुचि और रस लेते हैं उतनी रचनात्मकता सकरात्मकता लेखन के लिए नहीं। यहां तक कि साहित्यिक - सांस्कृतिक घटनाएं भी सुर्खियां नहीं बन पातीं। बड़े से बड़े साहित्यिक आयोजनों और उनमें भाग ले रहे शीर्षस्थ साहित्यकारों के चिंतन और विचारों, प्रवचनों के लिए अखबारों में जगह नहीं बची है जबकि छुटभैये नेताओं की नुक्कड़ सभाओं, मायानगरी की माया फैलाने वाले चित्रों को प्रकाशित करने में उन्हें गर्व महसूस होता है। राजनेताओं की कृपाकांक्षा के आग्रही समाचार पत्र उनकी प्रशंसा के पहाड़ खड़े करने में कोई संकोच नहीं करते, किन्तु महानतम रचनाओं की महिमा का बखान करने के लिए उनके पास शब्दों की कमी पड़ जाती है।

एक समय था जब पत्रकारिता ने जीवन और समाज के अंतसूत्रों को जोड़ने में महत्त्वपूर्ण भूमिका निभाई थी। सर्व साधारण के मन में नव स्फूर्ति और नव चेतना का संचार किया था। जीवन में व्याप्त आशा-निराशा, सफलता-असफलता की अभिव्यक्ति द्वारा कर्त्तव्याकर्त्तव्य के बोधन में मदद पहुंचाई थी वही पत्रकारिता आज नील, पीत, नवनीत बनकर जीवन मूल्यों और आदर्शों के ध्वंस में रुचि ले रही है। उसका ध्यान 'मिशन' और 'प्रोफेशन' से हटकर 'कमीशन ' और ' सेंसेशन' पर केन्द्रित हो गया है। जबकि साहित्य आज भी 'सत्यं शिवं, सुंदर' की स्थापना के लिए प्रयत्नशील है। मानव मूल्यों में उसकी आस्था है। दूसरी ओर समाचार पत्र विज्ञापन की बैसाखी पर ग्लैमर और चकाचौंध की यात्रा में लीन है। इस तरह दोनों के उद्देश्य और सरोकार अब अलग-अलग दिशाओं में गतिशील लगते हैं किन्तु पहले ऐसा नहीं था। समाचार पत्र देश के साथ-साथ साहित्यिक और सांस्कृतिक चेतना जगाने का भी कार्य करते थे। आचार्य शिवपूजन सहाय का यह कथन इसी बात की पुष्टि करता है। प्राचीन समय के हिंदी दैनिकों ने जहां देश के नागरिकों को उदबुद्ध करने का अथक प्रयास किया, वहां जनता में साहित्यिक चेतना, देश प्रेम की अलख जगाने का कार्य भी किया।

वर्तमान समय में पत्रकार का साहित्यकार होना एक विरल संयोग है, साथ ही समाचार पत्रों को साहित्य से कोई आर्थिक लाभ भी नहीं है इसलिए वे साहित्य के लिए पन्ना खर्च

करने में संकोच करते हैं। वर्तमान समय में प्रतिष्ठित पत्रकार सम्पादक भी चाटुकारिता का जामा ओढ़ कर जीवन जी रहे हैं।

साहित्य के प्रचार-प्रसार का दुर्वह बोझ उठाती लघु पत्रिकाएं अपने ही अंतर्विरोधों से ग्रस्त हैं। सातवें दशक में बुर्जुआ पत्रकारिता से अलग साहित्यिक संवार के उद्देश्य से लघु पत्रकारिता का आरम्भ हुआ था। लघु पत्रिका आन्दोलन जिस उद्देश्य को लेकर गतिशील हुआ था उसके अर्थ में ही अनेक बिसंगतियां उत्पन्न हो गई। यह आन्दोलन सम्पादकों का अपनी-अपनी पत्रिकाओं के लिए आंदोलन ज्यादा बना इसीलिए इसमें सामूहिकता का अभाव तथा दलगत राजनीति का वर्चस्व कायम हुआ। हमें यह स्वीकार करना ही होगा कि लघु पत्रिकाओं ने हिंदी साहित्य के प्रचार-प्रसार की जिम्मेदारी बखूबी निभाई है। यदि ये पत्रिकाएं नहीं होतीं तो हिंदी साहित्य के समक्ष आंधियारा और सघन होता।

एक सशक्त माध्यम के रूप में पुस्तक की अपनी भूमिका है। पुस्तकें तत्काल व्यय और खत्म हो जाने वाली वस्तु की श्रेणी में नहीं आतीं। उन्हें संजोकर, सहेजकर रखा जा सकता है। आज की विडम्बना यह है कि हिंदी की अच्छी और महत्त्वपूर्ण पुस्तक सरकारी पुस्तकालयों में डम्प होने के लिए विवश हैं। कमीशन का मायाजाल नीचे से ऊपर तक फैल चुका है। लेखक येन-केन प्रकारेण पुस्तकें उपवाने के लिए व्यग्र हैं और नामी-गिरामी टोपी पहने लेखकों की छत्रछाया में फलते-फूलते प्रकाशक उनकी इस व्याकुलता को भुनाने के लिए तत्पर हैं। नए प्रकाशक नए लेखकों का शोषण कर रहे हैं और बड़े प्रकाशक नामधारी लेखकों के आशीर्वाद तले अपना व्यवसाय निरन्तर बढ़ा रहे हैं। सहायक पुस्तकें, कुंजियां, रंगीली मनमोहने वाली पुस्तकें ज्यादा छप रही हैं, साहित्यिक कम। किताबें महंगी हैं इसलिए साहित्य का विद्यार्थी उन्हें खरीद कर पढ़ना नहीं चाहता। अधिकांश लेखक, पत्रकार कम्पलीमेंटरी पुस्तकें प्राप्त करना चाहते हैं।

रेडियो प्रिंट मीडिया की अपेक्षा एक तीव्रगामी माध्यम था। प्रिंट मीडिया की पहुंच जहां सिर्फ पढ़े-लिखे नागरिकों तक है वहीं रेडिया सर्व सुलभ साधारण नागरिकों के लिए एक सशक्त माध्यम था। इसने हिंदी साहित्य के प्रचार-प्रसार में अपना अमूल्य योगदान दिया। कविताओं, कहानियों, साहित्यिक-सांस्कृतिक बाताओं, परिचर्चाओं का प्रसारण कर सर्व साधारण नागरिकों के साथ अपना रिश्ता कायम किया और साधारण नागरिकों के मन-मस्तिष्क में अपनी पैठ बनाई। आरम्भ में रेडियो से जुड़ने वाले अधिकांश अधिकारी, कर्मचारी, साहित्यकार अथवा साहित्यिक अभिरुचि के लोग थे। उन्होंने अपनी साहित्यिकता को उत्कर्ष प्रदान करने के साथ आकाशवाणी के भीतर-बाहर एक

साहित्यिक वातावरण भी तैयार किया। यह बात अलग है कि सरकारी संस्था होने के कारण रेडियो सत्ता और व्यवस्था-विरोध का साहित्य जनता तक नहीं पहुंचा सकता था जबकि विसंगतियों और विडम्बनाओं को उजागर करना साहित्य का उद्देश्य था। इससे साहित्य यथार्थपरक, पठनीय और प्रभावशाली होता था। आकाशवाणी ने मानवीय संवेदनाओं को उद् बुद्ध करने, जन-जागृति लाने और राष्ट्रीय चेतना का प्रसार करने में अपनी महत्त्वपूर्ण भूमिका निभाई। साहित्यिक-सांस्कृतिक समारोहों और आयोजनों से अपने को जोड़े रखा।

दूरदर्शन का प्रचलन हो जाने से रेडियो का प्रयोग तो अब लगभग नहीं होता। दूरदर्शन भी विज्ञापन की बैसाखी पर सवार होने के लिए विवश हो गया है। दूरदर्शन के कार्यक्रमों का प्रभाव साधारण नागरिकों के जीवन पर व्यापक रूप से पड़ा है। साहित्यिक कार्यक्रमों का स्थान फिल्मी गानों ने ले लिया है। पुनरावृत्ति तथा सीरियल के कार्यक्रम जनमानस को उबासी प्रदान कर रहे हैं। साहित्य सृजन को बढ़ावा देने वाला पुराना वातावरण अब नहीं रह गया है। कभी-कभी दूरदर्शन कुछ अच्छी कविताएं, कहानियां और वार्ताएं प्रसारित करता रहता है लेकिन अब उनके श्रोता और दर्शक न के बराबर हैं। श्रव्य माध्यम को दृश्य माध्यम ने धराशायी कर दिया।

इलेक्ट्रॉनिक मीडिया के विस्फोटक प्रसार ने साधारण जन-जीवन को गहराई तक प्रभावित किया है। स्पष्ट है साहित्य जनता की चित्तवृत्ति का संचित प्रतिबिम्ब है इसलिए जन-जीवन में आए व्यापक परिवर्तनों ने साहित्य की भी दिशा और दशा बदल डाली है। श्रव्य और दृश्य माध्यम होने के कारण टीवी वर्तमान समाज में सशक्त उपयोगी माध्यम है। यद्यपि इसका उद्देश्य मनोरंजन, उचित संदेश और जनमानस को जाग्रत करना था। लेकिन अब यह केवल मनोरंजन और प्रचार तक सीमित रह गया है। वर्तमान समय में रंगीन, सस्ते प्रेम विषयक सीरियलों की दूरदर्शन पर भरमार है। नैतिक, सामाजिक शिक्षा देने वाले कार्यक्रमों का अकाल पड़ गया है। साहित्य केवल मनोरंजन ही नहीं है नागरिकों के लिए उसमें संदेश, उपदेश भी है। टी.वी. चैनलों की संख्या लगातार बढ़ रही है लेकिन उनके द्वारा परोसी गई सामग्री सनसनीखेज, रहस्यपूर्ण और मदभरी है। उनका उद्देश्य दर्शकों को रिझाना और विज्ञापन के नाम पर अत्यधिक पैसा कमाना है। उन्हें न तो सामाजिक सरोकारों और कर्त्तव्याकर्त्तव्य का ज्ञान है और न ही जीवन मूल्यों के संरक्षण का। उन पर बाजार पूरी तरह हावी है। बाजार संवेदनाओं को कुंद और भोथरा बनाता है। उसकी दृष्टि में सहानुभूति और सहिष्णुता के स्थान पर विनिमय तत्व की प्रधानता है। बाजार विनिमय भावनाओं को भी 'वस्तु' की तरह देखता परखता है। आज का संसार एक दूसरे के बहुत निकट आ

गया है लेकिन संबंधों की उष्णता गायब हो गई है। बाजार अपने साथ लोभ, भोग, सुख की चौंधियाती रोशनियों का समुद्र लाया है जिसके उफनते ज्वार में नग्नता, अभद्रता और विलासिता का उन्मादी नर्तन है। उद्दाम संगीत के साथ शरीर भोगोन्मुख होकर थिरकने को आतुर है। यही कारण है कि 'बाजार नियंत्रित मीडिया' का दृष्टिकोण भी बदल गया है। अपसंस्कृति, उपभोक्तावाद, स्त्री छवि और भोग की प्रक्रिया में निरंतर परिवर्तन तथा जीवन मूल्यों, आदर्शों, नैतिकताओं, वर्जनाओं की विनाश-लीला उसी दृष्टि और चिंतन का परिणाम है। विभिन्न टीवी चैनलों द्वारा परोसी जा रही सामग्री इसी पृष्ठभूमि की उपज है।

इलेक्ट्रॉनिक मीडिया के अंतर्जगत् में अपने को सर्वोत्तम सिद्ध करने के लिए जब से प्रतिस्पर्धा शुरू हुई है तब से दृश्य-श्रव्य माध्यमों ने जो हथकंडे अपनाए हैं उनसे हिंदी भाषा और साहित्य का स्वास्थ्य अधिक विकारग्रस्त हुआ है, किन्तु एक समय ऐसा था जब दूरदर्शन ने साधारण नागरिकों के हृदय में परिष्कार हेतु उत्कृष्ट साहित्य की प्रस्तुति की थी। वस्तुतः दूरदर्शन के गद्यपरक कथात्मक कार्यक्रम एक प्रकार से साहित्य के ही दूरदर्शनीकरण हैं। जब दूरदर्शन धारावाहिकों की शुरूआत की तब अनेक साहित्यिक व्यक्तित्व भी इससे जुड़े। रामायण और महाभारत, हमलोग, बुनियाद जैसे उपजीव्य धारावाहिकों की कथा और उनमें निहित संदेशों को जनता तक पहुंचाकर दूरदर्शन ने अपनी पहुंच की ताकत का अहसास कराया था। निर्मला, कर्मभूमि, गोदान, मैला आंचल, तमस, रागदरबारी, गणदेवता, श्रीकांत, चरित्रहीन, रथचक्र, मृत्युंजय, ' मालगुडी डेज आदि महत्त्वपूर्ण आधुनिक भारतीय साहित्य तथा पौराणिक घटना प्रसंगों और कथा संदर्भों को जनता तक सम्प्रेषित कर दूरदर्शन ने साहित्य और समाज को अपने से जोड़ा था। लोगों में इन धारावाहिकों को देखने की ललक भी थी किन्तु आज दूरदर्शन की ओर से प्रस्तुत विभिन्न कार्यक्रमों में साहित्यिक धारावाहिकों की या तो कमी हो गई है अथवा कोई नामी गिरामी व्यक्ति उन्हें अपना साहित्यिक स्पर्श देकर उससे जुड़ने में असमर्थता महसूस कर रहा है।

बाजार नियंत्रित इलेक्ट्रॉनिक मीडिया के प्रभाव से हिंदी साहित्य में भी सनसनी और उत्तेजना पैदा करने वाले तत्व निरंतर बढ़ रहे हैं, या यों कहें कि बाजार की मांग के अनुसार हिंदी रचनाकारों ने भी अपने को ढालना शुरू कर दिया है। बाजार का इतना व्यापक और गहरा प्रभाव पड़ा है कि उसके पंजे साहित्य की छाती में भी घुस चुके हैं।

सिनेमा संचार का एक सशक्त माध्यम है। सांस्कृतिक अतिक्रमण ने जहां कला में नए मूल्यबोधों को उजागर किया है वहीं तकनीक के नए रूपों ने रचनात्मकता को हाशिए की

ओर धकेला है। आज का सिनेमा जगत भी इससे अछूता नहीं है। वैसे तो कथानक, संवाद, गीत और अभिनयशीलता आदि को लेकर सिनेमा और साहित्य में घनिष्ठ सम्बंध रहा है किन्तु फिल्म में तकनीकी प्रयोग की सम्भावना का अनुपात अपेक्षाकृत आज अधिक होने के कारण यह संबंध पहले जैसा नहीं रह गया है। हिंदी सिनेमा ने कभी हिंदी के महान कथाकारों, प्रेमचन्द, फणीश्वर नाथ 'रेणु', राही मासूम रजा, भीष्म साहनी, बलराज साहनी आदि को अपने से जोड़ने की कोशिश की थी।

गोपालदास 'नीरज', गोपाल सिंह 'नेपाली', प्रदीप, शैलेन्द्र, भरत व्यास, राजेन्द्र कृष्ण, आदि से गीत लिखवा गए थे, किन्तु आज की स्थिति पहले से अत्यधिक अलग है। कथानक जिस सामाजिक चेतना और मार्मिक अनुभूतियों के भाग होते थे वे तत्व अब सिनेमा से गायब हो गए हैं। भावों की सूक्ष्मता और गहराई को कलात्मकता के साथ उभारने वाले गीत नहीं हैं। फिल्मों का उद्देश्य मात्र सस्ता मनोरंजन रह गया है। पहले गीतों में अलंकारों, मिथकों और लोकतत्वों का सम्मिश्रण होता था। गीतकार अपने गीतों में काव्यात्मकता का श्रेष्ठ तत्व भरता था। साहित्यिकता का दामन पकड़कर चलने वाली फिल्मों का अपना अलग ही महत्त्व था।

इलेक्ट्रॉनिक मीडिया के कारण ब्लॉग (चिट्ठा) लेखन सम्भव हो गया है। अभिजात्य वर्ग के लिए यह फैशन बन गया है। हिंदी के कुछ रचनाकार भी इस दिशा में सक्रिय हो गए हैं। उनकी इस सक्रियता से हिंदी साहित्य को क्या लाभ होगा? यह तो भविष्य ही बताएगा।

परिवर्तित होते परिवेशों और परिस्थितियों के कारण मीडिया हिंदी साहित्य के लिए भले ही चुनौतियां खड़ी करे किन्तु हमें आश्वस्त रहना चाहिए कि अनंत सम्भावनाओं वाला हिंदी साहित्य अपनी सभी बाधाओं, संकटों को पार करता हुआ निरंतर गतिमान रहकर नागरिकों के हृदय में उदात्त भावनाओं, मानवीयता, सामाजिकता और सांस्कृतिकता की अभिवृद्धि करेगा।

❖ ❖ ❖

# मीडिया का धर्मसंकट

**- डॉ. शिवशंकर अवस्थी**

शोधपत्र का विषय है-मीडिया का धर्मसंकट। आमतौर पर बुद्धिजीवियों में मीडिया की निंदा करने की प्रवृत्ति रही है। मीडिया के नकारात्मक पक्ष को बढ़ा-चढ़ा कर पेश किया जाता है। तब हम यह भूल जाते हैं कि प्रिंट और इलैक्ट्रॉनिक मीडिया दोनों ने ही जनमत को जगाया है। आजादी के पहले प्रिंट मीडिया की स्वतंत्रता संग्राम आंदोलन में बहुत बड़ी भूमिका थी, मीडिया की भूमिका समझे बिना स्वतंत्रता संग्राम का इतिहास अधूरा ही रहेगा। इसी तरह से टू जी जैसे बड़े-बड़े घोटालों में भी मीडिया की भूमिका बहुत सक्रिय रही। इसी तरह से मीडिया ट्रायल को लेकर बहुत कुछ कहा गया है। भारत के माननीय मुख्य न्यायाधीश अल्तमश कबीर ने कहा 'फैसले केवल अदालतों में होने चाहिए। मेरा विचार कमोवेश यह है कि किसी भी केस का मीडिया ट्रायल नहीं होना चाहिए। इससे आरोपी के विरुद्ध पूर्वाग्रह होता है। कानून में भावनाओं के लिए जगह नहीं है।' बात तो सही है लेकिन यह भी सही है कि नोएडा के आरुषी काण्ड में शुरू में मीडिया ने जो कहा था और उसके लिए मीडिया की बहुत निंदा भी हुई थी कि मीडिया फैसले दे रहा था। लेकिन आज पुलिस और अदालत उसी रास्ते पर चल रहे हैं जिसकी ओर मीडिया ने ध्यान खींचा था। मीडिया के पक्ष में यह भी कहा जा सकता है कि मीडिया ने सबका ख्याल रखा है विशेषतौर पर प्रिंट मीडिया ने साहित्य, कला के साथ पूरा न्याय किया है। आज के दौर में जबकि साहित्यिक पत्रिकाओं का अभाव साफ नजर आ रहा है, मीडिया ने साहित्य को पूरा स्थान दिया है। लेकिन समस्या कुछ दूसरी है और अधिक व्यापक और गंभीर।

यह समस्या है कि निरपेक्ष दृष्टि से यदि भारतीय समाज को देखा जाये तो यह समाज अनियमित गति से दौड़ते धावकों का एक विकट समुदाय नजर आता है। यहाँ कुछ लोग ऐसे भी हैं जो कि शायद ठहरे हुए हैं। जैसे अंडेमान निकोबार के निवासी। शेष दौड़ रहे हैं कुछ तेज, कुछ मध्यम भी कुछ धीमें। यह आधुनिकता की दौड़ है। या यह कहें कि पश्चिमी अंधानुकरण

की दौड़ है। तेज गति वाले चाहते हैं कि सब उनकी गति से दौड़ें जिसके लिए दूसरे तैयार नहीं हैं। अभी कुछ समय पहले नग्न के विरुद्ध लोगों ने हंगामा किया तो समर्थकों ने कहा कि हम सही हैं क्योंकि नग्नता और नंगापन के बीच अंतर है जोकि यह लोग नहीं समझते। मीडिया का धर्मसंकट शायद इसी सामाजिक स्थिति के कारण खड़ा होता है। सवाल यह है कि वह इस प्रतियोगिता में किस गति से दौड़े। अब हुआ यह है कि इस आधुनिकता की दौड़ में मीडिया भी शामिल है और उसने अपनी गति निश्चित कर ली है।

एक और प्रश्न सामाजिक सरोकार का है पहले मीडिया सामाजिक तौर पर प्रतिबद्ध था। आजादी की लड़ाई में उसका वायदा था। बाद में राष्ट्र निर्माण में उसका वायदा था लेकिन अब, यह कहा जाता है कि वह वायदा नहीं रहा। मीडिया का व्यावसायिकरण हो गया है और वह बाजार से निदेर्शित होता है। पहले संपादक और यहाँ तक कि पत्रकार भी साहित्यकार होते थे, अब ऐसा नहीं रहा। यह सब बाजार का प्रभाव है और इसीलिए अब मीडिया ही यह तय करता है कि पाठक और दर्शकों को क्या पसंद है। सब पैसा कमाने में लगे हैं और इसके लिए हर प्रकार के समझौते करने को तैयार हैं।

इलैक्ट्रॉनिक मीडिया के बारे में यह आरोप खास रहा है कि वह अपना बाजार बचाने और बनाने के लिए सनसनीखेज समाचारों पर ज्यादा जोर देता है और परिणामतः हुआ यह है कि इतने सारे न्यूज चैनल्स तो हैं लेकिन समाचार कहीं नहीं है।

एक और प्रश्न है कि निष्पक्ष पत्रकारिता दुर्लभ होती जा रही है। यह कहा जाता है कि कुछ मीडिया संगठन जाने अनजाने तौर पर एक पक्ष का समर्थन कर बैठते हैं, तो कुछ दूसरे पक्ष का। यह राजनीतिक स्तर पर हो सकता है, विचारधारा स्तर पर और व्यक्तिगत संबंधों के स्तर पर भी होता है। टीवी मीडिया में तो मेरे कई मित्र हैं जोकि वरिष्ठ स्थिति में काम कर रहे हैं। वह बतलाते हैं कि जब न्यूजरूम में किसी राजनैतिक बहस में कांग्रेस या बीजेपी या किसी राजनैतिक दल का नेता नहीं मिलता तो कहा जाता है कि फलाने पत्रकार को बुलाओ यानी की मीडिया के अतिथि सूची में पत्रकारों के नाम दलों के आधार पर लिखे जाते हैं कि फलां पत्रकार इस पार्टी से संबंधित तो फलां दूसरे से।

खैर कहने को बहुत कहा जा सकता है। गालिब तो कह ही गये हैं कि 'धूल चेहरे पर थी मगर आईना साफ करता रहा।' क्या यह सही है कि गड़बड़ी कहीं समाज में है और हम दोष मीडिया को दे रहे हैं। और शायद मीडिया के धर्म संकट की वजह भी यही है।

❖ ❖ ❖

# लेखक परिचय

## डॉ. श्याम सिंह शशि

पद्मश्री से सम्मानित और वर्तमान में ऑथर्स गिल्ड ऑफ इंडिया के अध्यक्ष डॉ. श्याम सिंह शशि लेखक, प्रतिष्ठित कवि,वरिष्ठतम साहित्यकार, विश्वाकोशाकार, ययावर-नृ वैज्ञानिक, पत्रकार, अनुवाद विद, बाल साहित्य के रचनाकार हैं। आपकी पांच सौ से अधिक पुस्तकें विभिन्न विषयों में प्रकाशित हुई हैं। गद्य एवं पद्य लेखन में आपका समान अधिकार है। आपने अनेक पुस्तकों का अनुवाद भी किया है। प्रमुख रचनाओं में भारत सरकार में सेवारत रहते हुए आपने "रोमा" जाति पर अद्वितीय शोध कार्य किया। आपकी प्रसिद्ध पुस्तकों में Roma-The Gypsy World, Nomads off the Himalayas, Defenders of India, Collected Works of Mahatma Gandhi, Collected Works of Dr Ambedkar,, Encyclopedia Indica (200 volumes ), भारतीय संविधान, संस्कृति एवं रामराज्य आदि हैं। केंद्रीय हिंदी संस्थान के राहुल सांकृत्यायन पुरस्कार सहित देश-विदेश से अनेक पुरस्कारों से सम्मानित। उनका प्रसिद्ध प्रबंध काव्य पर दूरदर्शन से दस एपिसोड प्रसारित। 86 वर्ष की अवस्था में भी आप न केवल साहित्य साधना में संलग्न है अपितु ऑथर्स गिल्ड ऑफ इंडिया के उत्थान में भी सक्रिय योगदान दे रहे हैं। आप युवा साहित्यकारों के प्रेरणा स्रोत हैं। सूचना एवं प्रसारण मंत्रालय के प्रकाशन विभाग के महानिदेशक पद से स्वैच्छिक सेवानिवृत्त होकर आप साहित्यिक गतिविधियों में शामिल हैं। संप्रति इंटरनेशनल कल्चरल रोमा यूनिवर्सिटी के चांसलर हैं तथा स्वतंत्र लेखन कर रहे हैं।

# सरोजिनी प्रीतम

हिंदी साहित्य जगत की सुप्रसिद्ध कवियत्री सरोजनी प्रीतम ऑथर्स गिल्ड ऑफ इंडिया की उपाध्यक्ष हैं। आप हँसिका नाम काव्य विधा की प्रवर्तक हैं। उनकी हँसिकाओं ने सन् 1970 से देश विदेश में लोकप्रियता प्राप्त की है। इसके अतिरिक्त आप हास्य व्यंग्य तथा संवेदनशील काव्य लेखन के क्षेत्र में भीसक्रिय रही हैं। अनेक हँसिका संग्रह के अलावा आपकी विभिन्न विधाओं की अनेक पुस्तकें प्रकाशित हैं। बाल सहित्य में मूसाराम की मूछें, प्रतिनिधि हास्य व्यंग्य बाल कथाएं, चलना सीखो, अलटू पलटू की अक्षरमाला, सुबोध बाल गीत, हँसों-हंसाओं, हे बुद्व लौटो तो आदि प्रमुख हैं। हिंदी अकादमी, तथा कामिल बुल्के सम्मान से आपको सम्मानित किया जा चुका है। दूरदर्शन पर टेलीफिल्म-सैनिक की बेटी बेहद लोकप्रिय रही।

# प्रो मुकेश अग्रवाल

हिंदी साहित्य एवं शिक्षा जगत के सुप्रसिद्ध प्रो मुकेश अग्रवाल दिल्ली विश्वविद्यालय के प्रतिष्ठित पीजी डी ए वी महाविद्यालय के प्राचार्य पद से सेवानिवृत्त हैं। आप दिल्ली विश्वविद्यालय की विद्वत परिषद के सदस्य भी रहे हैं। प्रो सावित्री सिन्हा स्मृति स्वर्ण पदक, मैथिलीशरण गुप्त पुरस्कार आदि से भी सम्मानित अनेक सामाजिक एवं साहित्यिक संस्थाओं से आप सक्रिय रूप से जुड़े हुए हैं। भाषा और भाषा विज्ञान में उनकी विशेष रुचि रही है। उनके द्वारा रचित प्रमुख पुस्तकें हैं - भाषा लोक, हिंदी भाषा की संरचना, भाषा, साहित्य और संस्कृति, भाषा शिक्षण, हिंदी की सामाजिक भूमिका: विविध आयाम, हिंदी के विशेषणों का अर्थ परक अध्ययन, हिंदी भाषा शिक्षण, प्रयोजनमूलक हिंदी, व्यावसायिक हिंदी, भाषा विज्ञान और हिंदी भाषा, हिंदी भाषा और लिपि का इतिहास, व्यावहारिक एवं व्यावसायिक हिंदी, हिंदी भाषा: विविध पक्ष, अन्य भाषा शिक्षण, हिंदी भाषा: विकास एवं व्यावहारिक प्रयोजन आदि। उन्होंने भाषा-अनुप्रयोग, भाषा-दक्षता, हिंदी के व्यावहारिक आयाम आदि पुस्तकों में सह लेखक एवं संपादक हैं। कक्षा एक से आठ के लिए पाठ्यपुस्तक 'निर्झर' के आप मुख्य संपादक रहे हैं। इसके अतिरिक्त उनके अनेक लेख एवं शोधपत्र विभिन्न प्रतिष्ठित पत्र- पत्रिकाओं में प्रकाशित होते रहते हैं। आप ऑथर्स गिल्ड ऑफ इंडिया की कार्यकारिणी के एवं पत्रिका इंडियन ऑथर के संपादक मंडल के सदस्य भी हैं।

## डॉ. गुलाब कोठारी

राजस्थान पत्रिका के संस्थापक कर्पूर चंद्र कुलिश के वंशज गुलाब कोठारी लेखक और राजस्थान पत्रिका समूह के अध्यक्ष एवं प्रधान संपादक हैं। आप वैदिक अध्ययन में विशेष योगदान के लिए जाने जाते हैं। आपको सन् 2011 में उनकी पुस्तक 'मैं ही राधा मैं ही कृष्ण' के लिए मूर्तिदेवी पुरस्कार से सम्मानित किया गया था। सामाजिक क्षेत्र मे उनकी उत्कृष्टता के लिए ओकाडू ग्लोबल रिसर्च इंस्टीट्यूट, इटली से 'डॉक्टर ऑफ फिलॉसफी' के विशेष सम्मान से भी सम्मानित किया। इसके अलावा भारत सरकार का राष्ट्रीय एकता पुरस्कार, राजा राममोहन राय पुरस्कार से सम्मानित किया गया है। कोठारी ने अंग्रेजी और हिंदी में कई किताबें भी लिखी हैं।

## डॉ. श्रीमती अपराजिता शर्मा

डॉ. श्रीमती अपराजिता शर्मा छत्तीसगढ़ चैप्टर से हैं। आकाशवाणी से सेवानिवृत्ति के बाद आप साहित्य क्षेत्र में सक्रिय हैं। सन् 1992 से अब तक आपकी 5 पुस्तकें प्रकाशित हो चुकी हैं।

इसके अलावा आपकी रचनाएं सांझा संकलन 28 में शामिल हैं। 10 अंतरराष्ट्रीय शोध पत्र भी प्रकाशित हैं। अनेक मंच अंतरराष्ट्रीय, राष्ट्रीय सम्मान प्राप्त हो चुके हैं। लेखन के अलावा आप समाज सेवा के क्षेत्र में भी सक्रिय हैं।

## डॉ. अमी आधार निडर

अध्यापन और लेखक के रूप में ख्याति प्राप्त डॉ. अमी आधार निडर के लगभग एक हज़ार लेख, व्यंग्य, सम्पादकीय, शोध आलेख तथा कविताएँ प्रकाशित हुई। इसके अलावा आपकी अनेक पुस्तकें भी प्रकाशित हुई। आपके कुशल संपादन में कला, साहित्य एवं संस्कृति पर आधारित पत्रिका हिचकी का प्रकाशन हुआ। पंडित प्रतापनारायण मिश्र साहित्यकार सम्मान, संपादक रत्न साहित्य मंडल श्री नाथद्वारा राजस्थान, भारतेन्दु हरिश्चन्द्र पुरस्कार आदि सम्मानोपाधि से अलंकृत। हिंदी साहित्य का उभरता हुआ सितारा 19 सितंबर, 2020 को दुनिया को अलविदा कह गया।

## डॉ. पी आर वासुदेवन 'शेष'

डॉ. पी आर वासुदेवन 'शेष' तमिल भाषी होने के साथ-साथ अंग्रेजी, मराठी, बंगाली, पंजाबी, तेलुगु और हिंदी भाषा में भी पारंगत हैं। आप भारत सरकार के महालेखाकार विभाग से हिंदी अधिकारी के रूप में सेवानिवृत्त हैं। लगभग पांच सौ से अधिक समाचार पत्र एवं पत्रिकाओं में आपके लेख प्रकाशित हो चुके हैं। हिंदी साहित्य की विभिन्न विधाओं में आपकी अनेक पुस्तकें प्रकाशित हैं। चेन्नई स्थित सभी हिंदी संस्थाओं के आप आजीवन सदस्य हैं। देश की विभिन्न संस्थाओं द्वारा आपको पुरस्कृत एवं सम्मानित किया जा चुका है।

## प्रो डॉ. उषा दुबे

मध्यप्रदेश के जबलपुर की विदुषी एवं शिक्षिका प्रोफेसर उषा दुबे वरिष्ठ साहित्यकार हैं। आदर्श शिक्षक सम्मान से सम्मानित विभिन्न साहित्यिक एवं सांस्कृतिक गतिविधियों में आप सदैव सक्रिय रहती हैं। विभिन्न समाचार पत्र-पत्रिकाओं में लेख, कहानी इत्यादि समय-समय पर प्रकाशित होती रहती हैं। लगभग 36 वर्षों के अध्यापन काल में आपको विभिन्न संस्थाओं द्वारा पुरस्कृत एवं सम्मानित किया गया। आपके द्वारा लिखित अनेक पुस्तकें प्रकाशित हो चुकी है।

## गार्गी शरण मिश्र 'मराल'

डॉ. गार्गी शरण मिश्र 'मराल' का जन्मय नवम्बर मध्य प्रदेश के प्रतिष्ठित साहित्यकार हैं। साहित्य साधना की प्रेरणा आपको अपने पिता से प्राप्त हुई। आप आजीवन शिक्षा से जुड़े रहे हैं। प्राचार्य, जिला शिक्षा अधिकारी, उप-संचालक शिक्षा, अपर सचिव शिक्षा, संयुक्त संचालक शिक्षा, प्राचार्य शासकीय शिक्षा महाविद्यालय जबलपुर जैसे महत्वपूर्ण पदों पर पदस्थ रहे। मध्यप्रदेश में यह सम्मान पाने वाले आप प्रथम शिक्षाविद हैं। विभिन्न विधाओं में आपकी अनेक पुस्तकें प्रकाशित हो चुकी है।

## श्रीमती कृष्णी वाळके

आप गोवा के सामाजिक, सांस्कृतिक, राजकीय सलाहकार एवं शैक्षिक जगत में चिरपरिचित शख्सियत हैं। आप गोमांतक राष्ट्रभाषा विद्यापीठ की अध्यक्ष हैं। सन् 1964 से राष्ट्रभाषा प्रचार समिति की सदस्य हैं। आपके कानपुर अधिवेशन में "दुर्गा प्रसाद विद्या निकेतन" का पुरस्कार भी प्राप्त हुआ है। इसके अलावा आप बहुउद्देशीय हिंदी संस्था वर्धा से "सरस्वती हिंदी सेवी" पुरस्कार भी सम्मानित हैं।

## श्रीमती सुमन काशीनाथ सामंत

30 वर्षों तक अध्यापन कार्य काल में उप प्राचार्य और प्राचार्य के पदों पर सुशोभित रहीं। सेवानिवृत्ति के उपरांत आप वर्तमान में 'स्नेह मंदिर वृद्धाश्रम' की व्यवस्थापक के रूप में अपनी सेवा दे रही हैं। कोंकणी, मराठी और हिंदी भाषाओं में समान अधिकार से काव्य सृजन, लेख और कहानियां इत्यादि लिख रही हैं। आपकी प्रमुख कृतियों में 'सुमनांजली' हिंदी, मराठी और कोंकणी भाषा में कविताओं काव्य संग्रह एवं 'विचारशलाका' लेख संग्रह हैं। मराठी पत्रिकाओं में समय-समय पर लेख प्रकाशित होते रहते हैं। साहित्य और शैक्षणिक कार्य के लिए विभिन्न संस्थाओं द्वारा पुरस्कारों से सम्मानित। आप एजुकेशनल ब्रॉडकास्ट कमेटी ऑल इंडिया रेडियो की आठ वर्षों तक सदस्य रही।

## बनवारी लाल गौड़

बनवारी लाल गौड़ ने भारत सरकार के रेल विभाग में 31 साल के सेवाकाल के बाद स्वैच्छिक सेवानिवृत्ति ली। तत्पश्चात वर्तमान मे अपनी निर्माण कम्पनी शुरू की। सन् 2005 से निरंतर साहित्य सृजन कर रहे हैं। साहित्य विभिन्न विधाओं गीत,कविता,कहानी व आत्मकथा दिया पुस्तकें प्रकाशित हो चुकी है। अनेक संस्थाओं से लाइफटाइम अचीवमेंट अवार्ड प्राप्त हुए हैं।

## संतोष श्रीवास्तव

लेखन की अर्धशताब्दी पूरी चुकी संतोष श्रीवास्तव की विभिन्न विधाओं यथा कहानी, उपन्यास, कविता, स्त्री विमर्श, संस्मरण, लघुकथा, साक्षात्कार, आत्मकथा की लगभग 30 पुस्तकें प्रकाशित हो चुकी हैं। आपकी 6 पुस्तकों पर देश के विभिन्न विश्वविद्यालयों से एम फिल और सात पीएचडी हो चुकी है। "मुझे जन्म दो माँ" स्त्री के विभिन्न पहलुओं पर आधारित पुस्तक रेफरेंस बुक के रूप में विभिन्न विश्वविद्यालयों में सम्मिलित की गई है। आप अंतरराष्ट्रीय विश्व मैत्री मंच की वे संस्थापक अध्यक्ष हैं। विभिन्न रचनाओं के अनुवाद मराठी, ओडिआ, उर्दू, पंजाबी, छत्तीसगढ़ी, तमिल, तेलुगू, मलयालम, अँग्रेज़ी, गुजराती, बंगाली में हो चुके हैं। आप 31 देशों की साहित्यिक एवं सांस्कृतिक यात्रा कर चुकी हैं। उनके महत्वपूर्ण कार्यों पर राजस्थान विश्वविद्यालय से आपको पीएचडी की मानद उपाधि से सम्मानित किया गया। इसके अलावा आपको विभिन्न संस्थाओं द्वारा पुरस्कृत भी किया गया है।

## डॉ. अरुणा गुप्ता

44 वर्ष तक उत्तर प्रदेश के राजकीय शिक्षा विभाग में कार्यरत महाविद्यालयों के प्राचार्य पद से सेवानिवृत्त डॉ. अरुणा गुप्ता सर्वश्रेष्ठ प्राचार्य के लिए राज्यपाल पुरस्कार से सम्मानित किया गया। जिंदगी के कैनवास, मन वीणा के तार, अंतर्ध्वनी, उद्गार और हमारी सांस्कृतिक धरोहर नामक पुस्तकें प्रकाशित हो चुकी हैं। इसके अलावा आपने गीता के योग पर नौ पुस्तकों की भी रचना की है। आप आगरा महानगर लेखिका समिति के प्रथम उपाध्यक्ष पद पर रहीं। आपकी एक पुस्तक हमारी सांस्कृतिक धरोहर अमेरिका के एक विश्व विद्यालय के पाठ्यक्रम में शामिल की गई है। डॉ. अरुणा गुप्ता का सन् 2023में देहावसान हो गया।

## डा शशि गोयल

डा शशि गोयल को बचपन में बहुत कम उम्र में कलम उठ गई। 14 साल की उम्र में आपकी पहली बाल कहानी प्रकाशित हुई। इसके बाद टार्जन सिरीज का अनुवाद छपा।

कहानी, कविता, लेख, बाल कथाएं एवं बाल गीतों की 55 पुस्तकें प्रकाशित हो चुकी हैं। आकाशवाणी से आपकी कहानियों के साथ नाटकों का भी प्रसारण हुआ। अन्तरराष्ट्रीय स्तर पर आपको अनेक सम्मान प्राप्त हुए हैं। आपको उत्तर प्रदेश हिंदी सस्थान द्वारा साहित्य भूषण से सम्मानित किया जा चुका है।

## डॉ. सविता चड्ढा

डॉ. सविता चडढा सन् 1982 से निरंतर लेखन कार्य कर रही हैं। आपकी अब तक 16 कहानी संग्रह, 11 काव्य संग्रह, 10 लेख संग्रह, दो उपन्यास सहित 12 पुस्तकें पत्रकारिता पर प्रकाशित हैं। आपकी तीन कहानियों पर टेलीफिल्में प्रसारित हो चुकी हैं। इसके अलावा आपकी अधिकांश कहानियां आकाशवाणी से प्रसारित हो चुकी है। आपको हिंदी अकादमी दिल्ली के "साहित्य कृति पुरस्कार", हरियाणा साहित्य अकादमी द्वारा "हरियाणा गौरव सम्मान" से सम्मानित किया गया है। आपकी पत्रकारिता विषयक 4 पुस्तआकें देश के विभिन्न विश्वविद्यालय के पाठ्यक्रम में शामिल हैं। आप अनेक देशों की यात्राएं कर चुकी हैं।

## डॉ. राजेन्द्र मिलन

70 वर्ष से साहित्य साधना कर रहे डॉ. राजेन्द्र मिलन की अब तक विविध विधाओं में छत्तीस पुस्तकें प्रकाशित हो चुकी हैं। सन् 1988 में दूरदर्शन से आपकी साहित्यिक यात्रा पर एक साक्षात्कर प्रसारित हुआ। साहित्य के अतिरिक्त आप समाज सेवा में भी संलग्न हैं और आपने आगरा के सरोजिनी नायडू अस्पताल को देहदान का संकल्प लिया है। आप संस्थान संगम मासिक पत्रिका एवं अंतरराष्ट्रीय ई-मोबाइल डायरी मासिक पत्रिका के प्रधान संपादक हैं।

## दीपक दीक्षित

आपने आई आई टी, रुड़की से अभियांत्रिकी स्नातक की उपाधि के बाद भारतीय सेना में दो दशक से भी अधिक एक सैन्य-अधिकारी के रूप में सेवा की। सेवानिवृत्ति के

उपरांत आप साहित्य सृजन में व्यस्त हो गए। आपकी अब तक चार पुस्तक प्रकाशित हुई हैं। समय-समय पर देश के विभिन्न समाचार पत्र-पत्रिकाओं में लेख, कहानी एवं कविताएं छपती रहती हैं। इसके अलावा वेबसाइट एवं अन्य माध्यमों में 250 से अधिक रचनाओं का प्रकाशन हुआ है। आपको देश की विभिन्न साहित्यिक संस्थाओं एवं मंचों द्वारा पुरस्कृत सम्मानित किया जा चुका है।

## डॉ. अहिल्या मिश्र

डॉ. अहिल्या मिश्र हिंदी की वरिष्ठ एवं जानी-पहचानी लेखिका और समाज सेविका हैं। हैदराबाद निवासी डॉ. अहिल्या मिश्र भारत सरकार की हिंदी सलाहकार समिति, रसायन एवं उर्वरक मंत्रालय तथा कौशल विकास एवं उद्यमशीलता मंत्रालय की मानद सदस्य हैं। साहित्य की विभिन्न विधाओं में लेखन करते हुए आपकी प्रमुख पुस्तकें हैं-कैक्टस पर गुलाब, दरकती दीवारों से झाँकती ज़िन्दगी इत्यादि। आप सन् 2000 से साहित्य गरिमा पुरस्कार की संयोजक हैं। आपको अनेक राष्ट्रीय और अंतरराष्ट्रीय पुरस्कारों से सम्मानित किया जा चुका है। जिसमें पूर्व राष्ट्रपति महामहिम शंकर दयाल शर्मा द्वारा दो बार सम्मान सहित भारत भाषा भूषण सम्मान एवं विशिष्ट महिला सम्मान प्रमुख हैं। विगत 50 वर्षों में आर्थिक रूप से कमजोर एवं अल्प शिक्षित महिलाओं को प्रशिक्षित कर हिंदी शिक्षिका बनाकर उन्हें जीविकोपार्जन के योग्य बनाया है।

## संपत देवी मुरारका

संपत देवी मुरारका हैदराबाद की एक कवयित्री  तथा समाज सेविका रहीं। साहित्य शिल्पी संपत देवी मुरारका ने यात्रा-1, यात्रा-2 और यात्रा-3 के नाम से रचनाएँ प्रकाशित हुई हैं। आप मारवाड़ी महिला समाज के माध्यम से अनेक समाज सेवी गतिविधियों में जुड़ी थीं। जून, 2023 में उनका स्वर्गवास हो गया।

## डॉ. संदीप कुमार शर्मा

ऑथर्स गिल्ड ऑफ इंडिया के आजीवन सदस्य डॉ. संदीप कुमार शर्मा साहित्य और मीडिया, दोनों में महारत रखते हैं। आप एक प्रतिष्ठित उपन्यासकार और कथा पटकथा एवं संवाद लेखक हैं। चार उपन्यास सहित लगभग विभिन्न विधाओं की तीस पुस्तकें प्रकाशित हो चुकी है। आपके चर्चित उपन्यासों में "दशग्रीव से दशानन", "अनकही दास्तां", केदारनाथ त्रासदी" हैं। आपके उपन्यास "दामन गांव का" पर आधारित धारावाहिक "दामन मिट्टी का" दूरदर्शन के किसान चैनल पर प्रसारित हो चुका है। इसके अलावा आप दूरदर्शन और आकाशवाणी के जाने-माने लेखक हैं। विभिन्न विधाओं के लगभग 875 से अधिक एपिसोड दूरदर्शन पर और 100 से अधिक वार्ता, फीचर, नाट्य रूपांतर आकाशवाणी से प्रसारित हो चुके हैं। आपकी पुस्तक "मेरे आराध्य राम" का दस से अधिक भारतीय भाषाओं में अनुवाद छप चुका है। अनेक सामाजिक एवं साहित्यिक संस्थाओं द्वारा आपको सम्मानित किया जा चुका है। आप गिल्ड के ऊर्जावान और स्पष्ट वक्ता हैं। आप स्वतंत्र लेखक, निर्माता-निर्देशक के साथ-साथ आई आर आर ओ की कार्यकारिणी के सदस्य भी हैं।

## डॉ. शैलबाला अग्रवाल

डॉ. शैलबाला अग्रवाल आगरा महानगर लेखिका समिति की संस्थापिका हैं। आठ वर्ष की आयु में आपने लेखनी पकड़ी जिससे आज भी लेखन जारी है। हिंदी की गद्य-पद्य दोनों विधाओं में 29 पुस्तकें प्रकाशित हो चुकी हैं। आप अनेक देशों यात्राए कर चुकी हैं। मॉरीशस में आयोजित 11वें विश्व हिंदी सम्मेलन में में भागीदार रही डॉ. शैलबाला अग्रवाल ऑथर्स गिल्ड ऑफ इंडिया की आजीवन सदस्य हैं। विभिन्न विधाओं में 31 पुस्तकें प्रकाशित हो चुकी हैं। मूल रूप से आप एक प्रतिष्ठित कवयित्री है। आपने सन् 2006 में डब्लू एस एफ द्वारा शांति अमन के लिए पाकिस्तान के कराची शहर में आयोजित एक सम्मेलन में तत्कालीन राज्यसभा सदस्य सुश्री निर्मला देशपांडे के प्रतिनिधिमंडल में आगरा की सात महिलाओं का प्रतिनिधित्व किया था। आपको अनेक संस्थाओं द्वारा सम्मानित किया गया है।

## डॉ. रमेश कटारिया 'पारस'

मुजफ्फरनगर निवासी डॉ. रमेश कटारिया पारस ऑथर्स गिल्ड ऑफ इंडिया के आजीवन सदस्य हैं। बहु प्रतिभा के धनी पारस जी ने गीत-गजल, दोहा, हाइकु, क्षणिकाएं, कहानी-लघुकथा, व्यंग्य, आलेख आदि सभी विधाओं में लेखन किया है। आपकी उन्नीस पुस्तकें प्रकाशित हो चुकी हैं। इसके अलावा आपने लगभग इकतालीस काव्य संकलनों का सम्पादन किया है। एक  सजग पत्रकार के रूप में भी आपकी विशिष्ट पहचान है।

## डॉ. किरण पोपकर

हिंदी, कोंकणी, मराठी और अँग्रेजी भाषाओं में पारंगत गोवा की डॉ. किरण पोपकर ऑथर्स गिल्ड ऑफ इंडिया की आजीवन सदस्या हैं। नृत्य साधना, यात्रा-संस्मरण, अनुवाद, विभिन्न विधाओं में लेखन आदि के साथ आकाशवाणी से नियमित वार्ता, फीचर एवं साहित्य परिचर्चा का प्रसारण होता रहता है। आप शासकीय महाविद्यालय में हिंदी सहायक व्याख्याता के रूप में विगत 20 वर्षों से अध्यापन कार्य में सक्रिय हैं। सन् 2023 में फ़िजी में आयोजित विश्व हिंदी सम्मिलन में भारत का प्रतिनिधि किया। आपकी अनेक पुस्तकें प्रकाशित हो चुकी है। मराठी भाषा में अनुवाद भी किया है।

## अरुण मुनेश्वर

अरुण मुनेश्वर ऑथर्स गिल्ड ऑफ इंडिया के आजीवन सदस्य और एक उभरते हुए साहित्यकार थे। जो अब हमारे बीच नहीं हैं। आपका जन्म 13 जनवरी 1965 को भगवानपुर, नागपुर में हुआ था। आप स्थापत्य अभियांत्रिकी पदवीधर के अलावा कला में स्नातक थे। आप पश्चिमी कोयला परिक्षेत्र के अंतर्गत उमरेड क्षेत्र की खदान में नागरिकी अभियंता के पद पर कार्यरत थे। आपके दो काव्य संग्रह अरुणोदय तथा मशालें प्रकाशित हो चुके हैं एवं तीसरे संग्रह पर कार्य कर रहे थे। इसके अलावा भी आप हमारे साथ कई मंचों पर काव्यपाठ कर चुके हैं। यही नहीं विभिन्न पत्र-पत्रिकाओं में आपकी कई रचनाएं प्रकाशित हो चुकी हैं।

## नरेंद्र सिंह परिहार

नरेंद्र सिंह परिहार जबलपुर इंजीनियरिंग कॉलेज से ग्रेजुएट पंजाब में जन्में और हिंदी को जीवन में आत्मसात करनेवाले ऑथर्स गिल्ड ऑफ इंडिया के आजीवन सदस्य हैं। आपका कहना है हिंदी से उनके जीवन में सतत एक धारा बहती रही है। इससे उनका वक्त भी कटता है और करीबी मित्रों और समाज का मार्गदर्शन भी होता है। इसके साथ हिंदी ने इन्हें राज्य सरकार के, आंचलिक और देश की कई संस्थाओं द्वारा सम्मान मिला। हिंदी में इनकी विभिन्न विधाओं में 32 कृतियां प्रकाशित हो चुकी हैं। इसका श्रेय पाठक और परिवार के साथ ऑथर्स गिल्ड ऑफ इंडिया को देते हैं। आप कहते हैं हिंदी के शौक ने उन्हें कई कुसंस्कारों से बचाकर भी रखा और ऑथर्स गिल्ड ऑफ इंडिया संस्था ने एक नाम दिया और पहचान भी दी। पंजाबी, मराठी, भाषा पर पकड़ इनकी जबर पकड़ है। आप कई पत्र पत्रिकाओं में नियमित प्रकाशित होने के साथ हिंदी की पत्रिका "दीवान मेरा" का संपादन भी करते हैं। हिंदी को और समाज को करीब से समझकर हिंदी राष्ट्रभाषा स्थापित कैसे हो इसके लिए निरंतर प्रयासरत हैं।

## नेहा भंडारकर

भारतीय आयुर्विमा महामंडल में कार्यरत हैं और बहुभाषी उत्कृष्ट साहित्यिक कौशल के लिए, वह अनेक राष्ट्रीय और अंतरराष्ट्रीय पुरस्कारों से अलंकृत है। आप ऑथर्स गिल्ड ऑफ इंडिया की आजीवन सदस्य हैं। मराठी, हिंदी और अंग्रेजी भाषाओं में 16 कृतियों की लेखिका हैं और प्रख्यात अनुवादक भी हैं। उनकी अनेक कविताएँ और कहानियाँ अनेक अंतरराष्ट्रीय संकलनों, पत्रिकाओं और ई-पत्रिकाओं में प्रकाशित हो रही हैं। आपकी रचनायों का फ्रेंच,अल्बानियाई, रूसी, इतालवी, फिलिपिनो, नेपाली, ग्रीस, ओडिया, बंगाली, संस्कृत, असमिया और ब्रेल लिपि आदि में अनुवाद किया गया है। इन्हें दो बार हिंदी राज्य साहित्य अकादमी पुरस्कार प्रदान किया गया है। आपका साहित्य विश्व विद्यालय पाठ्यक्रम में शामिल किया गया है।आप क्विहोत्ये रेडियो, फ्रांस और हिंदी रेडियो, शिकागो (यूएसए) से प्रसारित हो चुकी हैं। आप अंतरराष्ट्रीय शांति राजदूत और सांस्कृतिक राजदूत हैं।

## गुरु प्रताप शर्मा

गुरु प्रताप शर्मा का जन्म खड़गवासला पूणे में हुआ। शर्मा जी ऑथर्स गिल्ड ऑफ इंडिया नागपुर चैप्टर्स के आजीवन सदस्य हैं। आप साहित्य और मंचों के सिद्धस्त साहित्यकार हैं। आप निंबध, कहानियों के साथ उन्नीस कृतियों के रचेयता हैं। आपकी चर्चित पुस्तकों में "दर-दर भटकती आज़ादी काव्य संग्रह प्रमुख है। सन् 2018 में आपके कहानी संग्रह "एक अभिशप्त हंसी" को महाराष्ट्र राज्य हिंदी साहित्य अकादमी पुरस्कार दिया गया। इसके अलावा भिवानी, बैतूल, अमरावती आदि अनेक स्थानों से रचनाएं पुरस्कृत हो चुकी हैं। आपका दावा है इन्होंने संवाद से लेकर लेखन तक हिंदी के अलावा किसी अन्य भाषा का उपयोग नहीं किया। यहां तक कि बैंक के हस्ताक्षर भी हिंदी में ही करते हैं। आप मानते हैं कि हिंदी विश्व की एकमात्र भाषा है जिसका आधार सटीक, प्राकृतिक और वैज्ञानिक है।

## अरुण कुमार पासवान

आकाशवाणी भागलपुर से उद्घोषक के रूप में अपनी आजीविका शुरू कर सन् 2018 में सहायक निदेशक पद से सेवानिवृत्त हुए अरुण कुमार पासवान हिंदी साहित्य में एक सशक्त हस्ताक्षर हैं। आपके अनेक काव्य संग्रह, संस्मरण एवं कहानी संग्रह प्रकाशित हो चुके हैं। विभिन्न समाचार पत्र-पत्रिकाओं में आपकी साहित्यिक रचनाएँ प्रकाशित होती रहती हैं। अनेक पुस्तकों का अनुवाद भी आप कर चुके हैं। युवा महोत्सव, बिहार,1981 में ग्रामीण वर्ग में आप द्वितीय सर्वश्रेष्ठ अभिनेता का पुरस्कार से सम्मानित हुए। इसके अलावा आप को बिहार हिंदी साहित्य सम्मेलन से प्रफुल्ल चंद्र ओझा सम्मान,जयपुर साहित्य कला संगीत से आंचलिक लेखक का सम्मान, आकाशवाणी दिल्ली से 2022 का हिंदी सेवी सम्मान भी प्राप्त हुआ है। आप ऑथर्स गिल्ड ऑफ इंडिया के सक्रिय सदस्य हैं।

## किशोर कुमार मालवीय

किशोर कुमार मालवीय वरिष्ठ पत्रकार हैं। सन् 1990 में नवभारत टाइम्स दिल्ली में रिपोर्टर के रूप में आपने पत्रकारिता की शुरुआत की। सन् 1997 में टीवी पत्रकारिता का

रास्ता अपना लिया। आपने न्यूज़, इंडिया टीवी, इंडिया न्यूज़, वॉयस ऑफ इंडिया जैसे चैनलों में विभिन्न पदों पर कार्य किया। दूरदर्शन के किसान चैनल में आप वरिष्ठ पद पर कुछ समय रहे। किशोर कुमार मालवीय उन गिने चुने पत्रकारों में हैं जो प्रिंट, टीवी और डिजिटल मीडिया में अपनी एक अलग पहचान रखते हैं। आजकल स्वास्थ्य संबंधी एक यूट्यूब चैनल चलाते हैं।

●●●